中国名镇志文化工程
Culture Project of Local Records of China's Famous Towns
中国名镇志丛书

邵伯镇志

LOCAL RECORDS OF SHAOBO

江苏省扬州市江都区邵伯镇志编纂委员会　编

方志出版社
Publishing House of Local Records

图书在版编目（CIP）数据

邵伯镇志 / 江苏省扬州市江都区邵伯镇志编纂委员会编．—北京：方志出版社，2023.8
（中国名镇志丛书）
ISBN 978-7-5144-5220-4

Ⅰ．①邵… Ⅱ．①江… Ⅲ．①乡镇—地方志—扬州 Ⅳ．①K295.35

中国版本图书馆 CIP 数据核字（2022）第 058158 号

责任编辑：李晓晓
责任校对：刘玉霞
责任印制：赵楚
出 版 者：方志出版社
地　　址：北京市朝阳区潘家园东里 9 号（国家方志馆 4 层）
邮　　编：100021
网　　址：http://www.zgfzcb.cn
发　　行：方志出版社图书营销中心（010-67110500）
印　　刷：北京中科印刷有限公司
开　　本：787 毫米 ×1092 毫米　1/16
印　　张：21.5
字　　数：374 千字
版　　次：2023 年 8 月第 1 版
印　　次：2023 年 8 月第 1 次印刷
定　　价：171.00 元

序一

习近平总书记指出："不忘历史才能开辟未来，善于继承才能善于创新……只有坚持从历史走向未来，从延续民族文化血脉中开拓前进，我们才能做好今天的事业。"中国优秀传统文化是在漫长的历史长河中历经无数次涤荡和沉淀而形成的思想精髓，蕴藏着无穷的宝藏和无尽的力量。发掘和继承优秀传统文化，是延续中华文明"根"与"魂"的必由之路。与时俱进，推动传统文化不断开拓创新，是中华文明常葆勃勃生机的重要保证。

"国有史，邑有志。"编修地方志是中国特有的文化现象，是中华民族的优秀文化传统。数千年来，连绵不断的志书编修为保护中华民族根脉，传承中华文明发挥了不可替代的作用。中国现存古志有 8000 余种，占现存古籍的十分之一。中华人民共和国成立以来，编修完成数万种省、市、县三级综合性行政区域志、部门志、行业志、专志等，编纂数万种地方综合年鉴、行业年鉴和专门年鉴等，整理出版数千种历代方志及相关研究成果，发表相当数量的方志理论与年鉴理论研究成果。这既是对我国国情、地情持续开展的大规模普遍调查，也是对各地自然与社会发展状况进行的综合研究，其成果构成了一座丰富的文化资源宝藏，为各级领导科学决策提供了重要参考，为推动经济社会发展和文化建设发挥了重要作用。

当前，中国特色社会主义进入新时代，全国地方志事业也进入新时代。如今的地方志事业围绕党和国家利益、经济社会发展，以人民为中心开拓创新，志、鉴、馆、史"四驾马车"并驾齐驱，志、鉴、馆、网、库、用、会、刊、研、史"十业并举"，加快实现在全国范围内全面推进地方志从一项工作向一项事业转型升级。在党中央、国务院的亲切关怀和各级地方志工作者的共同努力下，一批紧密结合社会发展需求、具有独特创造性的工作逐步开展，涵盖中国名镇志、中国名村志、中国名山志、中国名水志、中国名街志等"名志"系列文化工程是其中代表。作为首个"名志"系列文化工程的中国名镇志文化工程，启动于 2015 年，至今已是第三个年头。中国名镇志丛书在记述主体上，选择中国历史文化名镇、经济强镇、特色镇等在全国具有影响力和代表性的乡镇，旨在全面展示中国名镇的文化精髓；在内容题材选择上，重在突出不同名镇的“名”和“特”，力求集中体现不同名镇最精彩的部分，增强可读性；在志书编纂程序设置方面，志书申报、篇目设计、专家审读、专家组验收等流程环环相扣，紧密结合，力争把每一部志书都打造成精品佳志。

习近平总书记指出：“历史和现实都表明，一个抛弃了或者背叛了自己历史文化的民族，不仅不可能发展起来，而且很可能上演一场历史悲剧。”2018 年是改革开放 40 周年，40 年来中华大地发生了翻天覆地的变化，乡镇发生了极为深刻的改变，从粗茶淡饭到有机食品，从粗布衣裙到精美时装，从土屋平房到高楼大厦，人民生活水平大大提高，城乡差距不断缩小。然而，在感受辉煌成就的同时，我们也应该看到，许多精巧的古建、精湛的工艺、亲切的乡音、独特的乡俗也在快节奏的发展中与我们渐行渐远，曾经的家乡正逐渐变为记忆中的故园。

党的十九大报告提出乡村振兴战略，此后党中央、国务院又推出一系列重大举措。实施乡村振兴战略，必须全面加强乡村文化建设，培养乡村文化自信，培植文化之“根”，铸牢文化之“魂”。没有乡村文化的高度自信，没有乡村文化的繁荣发展，就难以实现乡村振兴的伟大使命。振兴乡村文化，既要塑形，更要铸魂，必须遵循乡村发展的客观规律，在发展中把文化的精髓保留下来，把乡土味道、乡村风貌的“魂”传承下去。在保留优秀乡村文化内核的基础上，用现代表现方式，把反映时代精神、先进理念的内容通过群众喜闻乐见的文化产品表达出来，才能够让乡土文化具有更强大的生命力。用创新性的模式书写乡镇志，传承和抢救乡土历史文化，激发爱国爱乡情怀，为探索中国特色新型城镇化发展经验、发展模式、发展道路提供历史智慧和现实借鉴，正是实施中国名镇志文化工程的目的和意义所在。

“月是故乡明”。中国人素有“家国情怀”，家乡的山水是最为美丽的，家乡的风俗是充满温暖的，一声亲切的乡音，一口熟悉的家乡菜，都能拨动游子的心弦，让其魂牵梦萦。中国名镇志丛书是一套全面梳理中国名镇历史人文，挖掘文化特色，突出“名”和“特”的镇志。它能让人民群众深刻感受到本土本乡自然的优美、历史的醇厚、人物的杰出、艺文的风雅等，有助于培养人民群众对家乡文化的自信，激发起人民群众浓烈的爱乡爱国情怀，助力国家新型城镇化建设和乡村振兴战略的实施。

是为序。

中国社会科学院原院长
中国地方志指导小组原组长　谢伏瞻

序二

连绵不断地编修地方志是我国特有的文化传统，为传承中华文明作出了巨大的贡献。在党中央、国务院的高度重视和支持下，这一古老的文化传统焕发勃勃生机，展现新的活力，成为保存、继承、发扬光大中华优秀传统文化的重要依托，培育和践行社会主义核心价值观的重要媒介，社会主义先进文化建设的重要组成部分，发展中国特色社会主义，增强道路自信、制度自信、理论自信的重要载体，在实现“两个一百年”奋斗目标和中华民族伟大复兴中国梦进程中具有不可替代的地位和作用。

事物总是在不断发展中前进。经过改革开放以来30余年的发展，中国特色地方志事业与传统的编修地方志已不可同日而语，形成了志（志书）、鉴（年鉴）、库（地情数据库）、馆（方志馆）、网（地情网站）、刊（期刊）、会（学会）、研（理论研究）、用（开发利用）等多业并举的新格局。截至2015年10月底，全国编纂完成首轮、二轮省、市、县志书8000多种，编修部门志、行业志、专业志、乡镇村志27000多种，编纂地方综合年鉴2300多种，累计整理旧志2500多种，还编纂出版了大量的地情书，字数以百亿计，形成以反映国情、地情为主要内容，全面系统、持续不断、卷帙浩繁的社会科学成果群。另外，还开通了27个省级网站、230个市级网站、816个县级网站；建成国家方志馆1个、省级方志馆16个、市级方志馆86个、县级方志馆近300个。这些成果，成为国家极为重要的文化资源，是国家文化软实力和公共文化服务体系的重要组成部分。

最近几年，地方志工作的触角在不断延伸，部门志、行业志、专业志、特色志、乡镇村志编纂方兴未艾，成为当前地方志事业发展新的增长点和亮点。特别是乡镇志，兴起了编纂热潮，从自发的民间行为逐渐过渡为政府组织的文化行为，有的省份以政府令形式将其纳入地方志编修范畴，像河南省还以省政府办公厅名义要求全省普修乡镇志。乡镇志并不是一个新生事物，据现有资料可考，宋代常棠所撰《澉水志》是现存最早的一部乡镇志。与省、市、县三级志书相比，乡镇志虽属小志，但意义却不小，特别是在当前国家全力推进新型城镇化建设的背景下，乡镇志的作用更显重要。

启动中国名镇志文化工程，是适应当前新型城镇化建设形势发展需要、地方志事业发展形势需要的重要举措，也是充分发挥地方志存史、资政、育人功能的重要手段。作为最基层行政组织的志书，镇志是最接近中国社会发展变迁的国情、地情记录文本，具有重要的历史文献价值。而作为充分反映本区域自然、政治、经济、文化和社会的历史与现状的资料性文献，镇志又能全面展示发展脉络，摸索发展经验，为探索中国乡镇未来发展方向提供借鉴和参考。当然，对于祖祖辈辈生于斯长于斯的中国人来说，故乡就是一个魂牵梦萦的地方，故乡的情怀终生难忘。留得住乡愁，记得住乡思，充分展示名镇文化魅力，激发爱乡、爱国情怀，正是中国名镇志文化工程题中应有之义。

是为序。

中国社会科学院原院长
中国地方志指导小组原组长　王伟光

序三

“国有史，邑有志”，中国自古就有注重编史修志的传统。按照我国目前地方志行政法规，国家各级地方志机构的法定职责是编纂省、市、县三级志书，并不包括县以下的乡镇志和村志。这种规定，一方面可能因为全国有数百万自然村落和数万乡镇，全部实行官修很难实现；另一方面可能因为我国历史上就有“皇权止于县”的说法，县以下的民间社会历来是一个以自治为主的领域。然而，改革开放几十年来，我国社会正在发生巨变，这种巨变在基层社会的乡镇、村落、家庭领域更为深刻。作为“乡之首，城之尾”的镇，逐渐被日益崛起的大都市淹没了光彩，村落在快速的城镇化过程中每天都在大量消失，农村家庭的小型化、空巢化趋势非常突出。在这种情况下，我一直在思考，如何留得住历史文化记忆和乡愁，如何把修志的工作向基层社会延伸？

中国人的“家国情怀”，是从“诚意、正心、修身”开始，到实现“齐家、治国、平天下”。所以从国家一统志，省、市、县三级志，到乡镇志、村志、家谱，也是一个完整的系统。

正是在这种背景下，我们决定启动中国名镇志文化工程。乡镇是无数中国人生命的底色和成长的摇篮。如何在城镇化进程中，留得住乡愁，记得住乡音，忘不了乡思，事关城镇化进程的人文关怀和文化保护，事关文化血脉的传承。同时，科学记录城镇化进程，反映城镇化成就，也为今后探索城镇化发展规律、积累经验提供了基本素材。作为全面系统记述一定行政区域的自然、政治、经济、文化和社会的资料性文献，志书是以上功能最好的载体。

我国目前有 4 万多个乡镇，全部修乡镇志还不具备条件。中国名镇志丛书选择的是传统文化名镇、历史军事重镇、革命历史名镇、民族特色名镇、特色经济名镇、旅游景观名镇等类型的乡镇，应该是最具代表性的，在中国乡镇文化传承和社会发展中具有标杆意义。

编纂中国名镇志丛书是对乡土历史文化的保护。随着城镇化进程加快，有不少乡镇被撤并，有些还是在历史上有重要意义的历史文化名镇、特色镇等。如不及时对其历史进行整理、记录，这些重要的历史资料将散佚殆尽。因此，中国名镇志丛书的编纂是对宝贵历史资料的抢救。

编纂中国名镇志丛书是对乡土意识的传承。什么东西有魅力？故乡的山水，乡音乡情的记忆，乡土的气息和家乡菜的味道，不管走到哪里，总是触动心弦。中国名镇志丛书记录的是家乡的山山水水，家乡的历史文化，家乡的风土人情，留住的是乡愁。这些最能激发远方游子和本地民众的爱乡情怀、爱国情怀。

编纂中国名镇志丛书是一种学术探索。镇志的编纂，实质也是一次深入的社会调查研究。“麻雀虽小五脏俱全”，相比省、市、县，乡镇第一手资料的获得需要付出更大的努力。我们也希望在志书编纂上有所创新，使中国名镇志丛书成为一套图文并茂、雅俗共赏的新型志书。

中国社会科学院原副院长
中国地方志指导小组原常务副组长　李培林

中国名镇志丛书编纂委员会

主　　任　高　翔

常务副主任　崔唯航

副 主 任　曹宏举　邱新立　朱旭尧　陈秋霖

委　　员（按姓氏笔画排序）

甘根华　田富祥　左健伟　刘文海　刘汉征
江　涌　贠有强　李　良　李云鹤　杨　涛
杨松义　杨洪进　吴爱民　吴泽明　何伟志
汪德军　张军利　陈　旭　陈华康　陈建春
欧阳志国　郑金月　唐昌华　赵国卿　赵增昆
洪民荣　贺　彪　黄　誌　曹荣湘　梁金荣
程中才　魏占海　熊　晖

中国名镇志丛书编纂委员会办公室

主　　任　崔唯航

副 主 任　邱新立　杨军仕

成　　员　陈　旭　李　江　王丹林　刘淑颖　范永恒
王　静　陈　菁　李晓晓　王海荣

江苏省扬州市江都区邵伯镇志编纂委员会

主　任　杨晓荣　刘晶晶

副主任　方学东　张　玲　任忠明

委　员　田　军　蒋　卫　刘　程　陈　明

秦　杰　吕锦友　蔡志成　张圣高

孙友定　蒋晓浪　尤志斌

下设办公室

主　任　黄　晖　徐德生

成　员　丁志刚　王修德　刘爱华

江苏省扬州市江都区邵伯镇志编纂人员

主　编　华续先

顾　问　潘名祥　张允生

编　委　丁云峰　丁志刚　许文华　刘爱华

贺永淦　黄德钧　蔡江波

摄　影　郭士俊　孙万刚　郁　兴　龚春海

中国名镇志丛书凡例

一、以马克思列宁主义、毛泽东思想、邓小平理论、“三个代表”重要思想、科学发展观、习近平新时代中国特色社会主义思想为指导，坚持辩证唯物主义和历史唯物主义的立场、观点和方法，存真求实，全面、客观、系统记述中国名镇城镇化进程和改革开放成果，反映小康社会建设过程，传承和抢救乡土历史文化，激发爱国爱乡情怀，留住乡愁，为探索中国特色新型城镇化建设、服务乡村振兴战略提供历史智慧和现实借鉴。

二、为全面反映入志事物发展脉络，各志上限尽量追溯至事物发端，下限一般断至各志启动编修年份，个别重大事项可延至搁笔。详今明古，着重反映时代特色和地方特点，重点体现各镇的“名”与“特”。

三、记述地域范围以下限年份的行政辖区为主。为体现名镇在更大区域内的意义，可以从更开阔的区域视野记述与该镇相关的内容。

四、统一采用纲目体，设类目、分目、条目三个层次。横排门类，纵述史实，述而不论。

五、综合运用述、记、志、传、图、表、录等体裁，以志体为主。体裁运用适当创新，篇目设置不求面面俱到。

六、除引用文字和附录文献资料外，统一使用规范的现代语体文记述，行文力求朴实、严谨、简洁、流畅、优美，可读性强。

七、人物部类遵循“生不立传”原则，人物传主按生年排序，只选录对本镇发展有重大影响的人物，不面面俱到。

八、各项数据一般采用国家统计部门数据。数据缺乏的，采用主管部门或主办单位正式提供的数据。

九、数字用法、标点符号用法分别采用国家标准《出版物上数字用法》（GB/T 15835—2011）、《标点符号用法》（GB/T 15834—2011），计量单位采用国家技术监督局 1993 年 12 月发布的《量和单位》系列国家标准。历史上使用的计量单位，如斗、石、里、尺、磅、华氏度等，在引文时可照录。考虑到社会使用习惯，全书中亩不统一换算。

十、中华民国成立前的纪年，使用朝代年号纪年，括注公元年份；中华民国成立后的纪年，均使用公元纪年。志中所称“解放前（后）”，以该镇解放日为界；“新中国成立前（后）”，以中华人民共和国成立日 1949 年 10 月 1 日为界；“改革开放前（后）”，以1978年12月中共十一届三中全会召开为界。本志“××年代”，凡未加世纪者，均指 20 世纪。

十一、为节省篇幅，避免重复，本志采用条目互见法。参见条目的表示形式为：参见本志“××类目·××分目·××条目”。

十二、对旧志、古籍中的繁体字、冷僻字一般用简化字或通用字替换，易引起误解的则保留。

十三、记述各个历史时期的党派、机构、职务、地名等，均以当时的名称为准。对频繁使用的名称，首次用全称并括注简称，其后用简称。

十四、各镇志需要单独说明的事项，均在各自编后记中记述。

邵伯镇在中国的位置

审图号：GS（2021）8722号

邵伯镇在江苏省的位置

邵伯镇
江都区
扬州
邗江区
广陵区
仪征
宝应
高邮
高邮湖
邵伯湖
南京
镇江
泰州
盐城
淮安
宿迁
徐州
连云港
南通
常州
无锡
苏州
六合区
浦口区
栖霞区
江宁区
溧水区
高淳区
丹徒区
句容
丹阳
扬中
金坛区
武进区
溧阳
宜兴
江阴
惠山区
锡山区
张家港
常熟
太仓
昆山
相城区
虎丘区
吴中区
吴江区
靖江
泰兴
高港区
姜堰区
兴化
海安
如皋
如东
通州区
海门
启东
东台
大丰区
盐都区
建湖
射阳
阜宁
滨海
响水
灌南
灌云
涟水
淮阴区
淮安区
洪泽区
金湖
盱眙
泗洪
泗阳
沭阳
宿豫区
睢宁
邳州
新沂
东海
连云区
赣榆区
东西连岛
丰县
沛县
贾汪区
鼓楼区
铜山区
洪泽湖
太湖
黄海
图例
南京 省级行政中心
扬州 地级市行政中心
溧阳 县级行政中心
省级界
地级市界
名镇(乡)所在区域
名镇(乡)
1∶3 060 000
审图号：GS（2021）8722 号

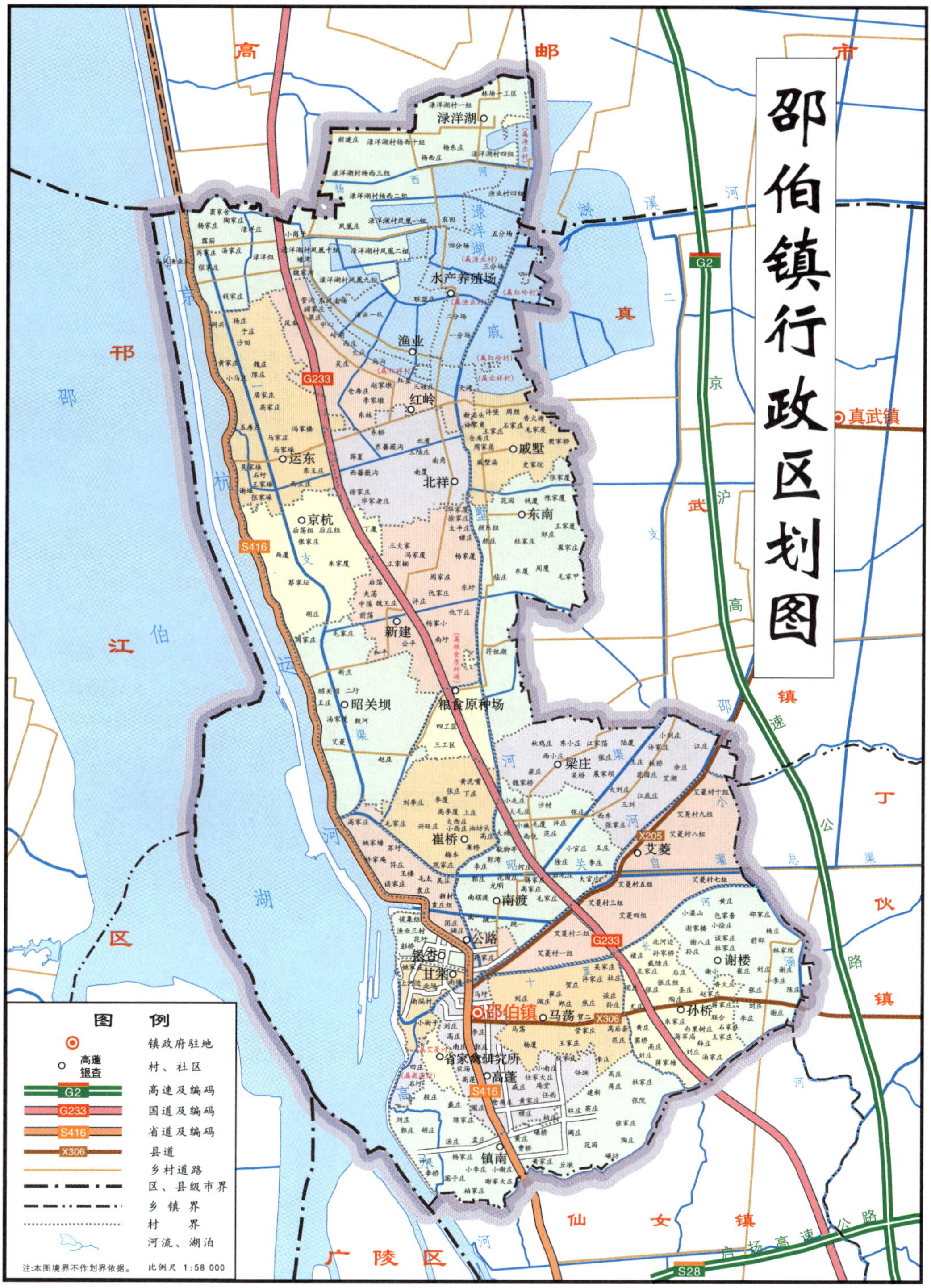

审图号：苏 K（2020）001 号　　　　江苏易图地理信息科技股份有限公司　编制

邵伯镇鸟瞰

谢安广场鸟瞰

明清古运河

明清运河河堤

中国历史文化名镇标志

古码头新韵

邵伯船闸俯瞰

运河人家

节制闸

滚水坝

邵伯老街

梵行古刹

桃花坞景点蒋继轼、孔尚任像

斗野园冬景

邵伯“九牛二虎一只鸡”

目录

京杭大运河上的名镇

邵伯，因东晋谢安于此筑埭治水而得名，埭开世泽千百年。历代水利设施的更新，造福了邵伯镇及里下河百姓。商业发展繁荣，港埠环镇，帆樯林立，至宋代，邵伯已成为运河名邑。因运河而生，与水相依，在当地的生产生活中，形成了鲜明的运河水乡特色风情。有水则灵，因为交通便利，来往高官硕儒，上岸凭吊东晋遗风，其诗文足以熏染一方。此地人文荟萃，含英咀华，在长期依傍京杭大运河的发展过程中，形成了若干遗珍雅韵。今日之邵伯，作为京杭大运河流动的文化名片，再次焕发新的风采，擦亮自己运河名邑的金字招牌。

邵伯古镇是京杭大运河河畔一处重镇，是名城扬州北上门户。战争年代，是兵家必争之地；和平年代，是百商云集、货积如山的鱼米之乡。一千六百多年来，古镇几度荣衰，生生不息，屹立于大运河边。改革开放以来，古镇焕发生机。2008 年，邵伯镇被列入第四批中国历史文化名镇名单。2014 年，镇内中国大运河遗产的若干水工遗存被列入世界文化遗产名录。

古镇之古，始于东晋谢安筑埭治水时期。《晋书》载，东晋太元十年（385），谢安镇广陵，于城东二十里筑垒，名曰新城。新城北二十里率民众筑埭，平衡水量，调节河流，防涝防涸。农田获利，百姓将谢安比作周代燕国的召伯（召，同邵），名其长埭为邵伯埭，其为邵伯镇的后世繁华奠定基础。在农耕社会，随着陂塘水利的发展，粮食产量节节攀升。

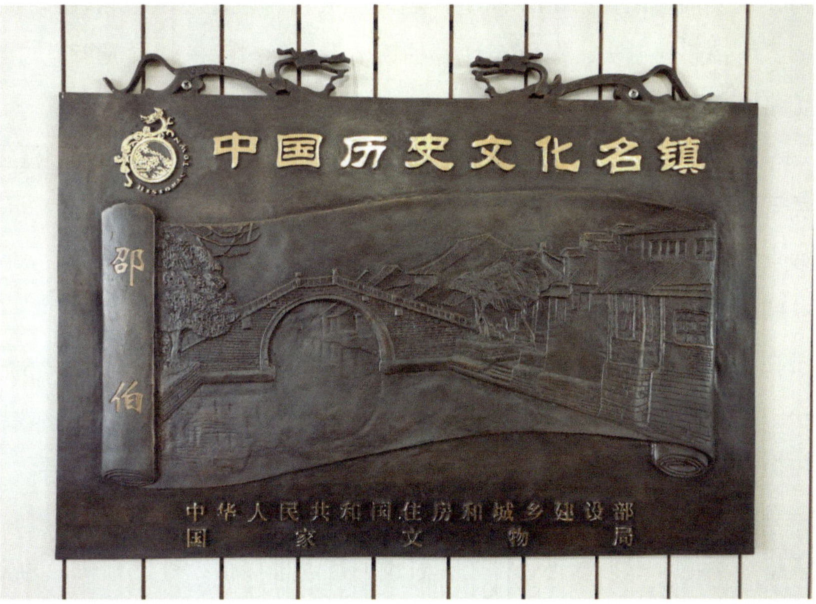

2008 年，邵伯镇被授予“中国历史文化名镇”称号

邵伯埭——谢安（左）、谢玄（右）筑埭雕塑

灌溉有节，常获丰收，于是生民聚集，耕种打渔。在邵伯埭旁，逐渐出现村落，形成墟镇。

北宋时期，境内地势南高北低，水流至淮安清江口入淮。南宋年间，因黄河夺淮入海，致使淮河淤垫，北水南流，运河终成悬河，丘陵滩渚常漫。邵伯居民常受洪涝之害，村镇逐渐撤离，东移至现邵伯镇地带。至清代，已形成街道 7 条、里巷 57 条的城镇格局。古街古巷至今尚保存有 34 条。

明清时期运河繁忙，扬州鼎盛，邵伯商业繁荣、行旅如织、百货屯聚、廛市鳞次。关于昔日商业繁荣的景象，至今邵伯还流传一首“十字歌谣”：一是益美酱园，二是二妙堂笔庄，三是三益斋糟酱，四是泗阳春酒楼，五是武家豆腐店，六是陆明书茶社，七是戚家棺材铺，八是王家八鲜行，九是久和杂货店，十是石家肉案子。当时外地商人纷纷在邵伯建立会馆，记载有江西会馆、中州会馆、西河会馆、彭城会馆等。杂货、绸布、药材、钱庄、当铺、客栈、酒楼、浴室等各业俱荣，主营批发销售较大的商号有春生恒纸号、亿顺源布庄、恒春隆香粉店、马大顺酱园等。盐业兴盛，有盐业总栈，分运各县，里下河集镇皆设子店和分售所，从业者近百人，河下盐船川流不息，河上抬盐工人络绎不绝。邵伯水码头排列，过境船舶连樯接橹，首尾相衔，为船民服务的油麻店、钉铁店、柳器店、车匠店达百家以上。仅油麻店即有 27 家，尤以杨恒昌店资金雄厚、信誉卓著，其桐油销售范围覆盖里下河地区，最盛时日销售 200 桶以上，营业额 2000 银圆左右。至中华人民共和国成立初期，邵伯尚有私营商户 351 户。

清代扬州画家王素（1794—1877）绘制的《运河揽胜图》，现收藏于扬州博物馆。该艺术作品真实反映了清代邵伯运河两岸的市井风情，对邵伯水道、街市的繁华做了详细描绘。

邵伯几度兴废均与水密切相关，因水而生、治水得名、顺水兴旺。勤劳智慧的邵伯人从治水到用水演绎出辉煌的历史文化。邵伯四周环水，西临运河、邵伯湖，南对南塘，东面艾陵湖，北枕包塘、北河头。镇内河流交错，有玉带河、铁牛湾、上夹河、银锭河、惠政河等。邵伯的繁荣发展离不开水，而邵伯又常受水患灾害。在社会动荡不安、水系无人治理、堤坝年久失修时期，京杭大运河邵伯段常发生决堤，洪水淹没房屋，家园被毁，百姓流离失所。在与大自然斗智斗勇的过程中，邵伯人民也逐渐学会化水害为水利，因势利导，为生产生活服务。古镇地势西高东低，邵伯人节制西边的湖水，涝则疏导，旱则储流。在集镇西侧由北向南，建设多个港口，如菜花港、奶奶庙港、城隍庙港、木排港、红桥港、水西桥港、铁牛港、梁家港等，这些港口外通棠湖，里连集镇，有效控制水流，造福地方百姓。古镇如今尚保存清朝时的城镇形制，古街、古巷、古民居、古井、古祠、古石碑多保存完好。甘棠庙，古风犹存；斗野亭，古韵依然。

〔清〕王素作《运河揽胜图》

京杭运河邵伯段

古镇民风淳厚，和谐守静，土地肥沃，物产丰盛。地方美食风味独特，水乡生活令人流连忘返。生活在运河边上的邵伯人民，在兼收并蓄诸多民俗文化元素的基础上，形成了自己的水乡风格。在长期的历史积淀中，邵伯以其特定的地理、人文环境，孕育出独特的运河文化：以人为本，崇德尚文，沟通交流，开放包容。千百年来，邵伯人民供奉的甘棠庙、谢公祠，是对埭开世泽的谢安最好的纪念。甘棠树、邵伯镇、棠湖、惠民井的一草一木均烙上与谢安相关的印记，古镇人民世代相守，铭记恩泽。宋代，浙江台州罗适在江都任县令期间，勤政爱民，以人为本，罗适离任后，邵伯百姓为其绘像立生祠以祀，至今石碑仍立于黉宫。

邵伯之地，耕读传家，蔚为风气，孕信育厚，人才辈出，文脉绵长，代有瑰奇杰出

之人。仅清代有史可稽者，赴京会试中进士者达20余人，诸生及登乡榜者在百人之上。邵伯谚语云："举人满街跑，秀才多如毛。"邵伯文风兴盛，杰出者众多。蒋继轼，清康熙五十二年（1713）进士，翰林院编修；其长子蒋之英，康熙五十九年（1720）举人；次子蒋之兰，雍正五年（1727）进士。徐寅亮，嘉庆四年（1799）与其兄徐元方同举进士，清仁宗特赐"花萼联辉""棠棣竞秀"匾额；其长子徐玉华，附贡生；次子徐玉丰，道光二十一年（1841）进士，翰林院编修。董恂，道光二十年（1840）进士，道光、咸丰、同治、光绪四朝元老，官居户部尚书、兵部尚书。邱育卿，咸丰十一年（1861）拔贡，选入京师国子监，有"十岁神童、二十岁才子"之誉，其《新建文昌楼记》笔力遒劲，观者无不称妙；其子邱正襄、邱正夔兄弟二人，光绪年间双双中举。

运河生态园

古镇居水陆咽喉，得交通之便，天下名士在此流连者甚多。唐代大书法家颜真卿、诗人张籍；五代十国诗人徐铉；后周皇帝周世宗柴荣；北宋大文学家欧阳修、苏东坡；南宋诗人尤袤、民族英雄文天祥；元代诗人、画家萨都剌；明代著名学者杨基、欧大任；清代六下江南的乾隆皇帝，诗人王士祯，一代大儒阮元、焦循等，都曾驻足邵伯，留有诗文传世。《西游记》作者吴承恩曾到古镇拜谒露筋祠，有感于烈女的高风亮节，发出“气与山河在，心将水月孤”的赞叹;《聊斋志异》的作者蒲松龄泛舟邵伯湖，诗酒唱和之余，将村姑、渔婆口中的神怪鬼狐故事收入笔下；欧阳修载酒赏荷，邵伯湖的美景勾起诗人无穷遐想；康熙皇帝挥笔为露筋祠题词“节媛芳躅”，流千古，为后人留下一段佳话；一代才子、孔子 64 代孙、《桃花扇》的作者孔尚任拜访好友甘棠进士蒋继轼，兴致勃勃游览邵伯湖，被水乡风情所陶醉。一河通南北，特别是明清两代，名流游屐，数不胜数。运河为邵伯对外交流沟通提供便利。

邵伯依傍运河经济大动脉，长期站在经济发展的前沿，具有开放包容的文化个性，邵伯文化惯于接纳外来多种文化。国家级非物质文化遗产项目——邵伯锣鼓小牌子就是在外来文化的影响下，衍化出的苏中地区独特的文化形式。由本地的几个音乐形式——扬州清曲、道教音乐、“六书”和“新春长锣”形成其雏形，结合南方丝竹音乐以及北方大鼓，经过几百年的发展融合，最终形成新的音乐形式。江苏省级非物质文化遗产——邵伯秧号子，也是运河开放融合形成的优秀民歌形式。它结合各地的民间小调、俗曲，形成地方特有的艺术风格，既有南方民歌的婉转流美，也不乏北方民歌的高亢嘹亮。江苏省级非物质文化遗产——露筋娘娘传说，是流传在露筋当地的民间故事，受到清朝康熙、嘉庆两代帝王的诰敕，乾隆为之题诗。经过历代传说的修饰，其文化内涵不断加深，露筋娘娘被奉为运河女神。

开放的特征使古镇接纳先进的外来文化，同时古镇又将经过融合、加工的本土文化向外扩散。扬州沐浴业、“三把刀”闻名全国，源于邵伯，清代李斗《扬州画舫录》载：“浴池之风，开于邵伯镇郭堂。后徐凝门外之张堂效之。”装运粮食的“邵伯划子”、粮食交易的通用量器“邵伯斛”，这些具有地方特色的文化通过运河的交流扩散，产生深远的影响。1938 年，一些分散在各行业、志同道合的邵伯锣鼓小牌子爱好者成立“同福会音乐班”，赴各地交流，并多次获得奖项。曾配合华东军区文工团为人民解放军渡江部队慰问演出，产生广泛影响。如今的甘棠乐队接受中央媒体及国际友人的采访，并且参加多届国家非物质文化遗产日活动，引起广泛关注。邵伯秧号子的代表作《拔根芦柴花》享誉全国，经常在国际、国内重大场合演奏;《纱囊子撂在外》被联合国教科文组织公布为亚洲民歌。

繁盛有传统，今日更辉煌。历史上因为大运河的推动，邵伯商肆鳞次栉比，服务业繁荣兴盛。因区域优势，今日邵伯为江都经济重镇，是江都区“一主两翼”发展战略的北翼，倾力打造“三区一业”（工业集中区、渌洋湖生态区、商贸集镇区，建筑安装业）。工业产品主要有化工及高分子材料、玩具及玩具配件、机械、电子、轻纺、造船六大系列。建筑业名扬全国，被誉为“建筑之乡”，屡获“鲁班奖”“白玉兰奖”等建筑业大奖。产业根植传统，逐渐形成钢材、建材、农贸等十大专业市场，以“龙虾”为龙头的美食业不断做大做强，享誉大江南北。

随着沿江、沿海地区经济开发，运河作为内河，所发挥的经济作用不断被削弱。中国大运河申报世界文化遗产成功后，古老的河道重新焕发青春活力。邵伯镇确立“以文立镇”的发展思路，在历史文化传承中推动城镇化建设，彰显小城镇特色。

邵伯镇以运河文化做好经济文章，抓住大运河文化带建设，积极加快推动城镇化步伐。集镇西部为旅游保护区，紧邻大运河和邵伯湖。根据“运河遗产点保护与展示”发展方向，相继实施邵伯老街整治、明清古居老屋修缮、明清运河故道清理、大马头周边环境整治、邵伯巡检司重建、斗野亭重建、梵行寺重建工程，并新建明清美食街等历史街区。按照旅游规划，逐步拉开旅游布局。集镇东部为商业居住区，建设有 2 万平方米的市民广场、东花园别墅区，以及桃园、银杏、工农、水韵甘棠等新型住宅区。集镇南部以文化旅游产业园和高端装备制造产业园为主要聚集点。2016 年，邵伯被列入国家新型城镇化综合试点。

抓住扬州旅游圈扩展的机遇，形成集聚效应，推动经济发展。为融入扬州大旅游发展格局，彰显邵伯旅游特色，对邵伯湖实施“三退三还”（退耕、退渔、退养，还林、还湖、还湿地）政策。为更好地沟通江淮，建设好纵贯南北的生态大走廊，对邵伯湖中浅滩、小滩等影响泄洪通道的部分进行挖掘，加大加高较宽广的陆岛，使湖面更加辽阔，湖区更加生态化、绿色化。

沿运河两岸打造观光带，改造南塘景区入口，建设运河生态公园：茶花园景区、荷塘月色景区、净瓶广场景区、桃花坞景区、铁牛湾景区、柴坝等，逐步形成产业特色明显、人文气息浓郁的运河风情特色小镇。相继入选中国大运河文化带产业特色项目、江苏省最美水地标、扬州市首批特色小镇。先后被命名为江苏省新型示范小城镇、江苏省经济和环境协调发展示范镇、江苏省文明镇、江苏省百家名镇、江苏省群众文化先进镇、江苏省卫生镇、全国重点镇、全国环境优美乡镇。

细述古镇邵伯古今种种，以期继往开来，传承光大。历史虽已远去，但记忆不曾忘却，古镇的一草一木是每个邵伯人心中的乡愁，这颗京杭大运河的明珠如今仍然熠熠生辉。

运河晚韵

基本镇情

邵伯镇位于扬州东北部，属里下河地区，水运兴旺，陆路交通四通八达。五代十国后期，周世宗征淮南，率兵驻跸邵伯法华寺；南宋建炎三年（1129）至绍兴三十一年（1161），金兵南进，宋金在邵伯多次交战。清代，太平军攻克扬州，清军扼守邵伯。民国时期，北伐军与孙传芳部队亦据此反复交战。邵伯扼江淮咽喉，战略位置显要。

建置区划

建置沿革 邵伯镇历史悠久，古为村落，东晋建埭，宋时置镇，明清沿旧制，民国设市。中华人民共和国成立后，行政区划多次调整，现为乡镇建制。

东晋太元十年（385），谢安在此筑埭，始有邵伯之名，属江都县。南朝宋、齐、梁、陈时沿袭旧制。隋至宋代，先后隶属江阳县、广陵县、江都县。元至元十三年（1276），广陵县并入江都县，邵伯隶属江都县。

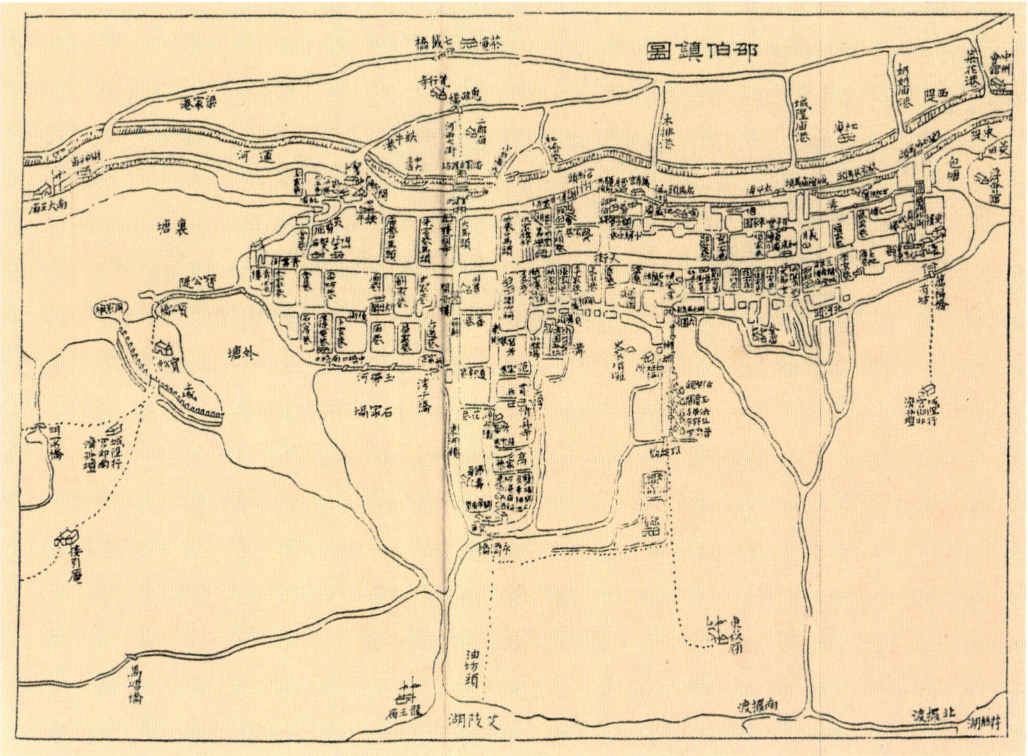

清咸丰年间邵伯镇图

明洪武元年（1368），邵伯仍隶属江都县。清雍正九年（1731），析江都地置甘泉县，邵伯隶属甘泉县。

1912年，甘泉县并入江都县，县设十区，邵伯为第八区。其后，建置多次调整，邵伯先后隶属江都县第七区、江都县抗日民主政府丁伙区、真武区、苏皖边区政府二分区樊川县、江都县、樊川县邵伯市、国民党江都县第七区。

1945年12月22日，邵伯解放，设邵伯区，隶苏皖边区政府二分区樊川县。1949年1月22日，邵伯第二次解放，设邵伯镇，隶属江都县。随后，邵伯镇先后隶属于邵伯区、江都县。1958年9月11日，成立邵伯人民公社。至1973年4月经历3次分合调整。1959年5月第一次调整，分出丁伙公社另建公社；1961年10月第二次调整，分出艾菱人民公社；1973年4月第三次调整，艾菱、邵伯合并为邵伯人民公社。1984年5月，改邵伯人民公社为邵伯镇人民政府，隶属江都县。1994年江都撤县建市。2005年昭关镇与邵伯镇合并，设立邵伯镇，镇政府驻邵伯。2011年11月江都市撤市设区。至2016年年底，邵伯镇隶属于江都区，设江都区邵伯镇人民政府。

行政区划 中华人民共和国成立后，邵伯区辖1镇15乡，邵伯镇辖9街2村102组。

1952年9月，江都县区乡调整。邵伯区辖区缩小，领原邵伯镇及两渡乡公路村。宝公、水西、孙桥3个乡划入新建丁伙区，永桥乡划入露筋区。

1954年6月，恢复原邵伯区和邵伯镇，镇辖区袭旧。宝公、水西、孙桥3个乡划入邵伯区。

1958年4月，邵伯镇撤街建居民委员会。原米市、仓巷、青云、南后改建为青云居民委员会，竹巷、坝巷、东河改建为甘棠居民委员会，蟾宫、花巷改建为前进居民委员会。9月，建邵伯人民公社，领原邵伯镇、艾菱乡、丁伙乡地域，辖邵伯、窦桥、孙桥、许庄、丁伙、乔墅、王桥、高桥8个工区。

1959年5月，调整公社规模，原丁伙乡地域划出。邵伯人民公社辖15个生产大队及3个居民委员会。

1961年10月，再次调整，乡镇分开，建艾菱和邵伯镇2个人民公社。邵伯镇人民公社辖3个居民委员会及3个生产大队，艾菱人民公社辖17个生产大队。11月，邵伯镇人民公社公路大队划入艾菱人民公社。

1964年5月，邵伯增建庙巷、坝巷2个居民委员会。

1973—1992年，镇辖区袭旧。

1994 年，江都撤县建市，邵伯镇隶属江都市。至 2001 年年底，邵伯镇辖 12 个村，9 个居委会。

2002 年，国营粮食原种场划归邵伯镇管辖。

2005 年 5 月，昭关镇与邵伯镇合并设立邵伯镇，镇政府驻邵伯。行政区划调整后，邵伯辖 4 个居委会（公路、高蓬、甘棠、北祥）、23 个村（高蓬、谢庄、张桥、马荡、孙桥、谢楼、艾菱、南渡、梁庄、崔桥、许庄、昭关坝、新建、东南、戚墅、北祥、京杭、运东、红岭、渌洋湖、渔业、露筋、公路）、2 个场圃（江都市粮食原种场、江都市水产养殖场）。

2011 年 11 月，江都市撤市设区，邵伯镇隶属江都区，设江都区邵伯镇人民政府，辖 21 个村（2008 年，张桥村与谢庄村合并为镇南村、露筋村与渌洋湖村合并为渌洋湖村）、2 个社区（2008 年，昭关社区并入北祥村、兴南社区并入高蓬村）、2 个场圃。

2016 年年底，邵伯镇下设 20 个村（2015 年，许庄村并入南渡村）、2 个社区、2 个场圃。

村庄社区

镇南村 位于镇域最南端。2008 年，由原谢庄村与张桥村合并而成。村民委员会驻东孟组。2016 年，村域面积 9 平方千米，有耕地 4327 亩。辖 43 个村民小组，1467 户 4679 人，村集体经济总收入 56.86 万元。该村位于镇工业集中区腹地，内有江苏宏信物流有限公司、江苏新时高温材料股份有限公司、江苏维创散热器制造有限公司等企业。

高蓬村 位于镇域南郊。2008 年，由原兴南社区与高蓬村合并而成。村民委员会驻镇工业集中区宏远路。2016 年，村域面积 8.3 平方千米，有耕地 1840 亩。辖 21 个村民小组，1722 户 3397 人，村集体经济总收入 114.2 万元。镇工业集中区坐落在该村，内有扬州福克斯减震器有限公司、扬州金森光电材料有限公司等企业。

马荡村 位于镇东，邵乔路侧。2000 年，由原窦桥村与马荡村合并而成。村民委员会驻湖庄组 。2016 年，村域面积 3.48 平方千米，有耕地 2000 亩。辖 23 个村民小组，630 户 2700 人，村集体经济总收入 75.43 万元。境内有邵伯高级中学、邵伯镇中学 2 所学校，是新镇区规划所在地。

孙桥村 位于镇域东郊、邵乔路中段。因曾设孙桥乡而得名。村民委员会驻红星组。2016 年，村域面积 4.5 平方千米，有耕地 2503 亩。辖 20 个村民小组，738 户 2211 人，村集体经济总收入 62.06 万元。新淮江路、罡邵路、连淮扬镇高铁三条道路“两纵一横”穿境而过。

谢楼村 位于镇域最东端。2001年，由原谢楼村与邵庄村合并而成。村民委员会驻杜庄组。2016年，村域面积6.25平方千米，有耕地2600亩。辖24个村民小组，714户2066人，村集体经济总收入98.79万元。境内有扬州天源禽业有限公司、大型虾蟹混养养殖区近400亩和24家生产佛香、卫生香等香制品专业户。

艾菱村 位于205县道、镇区东部。1995年，由原艾菱村与良种场合并而成。村民委员会驻艾菱一组，邵真线路南。2016年，村域面积5平方千米，有耕地2881亩。辖11个村民小组，927户3370人，村集体经济总收入127.3万元。有江都区第一高强度螺栓厂集体企业1家。

南渡村 位于镇域北近郊。2015年，由原南渡村和许庄村合并而成。村民委员会驻光明组。2016年，村域面积4.2平方千米，有耕地2744亩。辖29个村民小组，1077户3785人，村集体经济总收入197.46万元。该村是扬州市生产、网销、出口玩具及玩具配件基地之一。

梁庄村 位于镇域中部东北郊。2001年，由原梁庄村与先进村合并而成。村民委员会驻联友组。2016年，村域面积9平方千米，有耕地2700亩。辖22个村民小组，906户3120人，村集体经济总收入136.42万元。境内个体私营企业主营船舶修造等。

艾菱村村民住宅区

崔桥村 位于镇域北郊。因崔姓居民聚居在桥口而得名。村民委员会驻崔桥组。2016年，村域面积3平方千米，有耕地2020亩。辖15个村民小组，714户2256人，村集体经济总收入86.17万元。境内有国家级示范合作社——扬州市峰瑞农机服务专业合作社和省级示范家庭农场——丰禾家庭农场。

公路村 紧邻中心镇区，位于镇区北侧。1999年，由原运河村、渔业村、公路村合并而成。村民委员会驻顾庄组，工农北路。2016年，村域面积2平方千米，有耕地1038亩。辖21个村民小组，3850户10830人，村集体经济总收入325.78万元。境内有多家工商、税务、运河管理处等单位。

新建村 位于镇域中部。2000年，由原魏庄村和仇庄村合并而成。村民委员会驻魏庄组。2016年，村域面积5.04平方千米，有耕地3308亩。辖30个村民小组，1045户3310人，村集体经济总收入128.07万元。

京杭村 位于镇域北部，京杭大运河东岸。1995年，由原京杭村、西厦村、种子场、水产场合并而成。村民委员会驻光华组，戚运路北侧。2016年，村域面积3.98平方千米，有耕地1987亩。辖13个村民小组，723户2487人，村集体经济总收入90.79万元。境内有江苏峰业科技环保集团股份有限公司等企业。

运东村 位于镇域北部，京杭大运河东岸。2000年，由原从湾村、蔡坛村合并而成。村民委员会驻联盟路南。2016年，村域面积4.5平方千米，有耕地3800亩。辖21个村民小组，1059户3680人，村集体经济总收入69.81万元。

昭关坝村 位于镇区近郊，京杭大运河东岸。2000年，由原昭关村和新庄村合并而成。村民委员会驻二圩组，昭关坝路。2016年，村域面积4.5平方千米，有耕地3033亩。辖11个村民小组，1070户3741人，村集体经济总收入144.95万元。境内有扬州市长运汽车油箱制造有限公司等企业。

戚墅村 位于镇域东北部。2000年，由原戚墅村和南林场合并而成。村民委员会驻王庄组。2016年，村域面积2.3平方千米，有耕地2070亩。辖15个村民小组，556户1682人，村集体经济总收入60.59万元。境内有850亩的林场。

东南村 位于镇域东北部。2000年，由原王厦村和荇丝村合并而成。村民委员会驻广丰组。2016年，村域面积5平方千米，有耕地3116亩。辖25个村民小组，886户2836人，村集体经济总收入103.43万元。

北祥村 位于镇域北部，紧邻原昭关集镇区。2000年，由原北厦村和祥元村合并而成，后 2008 年昭关社区并入该村。村民委员会驻戚运路，原昭关镇政府。2016 年，村域面积 1.32 平方千米，有耕地 2225 亩。辖 16 个村民小组，845 户 2833 人，村集体经济总收入 52.12 万元。昭关工业集中区坐落在该村，内有江苏鼎鑫建设工程有限公司、江都市高新玩具辅料有限公司等企业。境内有中国邮政储蓄银行、昭关农贸市场、昭关卫生院、昭关小学、昭关中学等单位。

红岭村 位于镇域北部。2000 年，由原岭湖村和横港村合并而成。村民委员会驻红港组。2016年，村域面积5平方千米，有耕地3059亩。辖18个村民小组，765户2620人，村集体经济总收入 139.79 万元。

渔业村 位于镇域北部。2000 年，由原东风渔业村和渌洋渔业村合并而成。村民委

渌洋湖村

员会驻渔业一组。2016 年，村域面积 2.6 平方千米，有耕地 320 亩。辖 6 个村民小组，485 户 1970 人，村集体经济总收入 44.53 万元。该村耕地面积少，主要以渔业养殖为主，有鱼池养殖面积 720 亩。

渌洋湖村 位于镇域最北端。2000 年，由原扬西村和凤凰村合并而成，2008 年露筋村又并入该村。村民委员会驻林场组。2016 年，村域面积 11.8 平方千米，有耕地 4686 亩。辖 35 个村民小组，1415 户 4728 人，村集体经济总收入 47.9 万元。该村有林场 2500 亩，渌洋湖湿地公园为省级湿地公园，是扬州市首家自然保护区、江苏省四星级乡村旅游点。境内有渌洋幼儿园、渌洋小学、渌洋农贸市场、渌洋卫生院等公共服务单位。

银杏社区 位于集镇区中心。2003年，成立公路社区，后在2007年更名为银杏社区。社区居委会驻工农北路42号。2016年，社区区域面积2平方千米，有户籍居民2379户8228人。社区下辖公路、彭桥、林庄、顾庄、花园、孙庄、渔业、银杏南小区、银杏北小区、新街、北大街、食品站小区、米厂小区等居民小区。该社区与公路村为村居合一建置。

甘棠社区 位于集镇区中心。2002年，由原东郊、坝巷、甘棠、庙巷、青云、南郊等6个居委会合并而成。社区居委会驻集镇运河边6号。2016年，社区区域面积1.68平方千米，有户籍居民2853户9059人。辖区内有学林雅苑、蚕茧站、水岸家园、桃园小区、南塥小区等居民小区。有西菜场、邵伯中心幼儿园、邵伯盛昌幼儿园、邵伯中心医院西区分院等公共服务单位以及运河生态公园风景区。

盐邵河边水岸家园小区

江都市粮食原种场 位于镇域中部。于1954年围垦荇丝湖而成，1964年定名为粮食原种场，主要从事稻麦原良种的生产和试验。粮食原种场是江都唯一的稻麦原良种繁殖基地，从成立之日起就担负着为江都稻麦原良种提纯复壮和繁殖的任务，每年提供三麦原种和杂交稻制种等。2016年，全场面积0.86平方千米，有耕地750亩、精养鱼池95亩，自然小组4个，498人，有职工382名。

江都市水产养殖场 位于京杭大运河畔，原昭关集镇北。创建于1956年。主要经营渔药销售、水产养殖、四大家鱼销售，是全省重要的异育银鲫养殖基地，苗种销往安徽、天津、黑龙江、辽宁、上海、浙江等地。2016年，全场占地3000余亩，实际养殖水面1860亩，有职工100名。

自然环境

地质地貌 邵伯镇境属江淮冲积平原，地处古泻湖堆积平原沼泽洼地的里下河地区，地势较低洼，地面高程 1.8 ~ 3.5 米。总体来看，镇域南部地势较高、东北部渌洋湖等处地势较低，易涝。全镇水系发达，湖沼密布，岩相变化复杂，组成物以淤质亚黏土为主，富含植物根茎。

气候 邵伯镇域属于亚热带季风盛行地区，四季分明，光照充足。1994—2016 年，年平均蒸发量为 1443.2 毫米，最大蒸发量为 1995 年的 1595.3 毫米，最小蒸发量为 2011 年的 1252.4 毫米。1994—2016 年，年平均无霜期 235 天。1994—2016 年，年平均气温 16.1℃，最高气温 39℃，出现在 2002 年 7 月 15 日；最低气温 -9.3℃，出现在 2011 年 1 月 17 日。雨量充沛，1994—2016 年，年均降雨量 996.9 毫米，雨量集中在 6—9 月，约占全年总降雨量的 50%，1994—2016 年最大年降雨量达 1498.5 毫米（2003 年），最小年降雨量为 556.4 毫米（1994 年）。

水系 邵伯是淮河入江尾闾，又是江水北调渠首，水资源极为丰富。邵伯素称水

盐邵河

农作物

油田井架

乡，古有“东西南北四湖通”之誉，京杭大运河流经镇西。至2016年年底，镇境内大小河道466条，河道总长195.46千米。其中市级河道2条、区级河道1条，总长度为25.2千米；镇级河道41条，长度121.9千米；村级河道422条，长度48.36千米。镇域内还有盐邵河、戚墅河等水道，扬州市内第二大的淡水湖邵伯湖位于镇西侧。

自然资源 邵伯地下储有石油和天然气资源，1975年4月成立的江苏石油勘探局（后统称江苏油田）机关驻地为邵伯镇。1975年，江苏油田开展会战，在邵伯镇境内建有邵伯、许庄等试采区。至1990年，江苏油田累计产油649.35万吨，产气3.8亿立方米。邵伯自然生态环境优越，渌洋湖湿地公园被列入省级湿地公园名录，南渡村等5个村为江苏省绿化示范村，镇域北部有数千亩的林场。2016年年底，城镇建成区绿化面积达160公顷，主要树种为银杏、水杉、池杉、垂柳、榉树、女贞等。邵伯水产养殖业发达，主要出产鳜鱼、草鱼、黑鱼、鲫鱼、龙虾、螃蟹等品种。

区位交通 邵伯镇地处江苏省扬州市江都区主城区北部、扬州市东北部。东邻丁伙镇、真武镇，西傍邵伯湖与扬州市邗江区公道镇隔湖相望，南接仙女镇，北与高邮市车逻镇、八桥镇接壤。京杭大运河沟通南北，G2京沪高速、国道G233、省道S237、在建的连淮扬镇高铁穿境而过。距江都主城区12千米，距扬州30千米，距扬州泰州机场30分钟车程，距南京禄口机场90分钟车程。全镇总面积为122.91平方千米，其中水域面积53.27平方千米，耕地面积44.61平方千米，城镇及工矿用地面积16.93平方千米。

人口、民族、姓氏

人口总量 1956 年境内总人口为 27640 人，1993 年总人口为 53302 人，2010 年总人口为 77726 人。2016 年年底，全镇总人口为 86186 人。

人口变化 据高蓬、张桥、孙桥等地发掘的汉墓考察，早在两千多年前，邵伯境内已有人群聚居。晋代，人口渐趋稠密，唐宋时，已成集镇。

元末明初，江南战乱，人口北迁，苏州移居邵伯者众多。谢、董、蔡、卢、刘、殷、周、李、江、詹等姓族谱均载其于元末明初迁至邵伯镇。

清乾隆嘉庆年间，安徽、江西、镇江等地商贾纷纷到此经营笔墨、茶叶、桐油、中药及旱烟等业。咸丰年间，太平军横扫江南，三克扬州，邵伯“流寓者众，镇人益繁”。

民国年间，有私盐贩在此定居从耕，国民党驻军落户从业。1921 年和 1931 年，邵伯连遭水患，居民背井离乡，外流人口较多。小河西原近 100 户，灾后只剩 10 多户。1937 年，日军侵占邵伯，烧杀抢掠，少数富民逃入四川，部分流居上海。其间，不少贫民外流谋生。宝公、水西、孙桥 3 乡，至 1949 年 1 月 22 日前夕，流往外地 3465 人。全镇侨居国外及流寓港澳台地区的有 92 户 250 人。

中华人民共和国成立初期，人口逐渐增长。1955 年，围垦艾陵湖，将邵伯花园村和许巷乡的新华、丰产 2 个村，共计 530 户 2100 多名农民移至艾陵湖定居。三年经济困难时期，流入安徽、苏南等地的农民有 466 人。

1962 年开始下放城镇人口。初下放来自农村的干部家属，后下放社会闲散劳力，再下放市镇知识青年，至 1972 年，累计下放 330 人，其中干部家属 26 人、闲散劳力 35 人、知识青年 269 人。1972 年邵伯镇农村接收下放人员 915 人，其中外地 625 人、邵伯镇 290 人。至 1979 年，下放人口基本调回城镇。

1975 年建江苏油田，石油系统调大批职工、干部、科技人员到邵伯镇开发会战，市镇人口由 1974 年的 8190 人猛增至 13311 人。

1986 年后，企业规模逐年扩大，市场经营日趋活跃，外地及境内农民纷纷涌向镇区务工、经商。

人口构成 1964 年第二次全国人口普查时，邵伯境内总人口 32090 人，男性 15644 人、女性 16446 人，女性比男性多 802 人。1 ~ 14 岁的少年儿童 12445 人，男性 6599 人、女性 5846 人，男性比女性多 753 人；20 ~ 30 岁的婚龄青年 5081 人，男性 2515 人、女性 2566 人，女性比男性多 51 人；65 岁以上老年人 944 人，男性 308 人、女性 636 人，女性比男性多 328 人。据数据分析，少年儿童男性多于女性，老龄女性多于男性，婚龄期男女比例基本平衡。1982 年第三次全国人口普查时，总人口 49899 人，男性占总人口的 50. 46%，女性占总人口的 49.54%。

从 1964 年和 1982 年两次全国人口普查来看，邵伯镇人口年龄结构有较大变化。0 ~ 14 岁少年儿童人口比例下降，1964 年占总人口的 38.78%；1982 年 12875 人，占总人口的 25.80%，下降 12. 98%；老龄人口比例增加，1964 年 60 岁以上 1829 人，占总人口的 5.7%；1982 年 60 岁以上 4060 人，占总人口的 8.1%。2016 年年末，总人口 81578 人，其中男性 40837 人，女性 40741 人。90 岁以上 325 人，其中 100 岁以上 5 人。

民族 2016 年年底，邵伯境内主要以汉族为主，有 22 个少数民族，144 户少数民族家庭，少数民族人口 239 人。分别是纳西族 2 人、藏族 5 人、彝族 12 人、苗族 7 人、瑶族 11 人、侗族 6 人、仡佬族 3 人、蒙古族 18 人、回族 58 人、黎族 4 人、壮族 38 人、布依族 14 人、满族 11 人、水族 1 人、哈尼族 3 人、土家族 36 人、拉祜族 2 人、白族 2 人、毛南族 2 人、朝鲜族 1 人、仫佬族 1 人和维吾尔族 2 人。

姓氏 据 2016 年统计，全镇有 256 个姓氏。超千人的姓氏有 22 个，最多的为王姓，5705 人。1 人 1 姓有 6 个，由于人口流动加快、婚丧嫁娶、生育后代等原因，相比 1990 年统计数据，1 人 1 姓大幅减少。

2016 年邵伯镇超千人姓氏排名表

表 1

序号	姓氏	人数（人）	序号	姓氏	人数（人）
1	王	5705	5	孙	2472
2	李	5105	6	陈	2406
3	张	3614	7	周	2305
4	刘	3445	8	华	1814

续表 1

序号	姓氏	人数（人）	序号	姓氏	人数（人）
9	高	1773	16	许	1438
10	吴	1717	17	朱	1347
11	仇	1612	18	黄	1183
12	赵	1521	19	卢	1170
13	谢	1498	20	杜	1159
14	杨	1454	21	马	1120
15	徐	1449	22	于	1107

镇村建设

集镇区建设 2016 年年底，邵伯镇区建成面积达 17 平方千米。主镇区内旧有 2 条主街道：河西大街、河东大街；2 条支街道：前东街（又名司前街）、后东街（又名司后街）；3 条滨河街道：上河边、南塘边、东河头，以上 7 条街道，构成老镇区交通网络。随着人口增长、经济发展、镇区扩建等，人车流量不断加大，原有狭窄街道不能适应交通需要。20 世纪 80 年代以来，先后加大投资，陆续新建混凝土、沥青路面主支干道 12 条，主要是甘棠路、跃进路、桃园路、工农路、建设路、银杏路等，总长约 6 千米，并配套污水管网。为适应邵伯千年古镇的形象定位和新型城镇化建设需求，邵伯镇特别实施了龙虾美食街新建、提档升级甘棠路及罡邵线镇区段等重点工程，并对镇区主要干道两旁建筑进行仿古改造，在主镇区入口处设立了“古镇邵伯”的牌坊。

镇区居民住房，旧时多为 5 架梁，平房居多，楼房极少。后新建房屋大都为 7 架梁。20 世纪 80 年代以来，随着居民生活需求的不断提高以及建筑水平的不断进步，集镇区楼房逐渐增多，特别是集中商住小区不断涌现。2016 年，建成面积较大的商住小区主要有昊坤小区、荷塘月色、汇锦城、汇金广场、邵伯城、甘棠花苑、南塘小区以及江苏油田运输处等，集镇区居民楼房居住比例达 95% 以上。

集镇区建设的加快也带动了公共服务配套设施的不断完善，截至 2016 年年底，集镇区已先后建成大型体育、休闲、文化广场 1 个，为谢安广场；建成污水处理厂 1 座，日处理污水量达 6000 吨，配套污水管网约 10 千米；设有消防中队 1 个，派出所 1 个，供电所 1 个，金融网点 7 个，邮政、快递网点 9 个，农贸市场 3 个，大型超市 3 家，自来水厂 1 座，公共厕所 28 座，垃圾清运站 1 个，垃圾池、垃圾箱 350 个，路灯 1719 盏。

农村建设 中华人民共和国成立前，农村道路基本都是土路小道，凹凸不平，阴雨泥泞，行走不便。中华人民共和国成立后，随着农田方整化和适应农业机械化的发展，逐步建成宽阔道路。20 世纪 80 年代以后，由镇、村和有关单位共同出资，先后将主要干道铺设成砂石路面或混凝土路面。2000 年前后，出于出行的需要，在镇政府的大力支持下，村、组、户共同出资，对各村组的道路进行硬化。至 2016 年，全镇境内村组道路基本建成水泥道路，机动车辆可通行，部分主支干道安装路灯。全镇农村主干道路共有 38 条，主要有邵乔路（罡邵线邵伯段）、渌洋大道、联盟路等。老淮江公路和 233 国道贯穿全镇南北。

中华人民共和国成立前，镇域农村房屋大都为土墙草屋，矮小简陋。中华人民共和国成立后，农民住房不断翻新，不仅建房数量增多，质量也逐步提高，从平房到楼房，

古镇邵伯牌坊

从石灰砂浆到水泥钢筋，到处可见宽敞、坚固、美观、实用的新型楼房。至2016年，全镇农村居民楼房居住比例达83%。渔业村安置小区和南渡村、艾菱村集镇居住区成为新农村建设发展的示范典型。

至2016年，邵伯农村的基础配套设施不断完善。全镇各村基本都建有便民超市、移动电话充值点、垃圾池等，基本实现户户通水、通电、通数字电视，部分居民已接通电信网络，部分靠近镇区的村组已接通天然气。邵伯全镇有6个村已建成小型污水处理设施，4个村的小型污水处理设施正在建设。开通了镇村公交线路3条，南北通往江都主城区的公交车辆共有24辆。

特色产业

经济总量　2016年，邵伯镇地区生产总值为84.01亿元，其中第一产业增加值4.34亿元，第二产业增加值45.33亿元，第三产业增加值34.34亿元，三次产业结构比为5.1∶54∶40.9。从数据来看，邵伯镇域经济仍然以第二产业、第三产业为主导，第一产业占比较少。

特色工业　邵伯镇工业是在民间手工业的基础上逐步发展起来的，经历了从无到有、从少到多、从小到大、从低到高的发展过程，并在市场竞争中经受了优胜劣汰的考验。先后设有地方国营、县属集体、镇办、村办、校办、个体和私营工厂等各类企业，后企业逐步改制，工业企业以个体和私营为主。至2016年年底，全镇共有各类工业企业570家，区列统企业53家，实现规模以上工业企业总产值123亿元。拥有江苏江佳电子股份有限公司、江苏省金鑫安防设备有限公司、江苏鼎晟液压有限公司、扬州显业集团有限公司等一批较具规模的企业，主要产业为机械制造、节能环保和新材料。

重点工业企业简介

江苏江佳电子股份有限公司　分为邵伯公司总部和江都开发区工厂，总占地面积

工业集中园

12.654 万平方米，建筑面积 6 万平方米，是专业生产电子陶瓷产品的国家级高新技术企业，连续二十年入选中国电子元器件百强企业，银行资信等级“AAA”级。2004 年以来，“江佳”牌注册商标被江苏省工商局认定为“江苏省著名商标”，2003 年 1 月以来一直被国家工商总局授予“全国守合同重信用企业”称号。该企业在国内压电陶瓷和微波介质陶瓷行业生产规模和销售额均名列前茅，主持并参与编制了中国行业标准 5 项，获得授权专利 11 项（其中发明专利 5 项）。

江苏鼎晟液压有限公司　前身为江都市液压件厂，是原机械工业部全国定点制造液压件的重点企业。2005 年改制为民营企业后更名为江苏鼎晟液压有限公司。2009 年，通过国家审核，被授予“国家级高新技术企业”称号，DQKZF 控制阀总成等 8 项产品被认定为江苏省高新技术产品，企业荣获各种专利 20 余项，产品注册商标“江液”被评为“江苏省著名商标”。企业厂区占地面积 6 万平方米，拥有各种金加工机床 300 多台，年产各类液压件 40 多万件，每年为全国 300 多家主机厂提供液压元件或液压泵站。

现代农业　邵伯境内土地肥沃，盛产稻麦，早在南北朝宋元嘉时，即有禾生双穗的记载。自黄河夺淮后，常遭水灾，农业生产极不稳定。中华人民共和国成立以后，进行土地改革，组织农民走合作化道路，兴建农田水利基本设施，改善生产条件，推广优良品种，实施科学种田，粮食产量逐年提高。实行家庭联产承包责任制后，极大地调动了农民的生产积极性，农副业生产出现了全面发展的新局面。

邵伯是重要产米区，兼种麦、棉，荷藕、茭白、慈姑、菱等水生作物甚多，并有专业渔民，常年以捕捞为生。

1973 年，邵伯人民公社粮食总产量超过 1.5 亿千克，亩产 520.5 千克，成为江都县第一个亩产超千斤的公社，获扬州地区革命委员会嘉奖。此后，由于种粮面积减少和其他经济作物种植面积增加，粮食总产量有所下降。2016 年，全镇粮食总产量 0.535 亿千克，亩产 524 千克。着力发展现代农业、生态农业，建成了江苏金运万亩现代农业科技示范园、扬州市伊绿鲜生态农业产业园等新型农业园区。2016 年，全镇农业实现总产值 9.81 亿元。

现代农业园区简介

扬州市伊绿鲜生态农业产业园 规划面积 1200 亩，总投资 1 亿元，主要进行生态农庄区、稻麦种植区、蔬菜种植区、果树种植区、牧草（饲料）种植 / 加工区、水生植物种植区、家畜养殖区、野生（经济）动物繁育区、农产品加工 / 仓储区、农业废弃物集中处理区等十大功能区及配套设施建设。2016 年，该园区主体功能区已基本建成，并与省畜牧兽医学会、华中农业大学签订了合作项目。

江苏金运万亩现代农业科技示范园 占地面积 1.09 万亩，总投资 1 亿元，主要进行现代农业科技成果展示及农业种子生产建设。2016 年，已建成园区育种检测楼、粮食仓

江苏金运万亩现代农业科技示范园

储烘干房、优质稻麦新品种种植展示区等，配套烘干设备12台（套），新建农桥、路涵、节制闸186座。

建筑之乡 邵伯建筑业历史悠久，源远流长。自古以来营建的庵、观、寺、院、馆、阁、亭、台绚丽壮观，历史上涌现出众多能工巧匠，市镇有多户代代相传的瓦工世家，农村有木工聚居的木匠庄。

中华人民共和国成立后，瓦木工匠逐步组织起来，走集体化道路，初建市镇建筑站，后增建农村建筑队、站。20世纪80年代后，建筑市场不断发展，建筑企业日益增多，先后成立土木、古典建筑、安装防腐、安装装潢等工程公司。2008年，被扬州市人民政府命名为"扬州市首家建筑强镇"。

至2016年，全镇共有建筑企业9家，建筑一级资质企业3家，建筑从业人员6000人，全年实现建筑业总产值109亿元。

建筑一级资质企业简介

扬州市第五建筑安装工程有限公司 成立于1965年，2016年有工程技术管理人员384名，其中高、中级职称人员120多名，国家一级注册建造师17名。拥有房屋建筑工程施工总承包一级资质，建筑装修装饰工程、地基基础工程专业承包一级资质，市政公用工程、机电安装工程施工总承包二级资质，起重设备安装工程、消防设施工程、钢结构工程专业承包二级资质。下设8个分公司，施工队伍遍布江苏、上海、陕西、青海、海南等省份，年建安工作量突破30亿元。承建工程先后获省部级优质工程奖项30多项，地市级优质工程奖项50多项。企业连续多年获得"江苏省建筑业最佳企业""江苏省建筑业优秀企业""江苏省建筑业成长型百强企业""江苏省建筑业企业安全生产先进单位"等称号。

扬州市江都第六建设工程有限公司 成立于1989年，2016年有8个分公司处队，在册员工2000余人，有各类工程技术人员和管理人员300余人，拥有各类现代建筑施工机械设备和质量检测设备1826台（套），是住房和城乡建设部批准的房屋建筑工程施工总承包一级资质企业，拥有园林古建筑工程专业承包二级、建筑装修装饰工程专业承包二级、机电设备安装专业承包二级以及钢结构工程专业承包资质。先后获得"江苏省扬子杯优质工程奖"、北京市"结构长城杯银质奖工程"、湖北省建筑优质工程"楚天杯奖"、新疆建筑工程"天山奖"（自治区优质工程）、扬州市优质工程奖"琼花杯"等荣誉。

扬州市江都第六建设工程有限公司承建的扬州高旻寺（2009 年）

江苏鼎鑫建设工程有限公司 成立于 1965 年，2016 年有职工 6000 余人，其中，一级建造师 18 人、二级建造师 38 人，各类高级职称 26 人、中级职称 70 余人、初级职称 80 余人。拥有各类大中型机械设备 2000 余套，年施工能力 160 多万平方米。具有房屋建筑工程施工总承包一级资质，机电设备安装、园林古建筑工程、建筑装修装饰工程、起重设备安装工程专业承包二级资质。公司先后承建了数百项国家和省、市级重大工程，并获得省级优质工程和省级安全文明工地奖项 50 余项，获得市级优质工程和市级安全文明工地奖项 240 余项，多次获得省、市级优质工程“扬子杯”“紫金杯”“金山杯”“琼花杯”等荣誉。公司先后被授予“江苏省建筑业最佳企业”“江苏省建筑业优秀企业”“江苏省建筑业安全生产先进单位”等称号。

文旅商贸产业 邵伯原为水乡村落，自东晋谢安在此筑埭，服务于过往船舶的行业相继出现。唐宋以后，日渐繁荣。至清代，有万家灯火、行旅如织、百货屯聚、廛市鳞次之说。鼎盛时期，客籍人士在邵伯经商者众多，外地商人在邵伯建彭城、中州、西河、江西、浙绍、句容会馆 6 所。邵伯成为京杭大运河线上著名商埠。

清咸丰五年（1855），黄河北徙，运河不能全线贯通，加之津浦铁路通车，境内富商巨贾外迁。抗日战争期间，日军侵占邵伯，商业遭破坏。日军投降后，国民党发动战争，物价猛涨，致使邵伯商业一蹶不振。

中华人民共和国成立之初，供销合作社与国营商业相继出现，邵伯商业开始复苏。

20世纪50年代后期至70年代，邵伯商业网点减少，供销渠道不畅，集市贸易时有时无，商业徘徊不前。

中共十一届三中全会以后，乡镇工业崛起，农村专业户也随之发展，镇村就业人数增加，购买力相应提高。加之江苏油田指挥机构设于邵伯镇，市镇规模扩大，人口增多，邵伯镇成为辐射周围90平方千米的农副产品集散中心和工业品批发中心。

20世纪90年代中后期，流通领域逐渐放开。邵伯镇粮油及水产肉类副食品、百货、农资、农产品购销等商业服务业逐步市场化、连锁化。2005年之后，宏信、联华等大型超市先后在邵伯开设分店。随着古镇旅游业的崛起、邵伯湖旅游龙虾节的举办，全镇三产服务业进一步发展，住宿、餐饮业及小商品、土特产商店尤其繁荣。2016年，古镇旅游区接待游客较往年有所增加，达2万人次，全镇实现服务业增加值34亿元。

社会事业

文化教育 明代，邵伯镇设东山书院，另有庙学、私塾及家馆。清代，设义学。清末，创办学堂。民国初，改为小学。此后，相继建义务小学和私立小学。至邵伯第二次解放前夕，全镇有小学7所、私塾25所。中华人民共和国成立后，大力发展普通教育和成人教育。

邵伯高级中学

邵伯高级中学学生集体做操

2016年，邵伯镇有公办学校8所、民办学校2所。全日制学校中，共有148个班级，教职员工540人，在籍学生5185人，入籍率、普及率均达100%。学校在抓好教学质量的基础上，坚持走特色立校的道路，形成校有特点、人有特长的格局，其中昭关小学以科技特色著称，邵伯高级中学为江苏省三星级高级中学、江苏省重点中学。

医疗卫生 邵伯在明清及民国时期，民众多以中医中药和民间验方防病治病，地方

慈善机构施以少量医药。1915 年，设立西医诊所。由于医师不足，设施简陋，医药费昂贵，民众看病仍然困难，血吸虫病和各种传染病流行，严重危害人民身体健康。

中华人民共和国成立后，医疗卫生事业有较大发展。至 2016 年，邵伯有镇级卫生院 4 所、村级卫生室 23 个，从业医技人员 210 人，其中高级职称 26 人、中级职称 56 人、初级职称 75 人。邵伯中心卫生院建于 20 世纪 50 年代，为原邵伯中心卫生院和原邵伯

2016 年邵伯中心卫生院

镇卫生院合并而成，分东西 2 个院区。全院占地 1 万平方米，建筑面积 1.46 万平方米，拥有 100 个床位，等级为一级甲等。开设内科、外科、妇产科、眼科、耳鼻喉科、口腔科、中医科等临床及相关科室，是一家集预防、医疗、护理、保健、健康教育和计划生育技术指导于一体的综合性医疗机构，眼科为该院特色科室。

居民生活

收入消费 居民生活水平随着生产发展、经济收入增加而逐步提高。20 世纪 80 年代开始，农民普遍兴建瓦房、楼房，城镇居民大多居住公房，租费低廉。随着城镇化建设步伐加快，越来越多的城镇居民购买入住商品房，农村居民由于生产生活的需要，也主动在集镇区购买商品房，一批农村居民由于重大项目、重要工程建设，拆迁安置至镇区。城乡居民的消费结构逐步变化，食品消费支出从原来的占家庭总支出的一半以上下降为一半以下，居民副食品、化纤布的消费比重上升，主食品、丝绵布的消费比重下降。各种耐用消费品从20世纪80年代的电视机、洗衣机、电冰箱、自行车、固定电话等转变为20世纪90年代的手机、摩托车、电脑、轿车等。2016年，邵伯镇农村居民年人均纯收入已达33925元。

社会保障 清代，邵伯建有同善堂、博爱堂、留养所、妪栖所、育婴堂、文德堂等慈善机构。民国年间，建有卍字会、粥厂等慈善机构。

中华人民共和国成立后，社会保障机制逐步完善。2016年，由地方财政给予最低生活保障的有低保310户537人、五保人员333人、重度残疾人员309人。邵伯镇敬老院，位于昭关振兴路25号，始建于20世纪80年代，2005年进行改扩建，2015年再次扩建。2016年建筑面积为9900平方米，占地面积4600平方米，集中供养38人、分散供养170人，工作人员5人。

邵伯镇敬老院

1991—2016 年邵伯镇所获主要荣誉一览表

表 2

时间	荣誉	颁发单位
1991 年 1 月	江苏百家名镇	江苏省委研究室、江苏省建设委员会、江苏省民政厅、江苏省小城镇研究会
2002 年	2001—2002 年度江苏省文明乡镇	江苏省精神文明建设指导委员会
2001 年 12 月	江苏省环境与经济协调发展示范镇	江苏省环境保护委员会
2005 年 3 月	江苏省环境优美乡镇	江苏省环境保护委员会
2005 年 7 月	第一次全国经济普查先进集体	国务院第一次全国经济普查领导小组
2005 年 12 月	江苏省卫生镇	江苏省爱国卫生运动委员会
2008 年 4 月	全国环境优美乡镇	环境保护部
2008 年 10 月	中国历史文化名镇	住房和城乡建设部、国家文物局
2008 年 12 月	江苏省体育强镇	江苏省体育局
2010 年 3 月	2007—2009 年度江苏省创建文明乡镇	江苏省精神文明建设指导委员会
2010 年 3 月	江苏省放心消费创建活动示范乡镇	江苏省放心消费创建活动办公室
2010 年 4 月	江苏省龙虾饮食文化传承基地	江苏省餐饮行业协会
2010 年 4 月	江苏省餐饮名镇	江苏省餐饮行业协会
2010 年 10 月	2010 中国（长三角）区域发展与城乡一体化示范乡镇	中国经改研究会、体改杂志社、上海、浙江、江苏经改研究会
2012 年 3 月	第二次全国农业普查先进集体	国务院第二次农业普查领导小组办公室、中华人民共和国国家统计局
2013 年 7 月	中国最美文化休闲旅游名镇	国际文化旅游促进会、中国生态旅游发展协会
2013 年 10 月	2010—2012 年度江苏省文明乡镇	江苏省精神文明建设指导委员会
2014 年 6 月	邵伯码头、邵伯明清大运河故道等 4 个点段列入《世界遗产名录》	第 38 届世界遗产大会
2014 年 7 月	全国重点镇	住房和城乡建设部等 7 部委
2015 年 8 月	列入江苏省“全国新型城镇化综合试点”名录	国家发展和改革委员会、住房和城乡建设部等 11 家单位
2016 年 5 月	江苏省民歌民乐之乡	江苏省民间文艺协会
2016 年年末	《2016 年中国中小城市绿皮书》发布，邵伯镇列“2016 年全国综合实力千强镇”第 105 位	国家中小城市经济发展委员会、中小城市发展战略研究院等

运河风韵

邵伯运河段是古邗沟的重要部分，邗沟史称邗溟沟、韩江、渠水、官河、合渎渠等,《左传》《国语》《水经》等文献中都有相关记载。邵伯有“东西南北四湖通”之誉。邵伯镇域内水网密布，滩隈陇阜，错落其中。京杭大运河纵贯南北，漕运时代，大运河扬州段为南粮北运、国家统一、南北经济文化交流等发挥重要功能。明末分黄导淮，清代大兴淮水归海、归江工程，邵伯成为洪水走廊。中华人民共和国成立后，治淮、治运，大运河扬州段为国家南水北调东线输水通道和南北水上交通要道，具有北煤南运、防洪、除涝、灌溉、航运等重要功能。

运河

运河开凿与变迁

“大堤一带枕邗沟，路入甘棠景色幽。”（清徐廷珍《舟过邵伯镇》）运河邵伯段由古邗沟演变而来，历史上曾起过“半天下之财赋，悉由此路而进”的巨大作用，带动沿线城镇迅速发展。《江都水利志》载其在邵伯境内之河段从露筋北（江都高邮交界处）至邵伯六闸，长 16 千米。自 1963 年江都水利枢纽工程第一抽水机站竣工后，将邵伯节制

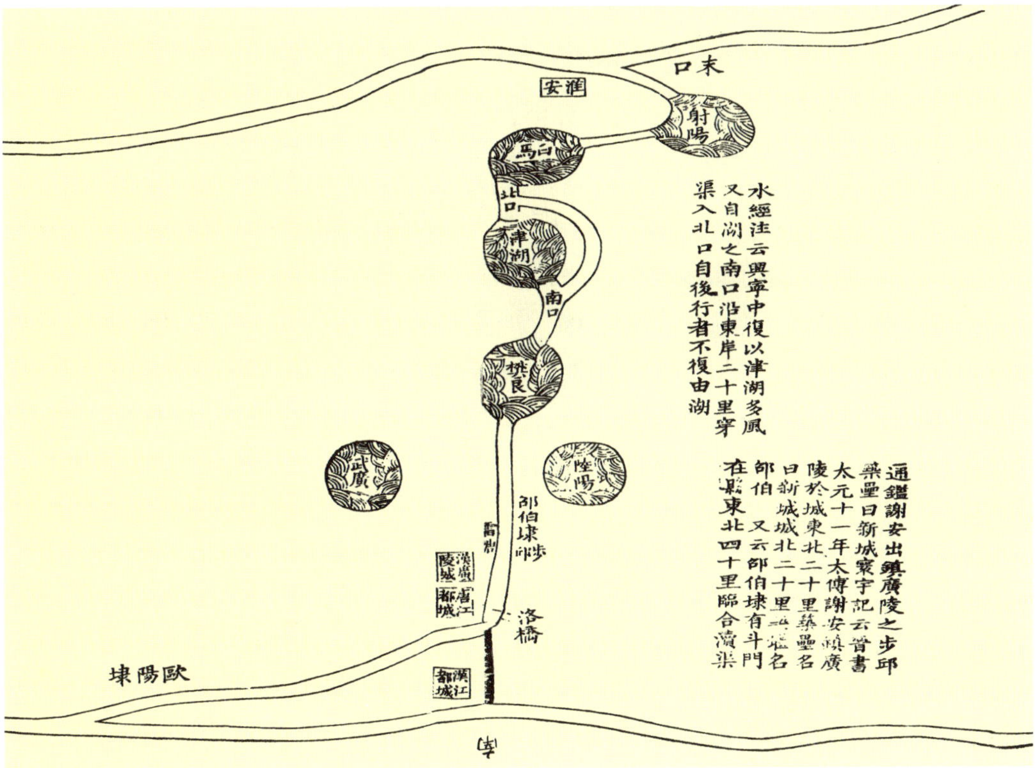

晋兴宁沿津湖东穿渠图

闸以南（滚水坝）至六闸的河段变为高水河，至此，境内古邗沟至邵伯节制闸实有长度为 14.93 千米。

吴王夫差开邗沟 《左传·哀公九年》:“秋，吴城邗，沟通江、淮。”周敬王三十四年（前 486）秋，吴王夫差在长江北岸古邗国旧址筑城、开沟，利用江淮之间湖泊众多的自然条件，开凿沟通长江、淮河的水道，用于向北运送士兵和粮食，史称“邗沟”。《水经注》载:“中渎水（邗沟）自广陵北出武广湖（邵伯湖）东、陆阳湖（渌洋湖）西，二湖东西相直五里，水出其间，下注樊良湖（高邮湖）。旧道东北出，至博芝（广洋湖）、射阳二湖，西北出夹耶，乃至山阳矣。”对邗沟所经路线作出较为详细的说明。邗沟系京杭大运河最早的一段人工运河。从今扬州蜀冈下开渠引江，流经邵伯境，北达末口（今淮安市北郊）入淮河。

陈登开邗沟西道 东汉建安二年（197），广陵太守陈登从樊良湖（高邮湖）北口开沟，将樊良湖与津湖（界首湖）连接起来，抵达白马湖，转向东经射阳湖入淮，省去了由樊良湖绕道博芝湖到射阳湖运程。陈登裁弯取直改道河线在西，历史上称此改道为邗沟西道，原来河线称为东道。南朝宋诗人谢灵运曾走邗沟西道，在《西征赋》中云:“发津潭而迴迈，逗白马以憩舲，贯射阳而望邗沟，济通淮而薄甬城。”

邗沟西延仪征 《水经注》:“自永和中，江都水断，其水上承欧阳埭，引江入埭，六十里至广陵城。”邗沟之前引江水入口淤废，向西延伸迁移至仪征。欧阳埭，因欧阳戍（仪征县东北十里）得名，《扬州水道记》云“即今仪征运河”，《甘棠小志》云“仪征入江之路，晋欧阳埭故道也”。欧阳埭通江达淮，重新带动淤塞的邗沟。

李吉甫筑平津堰 唐元和三年（808）九月，李吉甫任淮南节度使。因为运河水道低洼，秋冬季不能蓄水，便于河中筑堤，以防枯水期水位不足，以及泄去盛水期洪流。使上下游水能平堤堰，故名平津堰。此为邵伯运河堤之始。李翱《来南录》云:“逆流自邵伯至江九十里。自润州至杭州八百里。渠有高下，水皆不流”“渠既有高下，而水皆不流者，有堰以平之也”。由此可知是平津堰置于河中。商旅船只来到堰下，有管理堰的专门人员盘坝过堰。北宋雍熙初年，淮南转运使乔惟岳称仪征北到淮河有五堰，由此可知唐时置堰不止一处。北宋天禧二年（1018），江淮发运使贾宗因为各路漕船从仪征、扬州入淮河、汴水，要经历五堰，粮船剥卸烦琐，征用大量民力，官私船只损坏较多，建议废止龙舟、新兴、茱萸三堰，只留北神堰、召伯堰。

陈损之筑堤湖东 南宋绍熙五年（1194），淮东提举陈损之看到“高邮、楚州之间，陂

古运河堤防

湖渺漫，茭葑弥满”，认为“宜创立堤堰，以为潴泄，庶几水不至于泛滥，旱不至于干涸”。于是自扬州江都县至楚州淮阴县筑堤 360 里，名“绍熙堰”。清刘文淇《扬州水道记》中认为即是今之官堤。清董恂在《甘棠小志》中将其认定为邵伯三沟闸以北运河西堤。

潘季驯修建石堤 明万历二年（1574），进士、勘理河道科臣常居敬，会同漕运总督舒应龙上疏河工十二事，其一是砌邵伯湖堤，以免每年修固，邵伯一浅、二浅铺（浅铺，明永乐年间平江伯陈瑄创制，沿淮扬运河十里置一浅铺，额造浅船，编设浅夫，每日清淤捞浅），正对波涛冲击，排桩镶板不能抵御，包装石块投水，以阻水势。明万历十七年（1589），河道总督潘季驯修建邵伯石堤，长 1280 丈（1 丈约等于 3.33 米），补石堤 613 丈。明天启三年（1623）九月，修筑露筋庙湖口石堤，长 160 丈。均是从水中垒土砌堤，工程艰巨，次年十一月完工。

刘东星开越河 明万历二十八年（1600），总督河漕尚书刘东星、檄郎中顾云凤、扬州府知府杨洵，于邵伯湖东侧，督民夫挑邵伯越河，北起露筋，南迄三沟闸，长 2703 丈，宽 10 余丈。又开界首越河，长 1800 余丈。至此，扬州湖漕运全部在河中行舟，永避湖险。运河全线贯通，奠定了以后宝应至邵伯运河的基础。清康熙三十八年（1699），漕河总督张鹏翮开邵伯镇南越河，自仓巷口向西折，南至南大王庙接运河，筑南北二坝。道光三十年（1850），建三沟闸，南至梁家港的西堤长 1788 丈，从而将越河从三沟

1959 年拓浚运河

闸延伸至邵伯镇。

当代运河扩建与续建 京杭大运河苏北段弯道多，河床大多狭窄，最窄处仅 10 米左右，一般水深在 2 ~ 4 米，间有浅段，枯水期甚至断航。1929 年，曾发生运河水断流，致使航运中断。中华人民共和国成立后，1958 年开始系统整治运河。三年经济困难时期，扩建工程停工，1982 年开始，国家为解决北煤南运问题，又兴建京杭大运河苏北段续建工程。经过两次大规模治理，人工渠化，河阔水深，通航条件远优于历史上任何时期，现已成为国家北煤南运的主通道。

1958 年，整治京杭大运河，是年 10 月施工。扬州专区大运河工程指挥部驻邵伯船闸，江都县大运河工程部设运河堤防管理所。邵伯镇境的京杭大运河扩建，鳅鱼口北段为拓宽旧运河，新建运河西堤；相家墩南至镇北为运河东堤改线；镇西开挖邵伯船闸闸塘及邵伯湖区穿湖航道。工地民工最多时达六七万人。在各归江河道上分建金湾、太平、万福等节制闸和施桥船闸，增设一个梯级。1960 年 10 月，东堤改线工程由靖江、江都 2 个县大运河常备民兵师施工，次年 6 月完工。

邵伯鳅鱼口至瓦窑铺工段长达 13 千米。东堤改线是为顺直航道，底宽 70 米，边坡 1/3，河底高程 2 米。邵伯湖航道底宽 60 米，边坡 1/3，河底高程 −0.5 米。累计完成土方 419.8 万立方米。全部工程分 2 期施工，先后动员民力 39.3 万人。邵伯湖区航道施工艰巨，部分工段处于深淤地带，淤深在 2 米左右，不能立足，通过多次摸索实践，创造“插挖蚕食法”“去淤换土法”“铺设柴土法”等方法，于 1960 年按标准完成航道疏浚任务。

由于第一期航道扩建未按设计要求施工即中途下马，加之运河逐年回淤，致使航道尺寸参差不齐。1982 年，国家续建邵伯复线闸，并切除淮安至邵伯段在 1958 年第一期施工中遗留的运河中埂。

镇境江水北调工程 江都县水利枢纽工程，是翻引江水北上的起点。镇南建邵仙闸，在邵伯船闸和老船闸之间开高水河，使高水河与运河相通。实施的工程有筑里运河北坝、黑鱼塘坝，建邵伯南塘桥、滚水坝、老船闸调尾（改通里下河）切口和邵伯南塘切口等。1963 年 4 月施工，1965 年 3 月竣工，共完成土方 332.17 万立方米。

1978 年 12 月，邵伯双河送水工程施工。施工项目为米市街南筑拦河大坝，切除高水河东堤及鸡毛帚水下浅滩，撤除邵伯老船闸。动员 15 个公社，5200 名民工参与，完成土石方 41.24 万立方米，次年 5 月水上工程竣工。

邵伯船闸航道段

南水北调东线水源头——高水河

世界文化遗产

2014 年 6 月，中国大运河项目成功入选世界文化遗产名录，邵伯是运河线上的璀璨明珠。京杭大运河邵伯段、邵伯明清大运河故道、邵伯古堤、邵伯码头及邵伯铁犀同时被公布为世界文化遗产。

京杭大运河邵伯段　邵伯段全长 17.5 千米，航道最宽处达 70 米，水深 3 米以上。南接六闸，北至露筋村，是运河扬州段最古老的一段。沿岸风景优美，古迹点缀，风土人情独特有趣。

南方大运河早在一千多年前就已见雏形。各诸侯国相继开挖许多人工河以运输军队

世界文化遗产标志（2015 年）

和粮食。吴王夫差开邗沟，沟通长江和淮河，以运兵运粮。邗沟长达 185 千米，是京杭大运河最早的一段。

自隋唐至清末，邵伯为漕运必经之地。历史上运河几经拓宽，特别是明万历三十八年（1610）疏浚邵伯越河后，航行更为畅通，从瓜洲北上的船只当晚可达邵伯，从北方南下的船只到达邵伯就停泊过载，小船换大船，邵伯因此成为大运河南北运输的枢纽。清朝中后期，邵伯水运业特别发达。北方的大豆、淮盐，南方的百货、茶叶、桐油、丝绸均到邵伯中转过境，南来北往的官船也在此停歇，邵伯成为运河线上的一个大码头，为船运服务的钉铁、油麻、斗斛、盆桶业盛极一时，邵伯豆行、粮行、茶馆、饭店、洗浴、旅店等百业兴旺。

19 世纪中叶以后，大运河漕运开始衰落。清咸丰五年（1855），黄河再度在河南东北部的铜瓦厢决口改道，以山东济水河道为入海口，从而隔断山东境内由张秋镇至临清一段运河的水源，而黄河挟带来的大量泥沙淤积下来，邵伯湖成洪水走廊，湖区逐步淤高，湖面远高于运河之东，号称“悬湖”。运河之东乃一马平川的里下河地区，有“锅底洼”之称。自南宋绍熙五年（1194）黄河夺淮至 1949 年，见于记载的水旱灾害有 347 次，平均每两年一遇。1931 年夏天大雨，洪水从洪泽湖顺流而下，邵伯湖面水天相连，一片汪洋。乡村农田淹没无数，农民流离失所，苦不堪言。

中华人民共和国成立后，党和政府决心根治淮河水患。1950 年，政务院发布《关于治理淮河的决定》。1953 年 , 建成三河闸和高良涧进水闸，接着开挖苏北灌溉总渠，修理入江水道，增加淮河入海入江水量。江都水利枢纽工程建成后，干旱时抽江水北调，水大时把里下河的水抽入长江。邵伯到高邮之间，运用石块和水泥浇筑成西堤石堰，并营造 50 米宽的防洪林带。至 2016 年，运河邵伯北段一线，为水运畅通将运河中梗挖除，淤土填至东侧运堤下，加固堤基。南来北往运输更加便利，古运河焕发新活力。

邵伯明清大运河故道 北起节制闸，南至南塘，故道长 2000 米宽 30 米。邗沟系京杭大运河最早的一段人工运河，史上用“举锸如云”形容当时开凿邗沟的场面。《水经·淮水注》中说，邗沟起始于长江边的江都县，江水从这里灌入。即从今扬州蜀冈下开渠引江，邗沟流进湾头镇折向北，经广武湖（即邵伯湖）、陆阳湖（今渌洋湖）二湖之间，入樊良湖（今高邮湖）转向东北入射阳湖（今宝应湖），又折向西北达末口（今淮安市淮安区北郊）入淮，可见邗沟是利用当时存在的自然湖泊连缀而成的一条运道。

南宋绍熙五年（1194），为防止邵伯湖湖水外泄，在淮东提举陈损之的建议下，在

明清大运河故道

大运河扬州段沿线东岸修筑堤坝，邵伯湖东侧的大堤于此时修筑。明万历二十八年（1600），为避免湖面的风浪影响漕运，总督漕河尚书刘东星在原来的运河东堤以西开挖越河，并在越河以东修筑新的东堤。清道光三十年（1850），在邵伯镇西湖中修建土堤一道，以保护东堤，同时使越河由三沟闸延长至邵伯镇南的梁家港。从此邵伯镇附近的河道与邵伯湖分开，成为独立的水道。清咸丰五年（1855），董恂所著《甘棠小志》中附有当时邵伯镇的舆图，准确列出当时运河的河道走向。1936 年，运河以西建成邵伯老船闸，运河主航道改由船闸通过，这段运河失去航运功能。1952 年，为控制这段河道的水位，于竹巷口处的大运河故道上建设双孔节制闸，1953 年建成，从此大运河故道日渐淤塞。2012 年，邵伯镇人民政府投入资金对大运河故道进行清淤，对其周边进行护坡绿化，水质有效改善。2016 年，明清大运河故道成为人们亲水、休闲的好去处。

邵伯古堤 位于邵伯节制闸东侧，现存部分南北长 300 米，截面为梯形，下底宽 8 米，上口宽 2.5 ～ 3 米，高 5 米。淤泥底部是木排桩，防止河水冲刷流失泥土，桩上叠石，为大小青条石，其上为大号城砖砌筑，顶部压条石，完整性好。

邵伯古堤始建于宋代，史称“绍熙堰”，用于防止邵伯湖湖水外泄，保持运河水位。《甘棠小志》载：“运堤形成于南宋绍熙五年（1194），淮东提举陈损之新筑江都县至淮阴运河 360 里。”明代以后，运河成为淮河入江通道，河床逐年淤积升高，此段大堤作为防洪屏障不断被加高加固。清康熙五十三年（1714），修建邵伯运堤东岸石工，自大马头至庙巷口，长 396 丈。此后，在光绪、宣统年间进行过两次重修。古堤下底宽 8 米，上口宽 2.5 ~ 3 米，高 5 米。外侧底部为石块垒叠，石料规格多为 148 厘米 ×28 厘米 ×30 厘米、78 厘米 ×34 厘米 ×34 厘米和 97 厘米 ×25 厘米 ×36 厘米三种规格。石基上部用城砖砌就，城砖规格为 42 厘米 ×19 厘米 ×10 厘米。堤沿上部压一层条石，现仍留有清代石刻两块，其一“金隄永固”石刻，上下刻有“光绪十六年，隄工总局修”；其二“甘棠保障”石刻，上下刻有“宣统二年四月，隄工总局修”字样。城砖上有铭文，上刻“镇江府丹阳县□记”，下刻“隄工总局”。民国时期，堤防加固仍未间断。1946 年春，苏皖边区发动高邮、宝应、樊川民工，修整邵伯至泾河运堤，长 99 千米。

通堤有为水运服务的油麻店、锚链店、打铁店、柳器店、车匠店、旅馆、饭馆达百家的半边街区角肆闹区，至 2016 年，遗址尚存。

邵伯码头 现存的邵伯古码头位于邵伯运河东堤，由北向南 4 座，分别称为竹巷口码头、大马头、朱家巷码头和庙巷口码头。

古码头景象繁荣，犹以邵伯大马头最大，三十余级青石台阶直伸河底，最宽处达 6

古堤石刻——甘棠保障

米多，素有“镇江小马头、邵伯大马头”之称。临码头建有牌坊一座，上嵌石匾，楷书“大马头”，系清代乡人邱正襄所书。最初牌坊上设更楼，可通人。太平天国时期，毁于兵燹，光绪年间里人捐款重建。20 世纪 70 年代，大马头牌坊是青砖方圈门。2014 年按清时外观重建，为青砖圆圈门。

码头按功能分为官码头、盐码头、船码头等。官码头位于万寿宫南面，上岸便是古驿站，是接待往来官船的专用码头。从海边生产的盐，要经运盐河运到扬州，必经邵伯中转，因而专设盐码头。清末，扬州贾颂平创办同福祥盐业，其运销地点为江都、天长、高邮等，总号设于扬州，各县均有盐栈，江都盐栈最大，均由邵伯转运到各县，河下盐船川流不息，职工万人，每日有几十万斤盐进出。邵伯船码头众多，分别在上河（运河）、下河（里下河）沿线。据 1996 年《江都县志》载，清末时期，邵伯镇设有开往乔墅、丁沟、永安等地十余条航线，有几十条帮船（木帆船）从事客运，一艘帮船载客 20 人左右，带少量货物。每船均带信件，也叫邮政船。上河帮船主要往返于扬州、邵伯之间。下河帮船主要通丁伙、杨庄、真武、邱墅、八桥、兴化、三垛等里下河地区。清光绪二十四年（1898），镇江至淮阴开始行驶客轮，途经邵伯载客，始有轮船码头。民国年间，途经邵伯的有镇清班、镇宝班、镇邮班、镇泰班；邵伯始发的有镇邵班、樊邵班、杨邵班。每日轮船往来，码头繁忙。

庙巷口码头

中国大运河遗产点——邵伯码头立碑

竹巷口码头

据史书记载，唐武德二年（619），漕运从扬州至长安，经过邵伯。元朝，大运河沟通北京和杭州，邵伯成为水上中枢。明清水运，邵伯又是南北货物集散地。明隆庆年间，年过境瓷器 40 万件，淮南盐过境 400 万大引（1 大引为 200 千克）。沿岸 20 多座码头，可停靠船只 200 多条。官船进镇，长号声响彻古运河，南米市尽头水坝牵引船只的号子声与码头上船工装卸货物的号子声遥相呼应，甚为壮观。清代康熙、乾隆皇帝南巡都在此过境。清道光三年（1823）十二月初五，林则徐由京返江苏，乘官船晚停邵伯，扬州署守黄在厚、甘泉县令朱勃、邵伯司巡检都到大马头迎接。

清咸丰五年（1855），黄河北徙，继沪宁、津浦铁路通车，物资集散移向江南，邵伯航运业日渐衰落。1946 年，修建邵伯运河东岸大堤，同时修建竹巷口码头、大马头、朱家巷码头和庙巷口码头。中华人民共和国成立后，建节制闸，运河改道，码头逐渐废弃。至 2016 年，邵伯古码头作为遗址展示，仍然发挥码头功能。

邵伯铁犀　清康熙四十年（1701）河道总督张鹏翮命人铸铁犀于邵伯运河口的大墩上。清咸丰二年（1852），董恂撰序文及铭词："邵伯埭铁犀亦置于康熙四十年，今尚完整，独无铭词，拟此补之：淮水北来何泱泱，长堤如虹固金汤。冶铁作犀镇甘棠，以坤

邵伯铁犀

制坎柔克刚。容民畜众保无疆，亿万千年颂平康。”

邵伯铁犀现置于斗野园内北端，铁牛屈膝昂首，俯伏在连体铁座上。铁铸，重 1.5 吨，长 1.98 米，高 1.1 米，腹空，叩之铿然有声。四周砌石质栏杆，北面大理石刻康熙四十年（1701）铭文：维金克木蛟龙藏，维土制水龟蛇降。铸犀作镇奠淮扬，永除昏垫报吾皇。

清康熙三十八年（1699）六月，邵伯镇南更楼决堤，决口长达 180 米，水深 13 米多，波涛汹涌，难以堵塞，漕船被阻4000余艘，来往船只不得不绕道邵伯湖。第二年，常州帮旗丁傅经振等领15艘重载粮船，航行于邵伯湖，突遇暴风雨，船沉没湖中，淹死旗丁、舵工、水手35人。康熙皇帝大为震惊，责令漕河总督张鹏翮到邵伯治水。张鹏翮到邵伯，见沿河数千百姓皆焚香恸哭，遂令动工筑土，堵塞决口。因决口太深，一时难堵，故开越河一道，自仓巷口向西折南大王庙接运河，又筑南北二坝。康熙四十年（1701），铸铁犀镇水。自淮河下游至入江处，共设置12只动物雕塑，即“九牛二虎一只鸡”，安置在水势要冲，以期镇水安澜。同时，作为水位测定标志，即通过水位上涨到动物脚、身、颈的位置，判断水患发生的可能性。

邵伯铁犀原置于镇南运河边关帝庙前的铁牛湾。1953年，因修理淮河入江水道，在河道淤泥内挖出铁牛，遂被移至原文化站内。1994年放置在运堤广场中心。2002年，又移置于斗野园内作为古镇标志。

2016年邵伯镇沿运河文物保护单位一览表

表3

名称	时代	地点	类别	公布年份	级别
邵伯运河大堤	宋	节制闸东侧	古遗址	2006	国家级
邵伯古码头	清	古运河东岸	古建筑	2006	省级
邵伯铁犀	清	斗野园	其他	2006	省级
董恂读书处	明清	中大街	古建筑	2006	省级
邵伯镇粮库	民国	北大街78号	近现代重要史迹及代表性建筑	2005	市级
柏庄汉墓	汉	高蓬村	古墓葬	1986	县级
中州会馆石狮	清	甘棠路67号	石刻	1986	县级
谢公祠碑	明	红旗街20号	石刻	1986	县级
清真寺大殿	清	礼拜寺巷3号	古建筑	1986	县级
汪氏住宅	明	南大街86号	古建筑	2005	市级
范氏住宅	明末清初	北大街40号	古建筑	2005	市级
张氏住宅	明末清初	南大街82号	古建筑	2005	市级
济氏住宅	明末清初	南大街109号	古建筑	2005	市级
华氏宗祠	清	昭关社区中心路143号对面	古建筑	2005	市级
罗君生祠记碑	明	邵伯中学	石刻	1986	县级
江北运河复堤碑	民国	运河西堤六闸处	石刻	2005	市级
邵伯保卫战“西寺大王庙”战场遗址	民国	烈士陵园内	近现代重要史迹及代表性建筑	1986	县级

周边湖泊

邵伯湖原与高宝湖连成一片，古为三十六陂，有“三十六陂帆落尽，只留一片好湖光”美誉。中华人民共和国成立后，相继围垦运河之东的渌洋、荇丝、艾陵、青荡等小型湖泊，后成为大片的农田与村庄。

运河之西湖泊 镇境运河之西，有邵伯、黄子、赤岸、新城、白茆、朱家6座湖泊，统称邵伯湖，清代属邵伯巡检司管辖。《甘棠小志》载，邵伯湖东接艾陵湖（未筑运堤之前），西连白茆湖，南通新城湖，北接高邮湖；黄子湖东通邵伯湖，北接高邮湖，西接赤岸湖；赤岸湖在黄子湖西，亦北接高邮湖；朱家湖与邵伯湖相连，在邵伯湖之南；白茆湖在黄珏镇东南，朱家湖之西，新城湖之北；新城湖在邵伯湖南，其地似为晋新城所在。《北湖小志》载，南为朱家湖，北为黄子湖，南北两湖之间为邵伯湖，黄子湖中高阜者为赤岸湖。

而今湖区除滩地外，均为水面，水盛时浩渺无际，不仅白茆湖、新城湖旧址难觅，其余四湖也难界分。原邵伯渔民居住的卢家嘴，其西北如今汪洋一片，但据《甘棠小志》载，“河淮未合之先，是为陆地，庄宅之形，尚可验矣”，该处原有老屋基（又称李家庄）。老屋基之南，另有管家尖，昔日种藕，荷花盛开时，为湖中一大景观。清乾隆四十年（1775）大旱，饥民挖藕度荒，后改稻田，因在湖中心，常遭淹没。卢家嘴之南有相家墩，墩上建有近湖草堂，为邵伯相氏别墅。今邵伯船闸之西南湖区，1970年，淮河入江水道上凤凰河切滩工程施工时，曾掘出宅基、水井及墓地。

湖区沧桑之变，无不与黄河夺淮相关。自明万历年间，黄、淮二水泛滥时，入海不及，即分道入江。邵伯湖为洪水走廊，洪水带来泥沙，湖区逐步淤高，周围农田也常遭淹没。清中叶后，入海水道日渐淤垫，入江态势逐步形成，故归江河道不断拓宽浚深，并兴建归江十坝，制定湖水涨落时的启闭水则。中华人民共和国成立后，为清除湖中行洪障碍，曾将原定居在湖区的东兴圩、西兴圩、花园村、卢家嘴的居民迁至运河以东，并平圩炸墩，拓宽归江水道，建芒稻、金湾、太平、万福等大型节制闸，以代替归江十坝，使洪水入江更顺畅。

清焦循《北湖小志》:“邵伯湖中滩隈陇阜错落，若瓜、若角、若木之交。风帆渔棹，往来不绝。初春，农民取湖泥垩田，菜花满塍。夏日荷花盛开，叶绿花红。鹬鸟喜行于水滩，乃为湖中大观。”邵伯湖烟波浩渺，涛头浪尖，渔火闪烁，盛产螃蟹、银鱼、龙虾。芦苇深处，野鸟出没。泛舟湖上，野趣横生，恍入世外桃源。台湾电视连续剧《青青河边草》的外景，就取自这一片湖光水色。

邵伯湖最长处 17 千米，最大宽度 6 千米，湖盆面积 77 平方千米（合 11.55 万亩，市境 2.1 万亩），湖底高程 3.2 米，正常蓄水容积 8000 万立方米。

运河之西湖泊——邵伯湖

运河湖泊鸟瞰

运河之东湖泊

境内运河之东，有渌洋、荇丝、艾陵、星荡等湖，艾陵湖在南北朝齐建武五年（498）即有“遏艾陵湖水，立裘塘屯”之记载。而今上述诸湖泊均已围垦，昔日波光粼粼、白帆点点的湖区景色已不存在。

渌洋湖　渌洋，《水经注》作陆阳。中渎水自广陵北出武广湖东、陆阳湖西，二湖东西相直五里，水出其间，下注樊良湖。唐张荐《答权载之书》云：“宝应中，相国丈被褐营道，寓居陆阳。”谓唐代名相权德舆曾客居陆阳湖畔。清嘉庆《重修扬州府志》于甘泉县下云：渌洋湖在府城东北六十五里艾陵乡，西南接艾陵湖，东北半属高邮。又于高邮州下云：渌洋湖在州南三十里，通小泾沟，西南接艾陵湖，半属甘泉。甘泉、高邮盖以湖心为界。

渌洋湖位于邵伯镇戚墅北 1.5 千米处，为江都、高邮交界湖，西岸距运河 2 千米。戚墅河纵贯湖盆，分湖为东、西两滩。境内南北最长处 5.6 千米，最宽处 5.8 千米，面积 23.17 平方千米，湖底高程 1.7 ～ 20 米。渌洋湖为里下河洼地河道型湖泊，湖盆还与淤溪河连贯汇通，是境内里下河洼地最大的蓄（水）滞（洪）性湖泊。湖域属人多地少地区，20 世纪 50 年代因开挖入江水道，拓浚凤凰河，需拆迁安置群众，沿江坍段亦有 1000 多人需要转移，加之安置凤凰河移民共 6500 余人。1955 年 11 月至 1956 年 5 月，江都县人民政府组织民工 1 万人围垦西滩，筑圩堤 15.26 千米，筑庄台 4 座，挑土方 94 万立方米，围垦面积 1.36 万亩，国家投资 77.6 万元。1956 年冬，圩内东南部划出 1400 亩耕地，建立国营江都县渌洋湖水产养殖场。1975 年，滨湖公社围垦东滩，面积 3000

运河之东湖泊——渌洋湖

亩，作为林牧副渔业的生产基地。

渌洋湖经过筑围垦殖后，面积逐步缩小，至2005年仅存圩外湖荡湿地，面积3.42平方千米。运河一线以东地区，出现较大雨涝时，仍可起一定的滞涝作用。

荇丝湖　即古葑塞湖。《江运厅册》《甘泉续志》俱作恒子湖。按清雍正、嘉庆《扬州府志》并言，葑塞湖在城东北五十里艾陵乡，北通渌洋湖，南接艾陵湖。荇丝湖位于邵伯镇昭关境内，西岸距大运河1.5千米，北临近渌洋湖。戚墅河纵穿湖盆，分湖东、西两大滩。湖盆南北最长处3千米，东西最短处2.15千米，面积4.31平方千米。地面高程2.0 ~ 2.2米，最高达到2.8米。属里下河洼地河道型湖泊。湖盆除容纳大运河昭关坝来水外，并集注农田排水，是河道型的蓄（水）滞（洪）性湖泊。

荇丝湖滩经常生长一种草，花蒂呈方形，花朵白色，春夏之季，青葱一色，目不能尽。湖境是境内一处天然的鱼米之乡。清郭元釪《葑塞湖牛鸣双村》诗载："石架瓜篱白竹门，桔槔声歇打场喧。老农八十今闲得，捕虱残阳倚废垣。晓风如箭宿云屯，白树溪桥红叶村。人事不来书卷合，一楼寒雨看秋原。年年尘迹殢天涯，柳线成村稻没车。为把闲厅戗闲客，秋来赚种满园花。"

1955年9月，江都县人民政府组织民工3500人筑圩垦农。东滩筑圩堤（称东圩）3.67千米，庄台2座，西滩筑圩堤（称西圩）4.31千米，庄台1座。两圩共挑土方32.6万立方米，国家投资18.5万元。东圩围垦面积1800亩，安置邗江泰安乡凤凰河（拓宽）、夏家滩（切滩）的移民116户900人；西圩围垦面积900亩，作为江都县粮食原种场（国营江都县荇丝农场）的生产基地。湖南滩地由境内崔桥、梁庄村围垦。1955年12月12日，筑圩工程竣工，次年开垦种植，湖滩已不复存在。

艾陵湖　位于邵伯镇东3.5千米处。《太平寰宇记》载，临合渎渠有小渠，阔大步五尺，东去七里，入艾陵湖。湖区地形呈菱形，东西长8千米，南北宽2.5千米。地势低洼，属里下河洼地河道型湖泊。湖盆承受通扬运河来水供周围农田灌溉。早在一千五百多年前（南齐时期）艾陵湖已形成。清朱冕《艾陵湖鸥波草堂》诗云："落尽红衣水拍天，草堂人坐白鸥前。摊钱远市旋沽酒，买米比邻亦放船。结纳是君兄弟好，诙谐容我性情偏。山杯不惜劳相劝，明月枯查泛冷烟。"

由于历年淤积，滩面逐渐呈现，明末清初年间已生长芦蒿等硬草。20世纪50年代初，河滩总面积8平方千米（合1.2万亩），滩内河沟纵横，滩块碎多，最大的滩面达400多亩，最小的仅为10多亩，湖区西部整齐，东部零碎。地势上南高北低，滩面高程

运河之东湖泊——艾陵湖

南部 2.4 米，北部 2.1 米，东南部最高为 3.4 米，东北部最低仅有 1.9 米。湖周围一般地势较高，田面在 4 米左右，庄台高 5 米，而湖内正常水位在 1.5 ~ 1.8 米。20 世纪 30 年代，常有群众到湖区进行垦殖。抗日战争期间因军事需要，又筑起土坝，滩上常年漫水，除在高地处有少量作物种植外，大部分湖区成荒草地。1954 年淮河大水，邵伯湖东、西兴圩破圩行洪，群众需迁移安置。1955 年 4 月，县政府组织民工 4160 人筑圩垦殖，筑圩堤 10.84 千米，筑庄台 3 座，共挑土方 29.4 万立方米，围垦面积 5765 亩，国家投资 28.1 万元。安置邵伯湖东、西兴圩和花园庄移民 2100 人。1960 年，昭关自流灌区的总干渠横穿圩区腹部，圩区被分成南北两圩，湖面已不复存在。

青荡湖　艾陵湖之南有小湖曰青荡，《徐积山文集》作星塘。青荡湖东南两面属周墅乡，西北两面属水西乡，北距艾陵湖约 10 里，皆水西乡地。湖名无书记载，只有董恂《甘棠小志》中《甘江汛修防图》中有标注。青荡湖东西长 2.5 千米，南北宽 1.5 千米。后区域调整，青荡湖划出邵伯，划入仙女镇。

附属水利设施

邵伯地理位置特殊，明代以前，江水北注，水源不足。明代以后，黄河夺淮，河水南下，水势无常，最高水位落差达 31 米以上。由于当地民众生活发展的需要，以及历代漕运的需求，不断衍化更迭出各种水利设施。从东晋的埭堰人力绞关到现代化的数控船闸，这一千六百多年的发展，是中国船闸演进的缩影，也是中国航道史发展的最好佐证。

邵伯埭 东晋太元十年（385），谢安镇守广陵，于广陵城北 10 千米筑新城。谢安到新城后，见新城之北一带地势西高东低，水易下泻，每年春夏湖水盛发，东淹民田，西边干旱。为免旱涝之忧，兴航运之利，谢安于新城以北 10 千米处筑埭挡水，利漕便农。后人追思其功德，将谢安比为春秋时德行高尚的召伯，并把谢安所筑的埭称为“邵伯埭”（古召同邵）。至东晋末年，邗沟上已有秦梁、邵伯、三救、镜梁 4 埭。秦梁埭距邵伯埭 10 千米，邵伯埭距三救埭、三救埭距镜梁埭各 7.5 千米，形成人工控制、分段截流的梯级航道。

宋代，邵伯建斗门船闸，但车船坝不废。明代，邵伯有坝 5 座：上下闸两侧坝 4 座、邵伯小坝 1 座。明洪武初年曾设邵伯上下二闸，以供官船行走，民船则有东西 4 座车盘坝。洪武七年（1374），坝官成景仁建邵伯小坝，位于邵伯镇漕河东岸，坝下下河可通泰州、兴化。其坝址在今江都区邵伯镇节制闸北的东侧，运河大堤脚下。

自南宋绍熙五年（1194），黄河夺淮后，淮河日渐淤垫，至明正统年间（1436—1449），淮河与运河水位相平，“邵伯水皆平流，运舟往来无虞”，邵伯闸坝失去作用。明万历年后，淮水南下，闸坝废而复兴。

斗门船闸 斗门船闸有单斗门船闸、二斗门船闸、三门两室船闸。二斗门船闸、三门两室船闸或称上下闸，系由通航单斗门闸演进而来。邵伯通航斗门闸始于唐朝末年，

《太平寰宇记》记载，“广陵县邵伯埭有斗门，在县东北四十里”。此为单斗门船闸。

北宋天圣四年至七年（1026—1029），钟离瑾任江淮制置发运使，其下属王乙请疏浚邵伯埭至瓜洲运河，并拟在邵伯、瓜洲两地废埭建闸。钟离瑾仅同意在邵伯埭旁建闸。天圣七年（1029），“扬州邵伯闸成，赐发运使钟离瑾敕书奖谕”（《宋史·钟离瑾传》）。北宋熙宁六年（1073），日本入宋僧人成寻所著《参天台五台山记》载有经邵伯时“开第三闸而入，夜间不出，船宿止”经历。可知宋代邵伯的上下闸当是三门两室船闸。船闸沿用日久而堙废。

明洪武初年，于邵伯复设上下二闸，专行官船。同时筑邵伯坝和邵伯小坝。邵伯坝建于闸两侧，共 4 座，民船过坝车盘；邵伯小坝建于运河东岸，有河可通泰州、兴化等地。明永乐十四年（1416）五月，修上下二闸。明正统年间（1436—1449），淮河水位与运河水位持平，闸坝废弃。邵伯闸坝原设闸官 2 员，闸夫 230 名，后将闸夫减为 90 名。正统十一年（1446）裁革后只留闸夫 40 名，隶属邵伯驿。

明嘉靖以后，河道总督潘季驯大筑黄河两岸堤防，固定河漕。河床淤垫加剧，江淮地势变化加大，转而北高南低，邵伯镇“平流”之水也由北向南，日渐湍急，于是闸坝废而复兴。明万历二十八年（1600），刘东星令郎中顾云凤开邵伯越河，长 18 千米，建南北金门石闸 2 座，以节制水流，利于航运。

邵伯六闸 明万历二十三年（1595），河道总督杨一魁分黄导淮，引淮水入江，开金湾河，建金湾减水闸，原计划建 8 闸 16 门，后仅建 3 闸 6 门。清乾隆二十三年（1758），为使盐船能直走金湾北闸，将减水闸北闸闸底降低 2 尺 4 寸，作为沟通运盐河

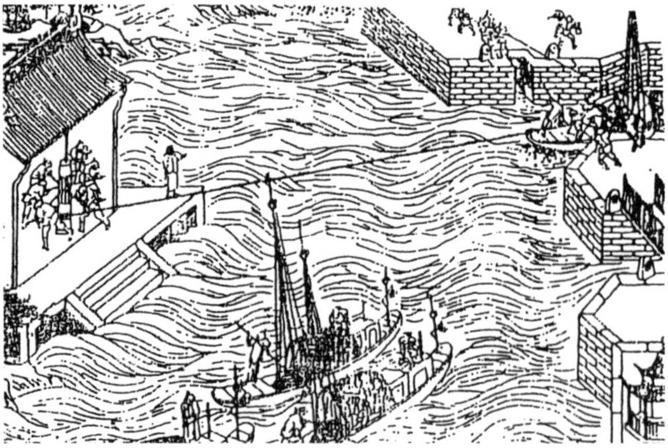

邵伯六闸（〔明〕《两淮盐法志》图）

与京杭大运河的通航闸，后名邵伯六闸。邵伯六闸并列 2 个闸门，闸对河设关亭 1 座，亭内设绞关。船舶上水用绞关牵拽，闸门两侧用人夫齐力牵挽。

民国邵伯船闸 邵伯船闸是导淮工程设施之一，用以维持邵伯至淮阴之间运河水位，使其最低水位不低于 2.5 米，吃水 2 米的重载船舶得以常年通航。1934 年，在京杭大运河苏北段一线兴建邵伯、淮阴、刘老涧3座新式船闸。邵伯船闸由导淮工程处设计，主任工程师林平一，总工程师由副总工程师须恺代理。设立邵伯船闸工程局，雷鸿基任局长。工程局办公地址设在邵伯镇太平巷（现邵伯烈士陵园南侧）。1934 年 2—8 月，完成开挖闸塘和引河的土方工程，共挖土 24.80 万余立方米。9 月，由招标选定的上海陶馥记营造厂承包施工。

船闸闸室有效长度 100 米，宽 10 米，闸顶高程 9.8 米。门槛高程，上游 3.32 米，下游 −2.9 米。上游设计最高水位高程 7.3 米，常水位 6.8 米，最低水位 5.47 米；下游设计最低水位高程 0.4 米。闸门、启闭机等设备均从英国订制。1936 年 8 月防水验收合格，同年 12 月正式通航。船闸造价原预算为 60.00 万元，连同筑古运河拦河坝等杂项工程，实际耗资 87.80 万余元。

1937 年，日军侵占邵伯镇，国民党军队扼守昭关坝，邵伯船闸停止使用。1939 年，国民党军队撤退，船闸恢复使用。解放战争初期，船闸部分设施毁于战火，修复后正常运行。

1962 年，邵伯老船闸西新建邵伯船闸通航。1963 年，因与江都水利枢纽工程配套，在老船闸和新船闸之间开挖高水河，老船闸改通里下河地区。后因受高水河水压力的影响，闸况日益恶化，又因高水河向北送水，需扩大过水断面，1979 年邵伯老船闸拆除。

民国邵伯船闸

邵伯船闸 1958年，国家为适应国民经济建设发展需要，扩建京杭大运河，邵伯船闸是其工程项目之一。邵伯船闸建于邵伯老船闸西250米处的邵伯湖畔，1959年1月施工，1962年3月正式通航（也称一线船闸）。邵伯船闸由江苏省水利厅勘测设计院设计，邵伯船闸工程处负责施工，祝家栋任工程处主任，孙敬礼任副主任。邵伯船闸按照国家二级建筑物设计，闸室长230米，宽20米，引航道与航道底宽同为70米，上下游长度各为700米。新船闸建成后通航量上升至249.8万吨。邵伯船闸实际完成工程量：挖土方675.176万立方米，浆砌块石4.5万立方米，干砌块石4019立方米，深塘填砂4100立方米，耗用钢材3148吨、木材1018立方米、水泥9649吨，共用劳力188.49万个，工程总投资553.30万元。

邵伯复线船闸 1984年5月，江苏省京杭大运河续建工程会议决定，邵伯复线船闸工程由扬州市人民政府承包兴建。扬州市水利勘测设计院负责土方工程设计，泰兴、泰县、江都和邗江4个县组织民工承担水上土方工程；水下土方工程委托江苏省水利基建工程公司疏浚队、安徽省水利机械疏浚工程公司、江都水利基建工程队施工；船闸建筑物由江苏省交通规划设计院设计，扬州市水利基建工程处承建。扬州市成立邵伯复线船闸指挥部，吴广东任指挥，吴晋、翟浩辉、孙启新任副指挥。

邵伯复线船闸位于邵伯一线船闸之西。上游引航道通里下河，下游引航道与淮河入江水道交叉，北距淮安船闸114千米，南距施桥船闸23.3千米。船闸闸室宽23米，长230米，门槛水深5米，连同上下闸首、导航墙、靠船墩，总长度1024.25米。1984年

2010年邵伯复线二号闸

12 月工程开工，1987 年 3 月完成主体建筑物和上下游引航道工程，4 月 12—13 日水下工程放水验收通过，12 月 15—16 日全部工程竣工验收。1988 年年初投入春节运输。

复线船闸工程共完成土方 285 万立方米，其中水下土方 75 万立方米，浇筑混凝土 4.11 万立方米，砌石 5.15 万立方米，耗用钢材 1832 吨、水泥 1.78 万吨、木材 3369 立方米。国家投资 3355.9 万元。

复线船闸与一线船闸平行，闸距 103 米，上游引航道与一线船闸分开，直线长度为 770 米，底宽 224.5 米。船闸承受双向水头，设计水位正向为 4.5 米，可通过 1 项 2×2000 吨驳船队，设计单项年通过能力为 1632 万吨。复线船闸建成后，1988 年通过量达 1799.14 万吨，比 1987 年提高 14.14%。

三线船闸 于 2008 年 11 月开工，2011 年 12 月 28 日建成通航。工程总投资 4.56 亿元，设计单向年通过量为 3100 万吨。三线船闸为Ⅱ级通航建筑物，设计最大船舶吨级为 2000 吨，与二号船闸间距 90 米，船闸有效长度 260 米，有效宽度 23 米，门槛水深 5 米。上游引航道与复线船闸共用，宽 113 米，靠船墩长 400 米，船队进出方式直进曲出，上游为多航线、多支流汇聚区域。船闸承受双向水位差，上下闸首工作闸门为钢质弧形三角门，上闸首闸门高度为 8.82 米（面板高度），重约 107 吨；下闸首闸门高度为 11.22 米，重约 122.5 吨。输水系统采用集中短廊道形式，阀门为钢质平板提升门，闸、阀门启闭机均采用液压直推式启闭机。电气控制采用计算机集散控制。该船闸主要担任货轮、船队的过闸任务。

2016 年邵伯船闸三线船闸

2000 年盐邵船闸

盐邵船闸 盐邵船闸于 1975 年 11 月筹建，因建于京杭大运河与盐邵河交汇处，在盐邵河尽头，故名。由邵国梁任工程处主任。1976 年 3 月正式施工，土方工程由淮河入江水道泰县工程团负责，建筑物由江苏省水利工程总队一队承建。3—4 月开挖闸塘，5—8 月浇筑混凝土，10 月底完成安装闸门任务，11 月 20 日水下工程验收通过，12 月 20 日拆坝放水，船闸主体工程竣工。

船闸工程完成土方量 107.6 万立方米，浆砌块石 1.26 万立方米，浇筑混凝土 9284.85 立方米，干砌块石 5974.78 立方米，耗用钢材 416 吨、木材 710 立方米、水泥 5180 吨。总造价 555 万元。盐邵船闸按国家二级建筑物设计，闸室长 160 米，宽 16 米，闸首口门宽 10 米。上游引航道直线长度为 300 米，下游引航道直线长度 500 米，底宽 30 米。1977 年 8 月 1 日盐邵船闸正式通航，当年通过量为 150 万吨，至 1985 年达 650 万吨，1993 年达 720 万吨。

堤防闸坝

堤防修建 宋元两朝，仅有堤防 1 道，在邵伯湖之东，时名东堤。明代漕船在湖中行驶，常遭风浪，故兴筑河湖分隔工程，在东堤内侧，另筑堤防1道，两堤之间为越河（后称里运河），此后，便称西堤。明清之际，运河堤防工程修建频繁，因黄河夺淮，洪水泛滥，运河大堤不堪冲击。继明代潘季驯修建石堤后，百余年来，河堤已是千疮百孔。清康熙四十一年（1702），修补运河西堤残缺石工，自露筋庙起，至三沟闸止，计244段，长1227丈；康熙四十七年（1708），修邵伯之北东堤腰铺中、腰铺南、越潭以及肖家涵至万缘庵和黑鱼塘等处石堤工程；康熙五十三年（1714），修建邵伯运河东岸石工，自大马头至庙巷口，长396丈；次年，又修自奶奶庙至肖家涵和坝巷口石工。清雍正五年（1727），鳅鱼口北石工坍塌，改砌砖工91丈。清乾隆五年（1740），修建三沟闸至昭关坝、三沟闸至二闸，以及邵伯上下8段石工。清嘉庆十一年至十三年（1806—1808），运河东堤满溢决口，修建崇家湾工段长度154丈、蔡家潭工段长度144丈、荷花塘工段长度496丈；嘉庆二十年（1815）修昭关坝北砖堤工段，长163丈。清道光元年（1821），原崇家湾柴工改作石堤工段，长66丈；道光十年（1830），运河西堤二沟、小塘两处改作石堤工段，长102丈；次年，腰铺、营防对面做石堤工段，长32丈5尺；道光十五年（1835），邵伯镇北贞应祠后圈筑越堤，长92丈，另修迎湖石堤工程自北极阁至三沟闸4段，共长2183丈；道光二十二年（1842），荷花塘柴工改作石工，长321丈，翁家营柴工改作石工，长173丈。清光绪十五年（1889），铁牛湾处因水流湍急，砖工改作石工。

民国时期，运河仍循例举办岁修工程。1923年5月，邵伯镇运河东堤李家巷砖工经水冲坍卸，改作条石驳岸，用银2.31万余圆。1926年5月，邵伯镇东堤黑鱼塘正迎湖口，极为险要，因砌筑水泥碎石坍坡。5月1日兴工，6月中旬竣工，用银8500余圆。1946

2000年京杭大运河邵伯段两岸堤防

年，苏皖边区政府拨款修里运河南段邵伯至宝应县泾河的运河堤防，是年 3 月 30 日兴工，至 4 月 25 日竣工。樊川县设督工所于邵伯，邵伯段由邵伯市政府维修，主要是平碉堡，填战壕，加固险段，翻筑埽工。

中华人民共和国成立后，对运河大堤普遍加高加厚。1950 年春，东堤高度加至超过 1931 年最高洪水位 1 米，顶宽 8 米，内坡比 1∶2。1952—1954 年，加固重点险工险段，并年年修固。1957 年，全面加固东堤，堤顶高 10.5 米，堤宽 10 米。1958 年，京杭大运河扩建工程开始，自江高交界至鳅鱼口。在原西堤之西湖滩上新筑西堤，堤顶 11.5 米，顶宽 6 米。相家墩至邵伯镇城隍庙码头长 2300 米。新筑运河东堤，堤顶 11 米，顶宽 12 米。迎湖面、迎河面均做块石护坡，至 1971 年全部完成。1970 年，江都县淮河入江水道工程团组织樊川区的真武、杨庄、滨湖、三周、永安、东汇 6 个公社 8000 名民工对鳅鱼口南西堤进行填塘固基，后又对梁家港至邵伯六闸的西堤进行加高培厚，增做防浪平台，加做崇湾至小六堡凹段石埝。1976 年，为防地震，扬州地区水利局对大堤背临深塘的险段及时进行填塘固基。

堤防溢决 南宋绍熙五年（1194），黄河夺淮，泥沙俱下，殃及运河。从此，运河堤防，屡建屡塌，昔日“两堤花柳全依水”的运堤风光已难寻觅。

明万历十七年（1589），邵伯湖淳家湾石堤溃决，邵伯镇南小坝板工决口两处。清代，倒坝、开坝以及堤防漫溢更为频繁。从清康熙三年（1664）至咸丰十年（1860），邵伯境内倒坝、漫溢、开坝计 28 次，每次开坝决堤，里下河地区一片汪洋。“一夜飞符

运河古堤

开五坝，朝来屋上已牵船。田舍漂沉已可哀，中流往往见残骸”是当时灾情的真实写照。其中尤以康熙、乾隆年间的三次灾情最为严重。

康熙三十八年（1699）六月，洪水泛滥，大运河恶浪滔天，汹涌的波涛扑向南圈门更楼，顷刻间堤防冲决，苍茫大地，一片汪洋。镇南大街被冲断，成为“断头街”；昔日繁华的街市沉入水底，决口处成为邵伯镇南的“南塘”。这次特大洪水震动朝野，康熙皇帝下旨沿运河铸“九牛二虎一只鸡”以镇水。

乾隆十八年（1753），淮河运河大水，河道总督高斌力持封坝，以保里下河秋收。后形势危急，启放邵伯二闸，因水位差过大，致使二闸底石被冲起，两侧闸墙口冲决达28丈，经多方堵塞抢救水退，后二闸遂废。

乾隆二十六年（1761）七月十九至二十日，邵伯大雨如注，昼夜不止，昭关坝以上腰铺冲开决口长42丈，荷花塘决口68丈，碾子头决口18丈，黑鱼塘决口66丈，金湾闸北决口30丈。同年九月初六先后堵口合龙。

1916年、1921年、1931年、1938年，邵伯均发生水灾，尤以1931年最为严重。运河决堤数处，洪水直泻而下，邵伯条石街成为一条激流汹涌的大河。洪峰过处，金碧辉煌的万寿宫荡然无存。全镇淹死200多人，冲毁民房150余间。1931年9月，江苏省国民政府组织江北运河工程善后委员会，办理里运河复堤及高邮挡军楼、邵伯来圣庵等5大决口堵塞工程事项，并于高邮、邵伯分设堵口工程事务所，至1932年春季陆续完工。

1931年特大洪水邵伯大运河段堤防溃决地段列表

表4

编号	地段	长度（米）	编号	地段	长度（米）
1	来圣庵	105	12	邵伯南大王庙	84
2	荷花塘	253	13	邵伯黑鱼塘北	70
3	昭关坝	130	14	邵伯黑鱼塘南	128
4	邵伯万寿宫北	42	15	邵伯马家直北	120
5	邵伯万寿宫南	66	16	邵伯马家直南	45
6	邵伯大马头	22	17	邵伯六闸南（一）	54
7	邵伯土码头	72	18	邵伯六闸南（二）	72
8	邵伯美大油栈	23	19	邵伯六闸南（三）	30
9	邵伯观音庵北	37	20	邵伯六闸南（四）	30
10	邵伯观音庵南	16		合计	1431
11	邵伯张姓北首	32			

减水闸——节制闸

减水闸——昭关闸

减水闸坝 北宋大中祥符年间（1008—1016），邵伯一带即建有减水闸，至明代修建不断。清康熙十八年（1679），河道总督靳辅创建鳅鱼口减水坝；康熙三十八年（1699），又于邵伯之北建二闸、三闸各一处，减水入里下河归海；康熙四十年（1701）迁鳅鱼口坝于昭关庙，改大石滚坝，坝长10丈，坝址在鳅鱼口南。乾隆十八年（1753），二闸泄洪时被冲溃，没有来得及修复就堵闭；乾隆二十二年（1757），修昭关滚水石坝，金门（指泄水口门）宽24丈，南北两裹头（指坝两头用石块护砌处，防坝口冲大）各长11丈，垒石11层，坝下引河长463丈。嘉庆十三年（1808）、二十四年（1819）及道光二年（1822）启昭关坝时曾被冲毁，后修复。道光四年（1824）又遭洪水冲坏，再次堵闭，道光六年（1826）又修复启放；道光九年（1829），向北移建昭关坝于三元宫，金门宽度仍为24丈，石墙加高3层，道光十年（1830）竣工；道光十一年（1831）建南耳闸1座，金门宽1丈2尺。移建的昭关闸和新建的耳闸，均由扬粮通判孙国寿承建。

归江闸坝 邵伯巡检司辖境的归江闸坝有：邵伯以南金湾闸，3闸6门，建于明代，清咸丰年间尚有中闸1座，计2门，金门各宽1.6丈，闸下引河长82丈；金湾新坝1座，口门宽30丈，引河长400丈；金湾旧坝1座，口门宽50丈，引河长2653丈；东湾坝1座，口门宽36丈，引河长2635丈；西湾坝1座，口门宽24丈，引河长440丈；凤凰桥1座，口门宽43丈，引河长1584丈；瓦窑铺以北，新河口门宽40丈，壁虎中木桥1座，口门宽10丈，壁虎砖桥1座，口门宽1丈，桥下引河合为152丈；湾头闸1座，金门宽2.4丈，引河至芒稻闸止，计长1642丈。均为淮水下泄入江通道。

1952年开邵仙引河，于邵伯镇竹巷口处建双孔节制闸1座，孔宽5米，闸顶高程8.5米，闸底高程0.5米，设计水位上游9米，下游3米，设计流量150米^3/秒，闸门为弧形，1953年5月建成，国家投资64.49万元。

古镇风貌

邵伯古街纵向和运河平行，条条小巷如鱼骨状延伸至运河边。古街古井、古桥古渡、古居名宅、祠堂寺庙、古树名木、古墓古碑构成邵伯的千年古韵。“七贤唱和”平添文化名邑的无限风韵；邵伯镇古八景吸引明清众多名士，留下名诗佳句；云川阁十六景更是画家笔下描摹的对象。

20 世纪 80 年代，在加快新型城镇化建设的同时，即重点对古镇历史街区加以保护。以条石街为轴线的鱼骨状街巷格局保存完好，还保存有古树、古井、古铁犀、古河道、古河堤、古民居等众多历史遗迹。2007 年，划定历史街区范围 17.66 公顷，其中 3.58 公顷被列为保护区。

遗址古迹

古街

邵伯至今保存着苏北、苏中地区少有的原汁原味的条石街，它是邵伯的名片，也是影视拍摄胜地。电视剧《青青河边草》等剧组曾到此拍摄外景。自建镇之始，邵伯条石街一带即为居住区以及工商业区，后历朝历代虽有兴废，但邵伯条石街始终是一条重要的商业轴线。至明清时期，条石街两侧仍店铺林立。随着运河航运功能的衰退，条石街的商业功能逐渐减弱。

中大街（老条石街）

条石街　建于明代，占地3000平方米，南至南塘，北至北圈门，南北长约1500米、宽2米有余，整条街道由数千条石铺成，有“弯弯曲曲一条街，从南到北三里长”之称。条石街是依傍运河堤坝南北延伸的长街，旧称南大街属青云居委会、中大街属甘棠居委会、北大街属蟾宫居委会，以中大街最为繁华。老街原是泥土路面，雨天泥泞，行走不便，清康熙年间镇民集资，铺设条石，砖砌路下排水沟渠连接河道，每到雨天，雨水由条石缝中流进地沟，路面从不积水。经过数百年洗礼，青条石已被磨得油亮。古运河历史上是黄金水道，条石街上也曾热闹非凡，北起馆驿前，南迄庙巷口，店铺鳞次栉比，诸如春生恒纸号、仁广源布庄、恒春隆香粉店、马大顺酱园等，生意红火。南大街尽头，有一座南圈门，门上阁楼为青云楼。南圈门外为风景如画的南塘，中埂柴坝为宝公堤，是南郊进出邵伯镇的通道。北街尽头有北圈门、真武楼，为北乡进出镇必经之地。夜晚南北圈门紧闭，行人禁止出入镇区，小镇固若城堡。条石街两侧，大多是木结构两层楼房，楼下店面，楼上店家居住。如今门楣的朱漆早已斑驳，但仍保持着明清建筑格局。“大马头”十字路口沿街四角楼顶角，成为邵伯古街的一道景观。条石街道两旁有与主街道垂直的东西向小巷数十条，油店巷、长生巷、染坊巷等，形成梳篦式，十分严整，也构成古镇独特的道路骨架。

古井

邵伯镇域内水网密布，沟渠交错，但为生活用水方便，镇上多数人家有井。

宅井　邵伯人凿井，十分讲究。石头的井栏，青砖的井壁，上大底小，严丝合缝，

永乐巷内古井

陈捷先家古井

光滑溜圆。蒋继轼家花园里有三口古井。井底放有一块厚厚的青铜板。井壁砌于铜板之上，泥沙杂质无法渗入，井水终年清澈见底，冬暖夏凉。

义井 原名“惠民井”。在今粮管所西侧，相传此井是谢安凿建。清顺治三年（1646）四月，朝廷颁布剃发令。六月，政令传到邵伯，明诸生张尔中，深以剃发为耻，遂投井而死。后人用绳索围在井垣周边，作为护栏，此井更名为“甘棠义井”，由清代乡人徐积山书写。现义井已毁，石井栏尚存。张尔中与史照、仲属，被后人称为“甘棠三义”。

古桥

中华人民共和国成立前，镇村桥梁众多，农村多为木桥，市镇桥梁大都为砖石结构。中华人民共和国成立后，通过疏浚河道、公路建设，陆续改建和新建钢筋混凝土结构桥梁。至2016年旧桥废弃13座，改建和新建31座。

惠政桥 砖石结构，跨铁牛港。桥在西寺东，俗称西寺桥，亦称隐棠桥，因谢安以政惠民而得此桥名。1958年因建船闸而废。

七截桥 又名七节桥，砖石结构，长40余米，跨梁家港。位于镇西梵行寺西，桥西侧有福寿律院，俗称茶庵。清道光二年（1822），里人重建，咸丰年间废。

宝公桥 因桥东有宝公寺而得名。位于镇青云楼（南圈门）外，跨南塘河，是南乡通镇的门户。明永乐年间（1403—1424）建，清康熙三十九年（1700）、嘉庆十九年（1814）两次修护重建为砖石结构。1952年废。

银锭桥 位于来鹤寺东南侧。清康熙二十二年（1683），里人姚有成之妻郑孺人出银五百两建造，因桥面铺石形似银锭得名，建扬清公路时废。

邵伯桥 俗名洋桥，位于镇东郊淮江公路线，跨盐邵河。始建于1936年，初为木桥。1965年9月，改建为钢筋混凝土的T形梁桥，全长48.52米、宽6米，载重10吨。

万福桥 位于镇境街北端，跨运堤下坎西大河，桥旁有泰山宫，俗称奶奶庙，亦名奶奶庙桥，是北乡通镇的门户。1969年改建，全长15米、宽4米。

水西庙桥 又名水星庙桥，位于镇境东南窦桥村，跨窦桥河。抗日战争时，被日军焚毁。1984年重建，长30米、宽4.5米。

南塘桥 位于镇区南端（原宝公寺桥旧址附近），跨南塘河，是南乡通镇的门户。1962年，老船闸改通里下河时新建，长44.4米、宽3.4米。

盐邵闸桥 位于镇境东北郊淮江公路，跨盐邵闸下游。建于1977年10月，全长42.8米、净宽8米。

南塘桥

船闸大桥

船闸大桥　原名船闸人行桥。位于镇西，跨高水河，1990年建，跨度为40米，全长263.15米。2009年重建，2011年5月大桥完工。东起邵伯船闸大门，西至邵伯湖边，跨三线船闸。主桥桥长576.18米，全宽8.5米，净宽7.5米。由东向西另建3座引桥，分别通往高水河西堤、船闸管理所和邵伯湖东堤，引桥长分别为120.12米、227.56米、103.42米。

古渡

境内渡口较多，著名的渡口有：清雍正四年（1726），潘鸿重造于大马头对面的潘家古渡；乾隆七年（1742），扬州知府高士钥建于北会馆南首的普济渡；乾隆五十八年（1793），两淮盐商修建的六闸义渡，为扬州通往北京古驿道的重要渡口。

中华人民共和国成立后，设于上河一线的渡口有3个。

大闸轮渡　设于馆驿前码头，系邵伯镇与邵伯船闸和邵伯湖西邗江区行人的必经渡口。1979年，投资5万余元，配设24匹马力铁壳轮渡1艘，额定客位78人。1990年停航。

李家桥渡　设于镇西南邵南村李桥，旧跨运盐河，通邗江县泰安乡（俗称"新河南"），1960年废除。

郭庄、许庄渡　分别设于镇西南邵南村许庄和郭庄，跨高水河，通邗江县泰安乡。均为开挖邵仙河时增设，20世纪70年代初因过渡人少而停航。

设于下河一线的渡口有6个。

江庄、湖口渡　分设于镇东北先进村江家庄和湖口，跨盐邵河通邵真公路，均使用木质渡船。

保存渡口名的南渡村（2016 年）

艾菱渡口 设于艾菱村四组，跨盐邵河，南通邵真公路，北通南渡、许庄村。

褚庄渡口 设于孙桥村褚庄，跨十里长河，通艾菱南圩。

北摆渡 设于镇东北崔桥村黄泥嘴，旧时为镇东北部居民到邵伯的必经之路。通北路建成后，此渡被废。

南摆渡 设于镇郊东北公路村林庄，原为通附近集镇杨庄、真武等地主要通道。1977 年，南渡大桥建成，渡口被废。

露筋渡口 设于邵伯露筋村，跨运河，东至江淮公路，西至东风渔业村。原为小木船摇桨，后发展为水泥船、铁船撑篙。1999 年，小铁船换成了靠手摇的挂桨机。2008 年，换成带电机动的座舱铁驳船。

古居名宅

唐宋以后，邵伯镇日渐繁荣，至明清时期，镇域行旅如织、百货囤聚、廛市鳞次。客籍人士于邵伯经商者颇多，外地商人在邵伯建彭城、中州、西河、江西、浙绍、句容等会馆。历史上虽遭遇战火，但尚存古店面房、古民居 40 处。至今留有进士第遗居三四处，张氏、范氏、汪氏、济氏、方氏等公馆近 20 处。其中，南大街 133 号、143 号的明式建筑鸳鸯厅尤为著名。

四角楼区 位于"大马头"十字路口，群楼建成于清乾隆年间（1736—1795）。楼房四角具有檐牙高啄的古典建筑特色，楼上为木质栏杆。楼区布局 26 间，占地 1800 平方米，建筑面积 1680 平方米。2016 年主要店铺有陆记香肠、阚姓作坊、李大顺香店、润昌铜锡店、王姓钱庄、火油店、赵家烧饼店、天生祥杂货店、许家茶炉等。

四角楼区

邵伯典当　与邵伯驿站隔中大街相望，典当临街坐西朝东。占地面积800平方米，建筑面积620平方米。分为两路建筑，古典民居风格，每路一座四合院式的二层小楼，俯看似2枚方印。小楼青瓦白墙，宽敞明亮。楼房上下相通，左右相连，连而不乱，隔中有连，隔连相随。楼栏杆、楼梯、门窗、隔扇雕花精致，用料考究。整个大楼楼上全铺地板，楼下地面铺四角大方砖，有一天井铺青石板，天沟、落水管做工精致。

典当的营业场所为南楼下的第一进，面对大街。正对典当大门的为高大的木柜台，典当的管事先生和小伙计都坐在高凳上。柜台内为一格一档的木结构架子。

中华人民共和国成立后，当地政府在此设立治淮指挥部，后又改作江都县血吸虫防治站。

金芝堂药店　坐东朝西，占地面积120平方米，建筑面积186平方米。为二层砖木结构楼房，楼上四间面阔12.4米，进深7.5米。临街为木板墙、木窗格，木质楼梯完好，仍可使用，底层为门市房。金芝堂店主汪有秀曾在店内悬匾“上不亏天，下不欺人，一心事德，万民回春”。

范氏住宅　位于北大街40-1号。明末清初建筑，建筑面积210平方米。住宅用料考究，形制极具特色，现存对厅、厅堂两进，坐西朝东。厅堂明间五架抬梁，雕花梁垫，梁头雕金鱼头状，丁头拱，雕花簪木。前檐为船篷式轩廊，两进之间东西各有厢房，东为门堂，朝南砖雕门楼甚是精致。

汪氏住宅　位于南大街86号。建于明末，建筑面积460平方米。现存厅堂、堂屋两进，坐东朝西，厅堂梁柱粗硕，明间五架抬梁，跨度达6米，面阔5.3米，较为稀有。檐柱下置圆墩形石础，金柱下置木质覆盆式石础。前檐用老檐椽、子檐椽。堂屋门窗为直棂纹隔扇。

原金芝堂药店（2020年）

金芝堂药店院内（2020年）

济氏住宅 位于南大街109号。建筑面积304平方米，建于明末清初，后为甘棠邮局。现存对厅、厅堂、砖雕门楼及照壁。厅堂坐西朝东，明间五架抬梁，用料粗壮，檩下有丁头拱、雕花簪木，柱下置扁圆体木质柱础。对厅梁结构独特，前为临街门面房，以中柱砌隔墙，后部上为草架，下设两步轩廊与厅堂相对。

张氏住宅 位于南大街82-1号。明末清初建筑，建筑面积160平方米。现存门厅和厅堂两进，坐西朝东。门厅五架梁饰弓形轩椽。厅堂五架抬梁用料粗大，梁头下丁头拱、簪木雕刻精美。前檐船篷式双步轩廊、轩梁头雕成兽头状，柱下饰扁圆体木质硂础，浅覆盆式石础。

徐氏住宅 坐北朝南，建筑面积312平方米。原有十七进，现仅存一进三间，面阔8.5米，进深七檩6.2米，硬山墙，木地板。木门内0.6米处有木屏门。

齐氏住宅 位于南大街137号、141号。建于明末清初，董恂晚年著书处，占地面积2000平方米，建筑面积460平方米。采用传统建筑手法，汇集浮雕、透雕、浅雕等雕刻手法。由门厅、轿厅、大厅、卧室、两幢楼房、花厅、书楼组成，房屋40余间。原为经营油坊的齐氏所建，后齐氏与董恂结为亲家。清咸丰五年（1855），董恂回乡守孝，在此读书，并编撰完成清代乡镇名志《甘棠小志》。

因历史久远，有的房屋已改造，但原状面貌清晰，特别是大厅（鸳鸯厅）及古色古香的三间两厢卧室保存完好。走进大门，原有面东倚壁砖雕福祠已损，南首朝北有磨砖大门，门头有象征祥瑞的麒麟砖雕，门旁侧立厚实的白矾石雕石鼓一对。入内有天井，坐西朝东有壮观华丽的大厅（正厅），三楹，有窗扇、屏门，板壁高近4米，即“鸳鸯厅男厅”，是当时主人接待男宾的场所。由于正厅高大，阳光充足，也称“阳厅”。这是典型的明代晚期建筑，江都境内鲜见。从建筑风格上来看：柱础圆墩饱满，呈“圆凸”形；用材硕大，团梁直径40厘米；隔扇镂空部分比例约占三分之二；屋面起架平缓，梁柜为红松木，质地坚硬耐腐蚀；基石采用青石阶台，灰砖地坪，对排水、防潮都有周密考虑，故能经百年保存完好。紧邻有厅房，原和“阳厅”有通道相连，为连接结构。该厅房较小、阴暗，是当时接待女客的地方，叫“鸳鸯厅女厅”，又称“阴厅”。虽然破旧，但厅房对称的瓜柱梁垫荷叶云纹墩和龙凤浮雕独具特色。此处是一组难得寻觅的“鸳鸯厅”组合。阴厅西院落有古井，井栏为火山岩，井口砌石为明代风格，沿用至今。

鸳鸯厅西建筑

鸳鸯厅后花园

竹巷口古楼房 位于中大街19号。占地面积120平方米，建筑面积100平方米。原是里人褚在芝家棉花店，邵伯第二次解放后为公管房。隔肩、栏杆俱全，坐西朝东，店后是楼上下三间二厢。朝北为古式大门，南北山墙顶上有女儿墙，典型的清代建筑风格。后进是做老柳梳工的场地，直到运河堤，现保存中大楼前后两幢，为晚清建筑。

竹巷口古楼房

竹巷口西

祠堂寺庙

佛教在邵伯始于东晋，兴于明清。据传邵伯曾有99座寺院。1996年出版的《邵伯镇志》载明有名录可查的寺庙共67座。规模较大的寺庙有古法华寺、宝公寺和梵行寺等。

谢公祠 谢安（320—385），字安石，东晋陈郡阳夏（今河南太康）人。东晋政治家、军事家和文学家。政治上遭会稽王司马道子排挤，被迫出镇广陵（今扬州），于邵伯筑埭。后人思谢安治水之德建甘棠庙，植甘棠树。后甘棠庙年久失修毁坏。明代乡人自发绘制谢安像供奉于五圣祠前殿。明嘉靖六年（1527），给谏彭汝寔改题额为“东山书院”，后改为“谢公祠”。明隆庆元年（1567），再迁谢安像于后殿，前殿祀三官。

清以前谢公祠有三个圆门，分别为：上首“谢公祠”，中为“文昌宫”，下首“东山书院”。祠堂前有门楼，祠堂外立两根旗杆，一对石狮分列两旁。

日本友人策彦周良，在任日遣明使时，于嘉靖十八年（1539）十二月十二日，停留邵伯驿，拜访谢公祠。他在诗文集《初渡集》中写道：“庙在驿外，庙中央按谢公像，题左右柱云：隐隐雷神居此地，轰轰圣像镇甘棠，庙额横揭‘列仙道院’四个大字。又题柱有‘龙吞沧海月，鹤伴华山云’‘名刹红尘远，玄门白昼长’等，又或揭有‘洞府霞烟’四字。”拜毕，策彦周良偶作《邵伯庙》诗：“邵公所憩有祖堂，古今往来慕德香。意足不求遗像肖，居民千载拜甘棠。”

谢公祠石狮（2005年）

罗君生祠记碑（2005年）

谢公祠的最后一进，七架梁，有房五间。中间三间为正殿，有长长的神香条案，放香烛、供品。正中有木雕的神像龛一座，中坐谢公像。两旁为太师椅。椅背上、窗扇格子下、屏门上皆刻有“晋太傅”三字。两块古碑分别嵌在祠堂外两侧墙内。每年春秋两季都有祭拜活动。明施钧曾游邵伯谢公祠，读古碑怀念谢公留诗一首，诗曰：“晋室将倾不易支，先生出处系安危。山间红袖从游日，天下苍生望起时。风暖松亭春载酒，月明花墅夜围棋。转头乐事无寻处，空拂青苔读古碑。”

现存谢公祠遗址在巡检司北，派出所宿舍处。前后三进，占地面积230平方米，建筑面积180平方米。谢公祠内有一块石碑被凿坏埋于地下，上有明国子监监丞沈珠为迁谢安像撰写的碑记。

罗令祠　罗君公祠遗址，即原邵伯小学。

罗君，名适，字正之，台州（今属浙江）宁海人。北宋元丰年间（1078—1085）曾任江都县令，颇有政绩。体恤民情，为民兴修水利，开大石湖，导渠五十五处，灌溉良田六千顷，种植桑树八十五万株。第二年粮食大获丰收，产量倍增。后来罗君任满离去。百姓为感其恩德，特立罗公生祠，祠内有其画像，并立碑嵌于祠壁。后人称为“明王庙”，也有人称为“罗令祠”。明嘉靖年间（1522—1566）重修，1946年秋，因战火被毁。

现存碑石系清嘉庆九年（1804）贡生赵洵重刻。碑题名“罗君生祠记”。碑高1.67米、宽0.85米、厚0.21米。下有须弥座，表面光滑平整，碑文楷书，字迹清晰，共525个字，完好无损。碑文撰写者系北宋文学家、词人秦观。此碑现保存于邵伯中学校园内。

露筋祠　出古镇邵伯，沿运河北上三十里，江都与高邮交界处的露筋村，有一女神祠，称为露筋祠，又名烈士祠、贞女祠、贞应祠、正女祠、露筋娘娘庙。

古代露筋为水陆交通要道，在宋代曾设露筋驿。舟楫如织，文人多题咏，因此留下大量诗篇，祠内留有碑石数十块。北宋欧阳修在《憎蚊》诗中，有“伤哉露筋女，万劫仇不复”的感慨。

露筋祠位于运河西岸，枕湖面河。由于祠基洼下，每逢夏秋水涨，则被冲塌。因此，屡建屡废。清道光十四年（1834），按察使李彦章于露筋祠左建三十六湖楼，集古今诗文辞赋若干卷，题名《露筋祠志》，楼额为两江总督陶澍所书。江南河道总督麟庆在《鸿雪因缘图记·贞应培堤》中写道登楼“俯视东北，绿荫亏蔽，河水靓深，篆岸柳堤，远近映带。南则饰垩涂丹，缀以绮树。西则柳摇荷茁，翠色上浮。凭栏四望，只见水光映天，涵青蓄黛，帆影出没，若有若无”。青浦孝女许淑慧绘有《湖楼图》。后到晚清时，水灾频繁，日渐倾圮。现存几块残碑及乡人简易搭建的露筋祠。

梵行寺 俗称西寺。东晋宁康三年（375）高僧杨行密建寺传教，距今一千六百余年。唐乾宁元年（894）重建，名观音院。《宝祐惟扬志》称“梵行禅院”。明正统十四年（1449），僧道暹重修。嘉靖八年（1529）赐今额“梵行寺”。

梵行寺位于风光绮丽的邵伯湖滨。前后三进，红墙碧瓦，翘角飞檐，甚为壮观。一进山门，那顶天立地的哼哈二将、四大金刚，神态威严。神态各异的十八罗汉，栩栩如生。最有特色的是在观音大士身旁设一尊济公像。传说梵行寺的大门，正对着天庭南天门。经常有天上的神仙下凡到这里来吃吃喝喝，弄得满地残茶剩饭，杯盘狼藉。僧人苦不堪言，又不敢得罪。有一天，济公云游到该寺，听方丈叹了苦经后，就施了一个法术，用扇子对着大门扇了两下。从此，庙门再也不正对南天门了。诸神仙摸不着庙门，便再也不来打扰了。为感谢济公，专门为其塑像供奉。

梵行寺晨曦

梵行寺旁有一片绿地，形似蒲扇，名曰“蒲扇墩”，也有佛门弟子称之为“普善墩”。碧绿的墩面和清清的水面几乎相平。据说，不管湖水怎么涨落，它总是平静地浮在水上，似乎会随着湖水上下波动。

梵行寺南有一座古香古色的草亭，名曰“茶庵”。是历代文人墨客品茗观景、吟诗作对的佳地。1946 年在战役中被毁。

来鹤寺（法华寺） 来鹤寺原名法华寺。隋大业三年（607），在邵伯运堤东一里许的一块高地上建有古法华寺，为苏北名刹。《甘棠小志》载：“明郡人吏科给事彭汝寔微时读书寺中，即贵，出资重建。竣工之日，有双鹤绕梁。因名曰来鹤。”

古法华寺，殿宇巍峨，气势雄伟，寺舍四进，达一百余间。建筑依次渐大增高，中轴对称，有游廊相接，形成一座严密、规整、对称的古建筑。寺前有一形似关公大刀的小河，人称“关刀河”。过砖石拱桥，是一对正面向的石狮子，石狮造型优美，石工精致，石狮下方配有须弥座，雕刻各种花卉、卷草、飞禽走兽，寓意深刻。进山门，第一进三间大厅，正门上方有“来鹤禅寺”石额。门内左右为哼哈二将，中间神龛内供奉笑佛弥勒，后有韦驮。第二进为天王殿，四大金刚分立两旁。第三进为大雄宝殿。大殿两旁柱上悬有清成亲王永瑆所书“月明古寺客初到，雪满空庭鹤未归”楹联一副。大殿内供奉三尊大佛，两旁有十八尊罗汉，罗汉形态各异，各尽其妙，是邵伯诸多庙宇佛像中的精品。

殿外有大青石驳砌露台，有一宝鼎（香炉）立于中间，终日香烟缭绕。殿前植有两株古银杏树，高耸挺拔，遮阴蔽日，已有一千四百多年树龄。大殿前左右有钟楼鼓楼遥遥相望。寺内有一铜钟达千斤，苏东坡慕邵伯法华寺之名，曾受请为千斤铜钟作铭，《东坡禅喜集》卷四《邵伯埭钟铭》言：“邵伯埭之东，寺僧子惠募千人为千斤铜钟，蜀人苏轼为之铭。曰：‘无量智慧火，烧此无名铜。戒定以为模，铸成无漏钟。以汝平等手，执彼慈悲撞。声从无有出，遍地无边空。’”

最后一进为藏经楼，楼檐有“敕赐龙藏来鹤禅寺”竖匾一块，匾额左右镶有双龙图案。楼内有一字排开的八张藏经柜。清嘉庆十年（1805），敕赐龙藏全部和四体大藏全览一部，珍藏于后楼。

1944 年，来鹤寺主持雨昙，请天台宗高僧及高邮放生寺、镇江金山观音阁主持仁山法师到来鹤寺讲经，邵伯佛教界首领人物、居士鲍席珍出资把中州会馆门前一对石狮子移至来鹤寺，以壮观瞻。因战火频繁，至中华人民共和国成立初，来鹤寺仅存石狮子一对、银杏树一株、空鼎石座和“古法华寺”石刻。

民国时期的宝公寺与柴坝

宝公寺 又名释迦教寺。北宋元祐五年（1090），僧惠朗建。寺有清康熙二年（1663）李节碑记，言："甘棠镇为谢太傅所筑埭，埭南为坝，坝里河流入荇、艾二湖者有桥，过桥东南即宝公禅寺，盖古刹也。"

出古街南圈门更楼，有一个广阔的大水塘，叫南塘。从南塘中穿过一道大堤，大堤尽头是高大的石拱桥，桥下可走船。在东南一片高地上建有古刹宝公寺。由于宝公寺地势高耸，殿宇高大，每逢邵伯发大水，全镇百姓就一齐涌向古庙去避水患。清康熙三十八年（1699），南塘更楼冲决，镇民到宝公寺避水，水退后，僧人挖香火田三百余亩，并四方叩募筑堤为路，造桥便民。现存《新建宝公寺桥堤碑记》碑额一块。

宝公寺除有山门殿、天王殿、大雄宝殿外，最后一进为藏经楼。此楼宏敞高耸，巍然云际。藏有6737卷经律论，是宝公寺的镇寺之宝。楼上有用重金购得的藏经梵本全部，锦缎包裹，束以牙签，盖三宝之名藏为法宝。后庙宇在战火中被烧毁，经书散佚。

古树名物

邵伯古树有两株，一株为甘棠树，一株为银杏树。银杏树在邵伯中学办公室楼前，相传为建法华寺时所植。

甘棠树 亦名棠梨树、桂梨树，属蔷薇科，落叶乔木，夏日开黄花，类似桂花。邵伯曾有数株，现只剩下一株。

甘棠树，源于"召公息棠荫理政"。朱熹《诗集传》中写道："召伯循行南国，以布文王之政，或舍甘棠之下，其后人思其德，故爱其树而不忍伤也。"后世用"甘棠"称颂东晋太傅谢安惠政于民。老百姓感念谢安功德，将其比作召伯甘棠，并立庙祀之，称"甘棠庙"。巡检司前身是"甘棠庙"。

邵伯巡检司门前甘棠树

石榴树 石榴树有110年树龄，植于巡检司内。高约6米，枝干向四周伸展，南北约8米，东西约6米。向东的枝干由于伸展过长，阻碍行人过往，2000年被锯；向西有院墙阻挡，只少许枝叶伸出。每年秋天，花开满树，硕果繁缀，中秋时节，周边住户竞相采摘，回去供奉祭月。2015年，重建巡检司，被移动稍许，枝干重新修整。

石狮子 石狮头正向，长1.48米、宽0.8米、高1.80米。配有雕刻动植物图案的须弥座。原立于清代邵伯中州会馆门前，民国年间移至邵伯小学门口至今。

清代，江西、湖南、浙江、安徽、河南等省的富商巨贾集资在邵伯修建会馆，作为旅邵同乡的聚会场所。由苏州工匠雕刻石质火成岩石狮一对立于馆前。1938年，日军为防止中国军队进驻中州会馆，拆去全部房屋，并用步枪把一只母狮子胯下的小石狮作为标的打靶，石狮腿被击断，小石狮子被劫走。后在“文化大革命”中，作为文物被保存下来。

邵伯中心小学门前石狮

古墓古碑

从邵伯南郊遗址发现情况看，有邱墩汉墓、柏庄汉墓以及徐氏古墓、董恂衣冠冢等。邵伯亦是漕运要道，镇内立有很多关于漕运秩序的石碑。由于寺庙林立，寺庙残破毁弃后，很多碑刻流落民间。民居门口喜欢用石块铺有蝙蝠、如意、元宝等图案，不少人家门口时常见到石鼓、石盘、石墩等，传递历史讯息，赋予深厚的文化底蕴。

柏庄汉墓 1981 年 6 月，邵伯高蓬柏庄发现 7 座汉墓，挖毁 5 座，保留 2 座，形制大致相同。棺椁内随葬品十分丰厚，有铜镜、龟钮铜印、木鸠杖、弩机、铁剑、木俑、西汉五铢钱、陶罐、陶盆等，造型别致，工艺精良。出土文物全部由江都博物馆收藏。

谢太傅祠碑 一为甘棠庙碑，唐代立，唐颜真卿书；一为谢太傅祠碑，明隆庆年间移谢安像时立，国子监沈珠撰文。两碑今存于洪氏家中，碑文被毁。

罗令祠碑 北宋元丰年间（1078—1085），江都县令罗适勤政爱民，风节凛然。兴修水利、救济贫困百姓，民众感谢其恩惠，建祠绘像供奉，秦观撰记，立碑嵌于祠壁。明清两次重修。复制碑存于邵伯中学。

斗野亭诗碑 清嘉庆十四年（1809），重建斗野亭于来鹤寺东，编修白小山（官至工部尚书）重书宋孙觉、苏轼等七贤诗，立碑嵌于祠壁，1939 年后毁废。2001 年，集米芾、苏轼、黄庭坚书体，重新立碑嵌于祠壁。

严禁混封船只碑 清乾隆年间（1736—1795），邵伯民船运载粮豆，济民通商，经常借漕运剥卸货物之机，征用漕船和民船，使得船户不能安心作业。高天相、孙佩坚等人向府县禀报，经查验邵伯船只只能顺流，不能北上，遂被释放免役。乾隆六十年（1795）十二月，甘泉县正堂刻石勒令，此后凡漕剥及运物北上，禁用邵伯民船，违者

宋七贤诗碑

从重究办。此碑原立于大运河边大马头处，今存于镇政府大院内。

江北运河复堤碑　1931 年 8 月，邵伯遭特大洪灾，运堤决口 16 处，计 271 丈，全镇沦为泽国。江苏省设江北灾赈委员会，办理堵口复堤事宜，邵伯段工程为第三区，由国民工赈局胡品之负责。施工期间，因露筋来圣庵地段淤积惊人，延期 3 个月，至 1932 年 9 月竣工。支款 45.4 万元，由江苏省政府及华洋义赈支付。1933 年 3 月，淮扬士绅立碑于邵伯六闸，陈延晔撰文，江都王纯泉刻石，白矾石质地，方首，高 2.0 米、宽 0.86 米、厚 0.22 米，刻楷书 24 行，1360 字。立于邵伯六闸处，是反映运河历史的重要实物。

董恂埏道碑　2012 年 6 月 25 日，根据群众提供线索，从邵伯高蓬村益民河道中挖出董恂墓志铭碑石，名“皇清诰授光禄大夫户部尚书甘泉董公神道碑铭”，碑体长 197 厘米，宽 93 厘米，厚 21 厘米，铭文有 2058 字，清光绪十八年（1892）立，碑文撰写者为光绪二年（1876）探花冯文蔚，此碑现存邵伯烈士陵园内。

斗野亭

邵伯镇有斗野亭，是全国最早以天文星斗命名的亭。亭为长方形，飞檐翘角，围以走廊，亭内顶梁悬“斗野亭”匾额，后墙石刻宋七贤诗。孙觉、苏轼、苏辙、秦观、黄庭坚等七贤到此咏觞，历史诸多文人来此就景赋诗，承载深厚的历史文化积淀。

斗野亭

历史渊源 斗野亭始建于北宋熙宁二年（1069）。“江淮天设险，星斗地分维。”古人将天上星宿与地上州域联系起来，因亭的位置“于天文属斗分野”而得名。古亭倚河临湖，与古刹梵行寺犄角而立。登亭远眺，水天一色，邵伯湖湖光帆影尽收眼底。

南宋绍兴元年（1131），扬州郡守郑兴裔将亭迁至扬州漕河上的迎恩桥南，亭址更改。嘉定年间（1208—1224），又改题亭名为“江淮要津”。清嘉庆十四年（1809），由邵伯望族，“一门四进士”的徐元惠及其族弟徐元桐出资重建斗野亭，因镇西原址常遭水患，于是在古刹来鹤寺东侧重建。光绪二十八年（1902），改作苞亭小学。1926年，只存残碑断碣，后渐毁废。

七贤唱和 孙觉（1028—1090），字莘老。北宋元丰二年（1079），在乡丁忧服丧期满，赴苏州任知州职，路过邵伯，题写五言古诗一首《题邵伯斗野亭》：“淮海无林邱，旷泽千里平。一渠闲防潴，物色故不清。老僧喜穿筑，北户延朱甍。檐楯斗杓落，帘帷河汉倾。平湖杳无涯，湛湛春波生。结缆嗟已晚，不见芙蓉城。尚想紫芡盘，明珠出新烹。平生有微尚，一舟聊寄行。遇胜辄偃蹇，霜须刷澄明。可待齿牙豁，归欤谢浮荣。”诗作气势雄伟，亭的结构仿佛从天而落的北斗星，其帷幕犹如落九天的银河。

元丰三年（1080），诗人、书法家黄庭坚自北京南下，过邵伯斗野亭。作诗和莘老。“谢公所筑埭，未叹曲池平。苏州来赋诗，句与秋气清。僧构擅空阔，浮光飞栋甍。维斗天司南，其下百渎倾。贝宫产明月，含泽遍诸生。槃礴淮海间，风烟侵十城。籁箫吹木末，浪波沸庖烹。我来杪摇落，霜清见鱼行。白鸥远飞来，得我若眼明。佳人归何时，解衣绕厢荣。”黄庭坚书毕，意犹未尽，到了扬州，将诗寄给在家乡闭门读书的高邮才子秦观。秦观见诗，不禁拍案叫绝，斗野亭风情犹如画卷重现于眼前，他当即提笔唱和：“淮海破冬仲，雪霜滋不平。菱荷枯折尽，积水寒更清。辍棹得佳观，湖天绕朱甍。信美无与娱，浊醪聊自倾。北眺桑梓国，悠然白云生。南望古邗沟，沧波带芜城。村墟翳茅竹，孤烟起晨烹。檐间鸟声落，客子念当行。揽衣视日景，薄阴漏微明。何时复来游，春风发鲜荣。”

元丰八年（1085）秋天，苏东坡到邵伯，在斗野亭会见梵行寺僧荣，见到墙壁上孙觉的题诗，不禁感慨万千，提笔写下《次韵孙莘老斗野亭寄子由在邵伯堰》：“落帆谢公渚，日脚东西平。孤亭得小憩，暮景含余清。坐待斗与牛，错落挂南甍。老僧如宿昔，一笑意已倾。新诗出故人，旧事疑前生。吾生七往来，送老海上城。逢人辄自哂，得鱼不忍烹。似闻绩溪老，复作东都行。小诗如秋菊，艳艳霜中明。过此感我言，长篇发春荣。”

苏东坡估计他的弟弟苏辙不日入东都必经邵伯，便将诗寄给他。果不其然，当年十月，苏辙经邵伯再登斗野亭，留下《和子瞻次孙觉谏议韵·邵伯闸上斗野亭见寄》：“扁舟未得解，坐待两闸平。浊水污人思，野寺为我清。昔游有遗咏，枯墨存高甍。故人独未来，一樽谁与倾。北风吹微云，暮寒依月生。前望邗沟路，却指铁瓮城。茅檐卜兹地，江水供晨烹。试问东坡翁，毕老几此行。奔驰力不足，隐钓性愈明。早为归耕计，免惭老僧荣。”

当时在苏州、镇江为官的张耒、张舜民闻讯，先后来到邵伯。张耒乃“苏门四学士”之一，他在斗野亭墙壁上一气呵成《和孙莘老题邵伯斗野亭》：“维舟得古寺，望远天四平。晴日晖晖散，晚风冷冷清。危亭下瞰野，层阁高连甍。起望斗与牛，淮海相奔倾。往来谁百年，今昔我平生。悠悠何所寓，台上多化城。与其逐影死，宁似不鸣烹。咄哉应有止，老矣将安行。中庭柏子落，丈室霜月明。此意竟萧条，犹然笑安荣。”

张舜民站在斗野亭上借景抒怀，作《和孙莘老题邵伯斗野亭》：“我登甘棠埭，所向殊未平。舟行污池中，顿失江湖清。蛙声乱僧呗，鸥吻赫市甍。意同伯嗜死，苟与卫士倾。开池种白莲，垒石拟三生。犹淹南斗墟，终远北斗城。设我紫藕供，报之白芽烹。三年猿鹤友，万里秦楚行。秋风陇首至，落日淮南明。寄言怀土士，慎勿慕官荣。”

南宋抗金名臣李纲，即使栖身风平浪静的邵伯湖，仍念念不忘金戈铁马，横扫胡尘。写下《过召伯埭游斗野亭次司谏孙公韵》：“星斗照淮楚，绿野如砥平。兹亭结构小，景物有馀清。我来值袢暑，霁雾褰高甍。登临得佳友，坐使怀抱倾。方塘杨柳合，极望菰蒲生。仰德思谢傅，吊古伤芜城。浊酒聊共酌，小鳞鲜可烹。抱拙卧江海，胡为复此行。区区萤爝光，何补日月明。稽古得车马，平生笑桓荣。”这首诗抒发英雄誓死不变的抗敌信念。

此后，文人过棠湖必登亭吟诵，“南宋四大家”之一尤袤有《重登斗野亭二首》：“野色涵空阔，平芜接渺弥。江淮天设险，星斗地分维。乔木千年意，沧波万古悲。老僧尤好事，见在素题诗。”“豪杰旧游处，此亭名亦俱。凄凉谢公堰，浩荡董家湖。陈迹成兴废，遗篇今有无。登临何限恨，搔首独长吁。”南宋监察御史陈渊有《登邵伯斗野亭》：“落帆新城曲，维舟古河右。幽寻得危亭，星斗穿户牖。西风扫残叶，庭宇不待帚。娟娟云间月，亦复照杯酒。明朝又东南，污流映衰柳。莫以此时心，炽然分净垢。”清刑部尚书王士祯登亭吟咏《斗野亭》：“斗野亭前望平楚，依然运水碧连空。群贤翰墨思元祐，六代风流续谢公。蟹舍萧条枫柏外，渔蛮烟火荻芦中。诗成吟望无人会，写寄黄州杜水东。”

复建重光 2001 年，邵伯镇政府斥资 60 万元，在邵伯节制闸西侧伸向河心的三角形半岛上，建起一座古香古色的仿宋亭园，占地 2000 平方米，建筑面积 890 平方米。

迎面门楣上“斗野园”三个金字熠熠生辉。两旁抱柱镌刻的楹联“江淮天设险，星斗地分维”是从南宋诗人尤袤歌咏斗野亭的诗文中摘引而来，诗句一语点明“斗野”二字的由来。院内首见一座四角碑亭。亭中立着一块石碑。碑文系江苏省文化厅原厅长王鸿所撰。碑文由王鸿口授，子女笔录而成。背面碑文《建斗野亭记》，乃清道光进士姚文田撰，文中赞誉古镇“积水涵虚，菰蒲掩映，朝烟夕霏，顷刻变态”的胜景，并详尽记述了斗野亭千百年来的峥嵘岁月和几度兴衰。四角亭东立有一座假山，高数丈，既可拾级而上、登临远眺，又有曲径通幽、可穿洞而行。四角亭西有一座古朴凝重的长方形亭台。檐下悬着一方横匾，上镌“斗野亭”金色大字。两旁楹联“群贤翰墨思元祐，六代风流续谢公”，是清代王士祯的诗句。斗野亭内东西两侧石壁上，嵌着大理石碑，镌刻着集苏轼、黄庭坚、米芾三人书法字体的《宋七贤诗》。

斗野园

斗野园夜色

斗野亭翘角飞檐，造型别致、匠心独运，三面环水，灵气四溢。斗野亭北坐落着一座六角望犀亭，闲坐亭中，极目四望，古亭、铁犀、绿水、假山，尽收眼底。斗野亭西侧，沿河是一条曲折的长廊。廊外波平水软，芦苇深处时不时传来一两声悦耳的鸟鸣，凭栏远眺，令人赏心悦目。

再建碑记亭

附1：邵伯古八景

古镇历史悠久，风光绮丽，据《棠湖鸿爪》作者张允生介绍，年轻时，当地曾传邵伯古八景之说。

运河春晓　运河两侧树木连堤，春日发芽，嫩绿可人，运河上船只繁忙，南来北往，生机盎然。1990年，台湾电视剧《青青河边草》剧组到邵伯运河边拍摄外景。

棠湖夕照　唐宋以前，邵伯大小36个湖泊相连，湖水连天，晚霞灿烂，夕阳下帆影隐隐，沙鸥点点，渔网闪耀金色的光芒。

梵行茶花　梵行寺的山茶花一片绚丽，烂红如火，与僧人的梵音相映，花开见佛，名士游人争相观赏。

斗野唱晚　夕照斗野，如剪影入画，阳光穿过树梢投在河水中，染红了河面，河面上鸬鹚立舷，渔人喂食。

甘棠义井　清顺治年间，朝廷颁布剃发令。后此风传至邵伯，里人张尔中为明诸生，深以剃发为耻，投井而死，后人凭吊不息，遂成一景，此井更名为“甘棠义井”。今废。

运河春晓（1998年）

斗野唱晚

铁犀拜月 秋月高悬，野旷树低，铁牛卧月，仰首似拜。拜月是人们的一种美好愿望，其铭曰“容民畜众保无疆，亿万千年颂平康”，是当地中秋夜游的民俗活动。

棠树三异 植于巡检司署的甘棠树相传是为纪念谢安所植。该树有三异：华而不实、无风自动、先开后合，具体解释已无从考证。现已经被列为县级古树名木。

来鹤昏鸦 来鹤寺古木葱茏，黄昏时分，乌鸦还巢，十分热闹，与古寺的暮鼓交织，形成独特的风景。明嘉靖十二年（1533）夏，曾发生鹳鸟代哺之事。据《嘉靖惟扬志》载：“邵伯来鹤寺与佑圣观相邻，寺观皆有鹳巢，二巢有二雏。佑圣之鹳伤于弹，二雏待哺于来鹤。来鹤之鹳哺犹己子，诱之飞鸣，全其羽毛，人咸异焉。”

附2：云川阁十六景

清代邵伯建有云川阁，为邵伯徐氏子弟读书的地方。云川阁位于镇东的徐氏庄宅，与邵伯湖西的阮公楼分属邵伯镇东西两处“招隐圣地”。云川阁园内环境幽静清雅，风景绝胜，园外湖光粼粼，秀丽景色别具一格。乾隆年间，江苏镇江府丹徒县（今江苏镇江）画家顾鹤庆（1766—？）曾客居此地，绘《徐代云川阁十六景》。

远岫胜岚　于湖边高阁中凭栏眺望远山风光，柳树刚抽新芽，春光明媚。

平湖春色　湖岸春柳冒芽，于高阁中观望湖中帆船，阁下树丛中有数间小屋。

东皋麦浪　东园外河滩上麦浪翻滚，风旋成涡，水牛在麦田中挣脱缰绳，一农夫急急追赶，画面乡村气息浓郁。

南浦渔歌　湖中一埂、一闸，将湖面分为两块，埂上渔人捕鱼，有撒网的、有板罾的。湖边两艘渔船上，渔人一人举杯畅饮，一人横笛，一派渔家欢乐景象。

烟柳横塘　清晨雾气如烟，远处湖中隐见帆影，近处清晰可见围塘里荷花盛开，埂上柳树成荫，边上草棚中水车旋转，一名农夫肩扛锄头，穿过小桥，向田间走去。

溪桥残雪　大雪过后，湖面上尚有余冰未化。地面上、屋顶上、田埂边残雪皑皑，柳树全部落叶，一眼望去，一片银白。

夕阳帆影　太阳将要落山，映红了湖中的帆影，湖边渔人站在水中用鱼篓捕鱼，欲在太阳下山前满载而归。

野寺钟声　田野阡陌，一河横流，有人泛舟垂钓。树木几丛，远处烟霭朦胧，寺院雕甍隐约可见。冬季早晨，人们走出户外，呼吸新鲜空气，聆听远处寺院钟声。

高阁留云　秋高气爽，高阁上空白云朵朵，四只仙鹤从空中俯冲而下，一群仙鹤在湖边悠闲欲迎。湖边柳树枯黄，有秋风落叶之势。

群峰叠翠　阁中亭园山石叠翠，松树挺立，风景

平湖春色

烟柳横塘

野寺钟声

小山丛桂

蕉窗夜雨

石室书灯

独好。

小山丛桂　园中房宇参差，长廊通幽，主人沿着曲径，往园后小山赏桂。山上桂花盛开，香气四溢。

幽径疏篁　曲径两侧竹翠欲滴，葱茏掩径。主人携书童往竹林内读书，环境十分静雅。

花榭香风　园中梅花盛开，主人端坐案前，挥毫似写咏梅之诗，仆童送来香茗，丹顶鹤侧栖于石桌，多么诗情画意的一幕。

桐阶新月　梧桐树下，廊亭曲折，主人席地而坐，仰望天空，晚霞仍在，余晖尚存，新月已升上树梢，是新秋节气的真实写照。

蕉窗夜雨　天空昏暗，芭蕉掩映屋宇，院墙内树木凋疏，主人在屋内聆听雨打芭蕉声，品茗弈棋，悠然自得。

石室书灯　主人在石室内点烛夜读。园中蜡梅盛开，灌木屏障与土墙相连，犹如世外桃源。

古镇保护

古镇依京杭大运河东侧而建，南北长、东西狭。南北约 3 里，东西约 1 里。镇内旧有 2 条主街道：河西大街、河东大街（俗称老大街）；2 条支街道：前东街（亦名司前街）、后东街（亦名司后街）；3 条濒河街道：上河边、南塘边（亦名南米市）、东河头。以上 7 条街道，形成镇区商住网络。其中，河西大街因 1934 年兴建“民国船闸”而消失；南塘边（南米市）因 1979 年高水河拓宽（南水北调）工程需要而全部拆迁。后集镇区因人口增加、商住需要，加之江苏油田进驻，不断东扩南延。现主要商业街道为甘棠路、工农路。

街巷 古镇街巷以南北走向的老条石街为轴线，呈鱼骨状东西分布，西接运河码头、大堤，东连商住区。条石街北起北圈门（真武楼），南至南塘（青云楼），长约1500米、宽约2米，由数千块条石铺成，晴不扬尘、雨不积水。

邵伯条石街

核心保护街区主要为中大街和南大街，主要街巷有里巷、馆驿前、长生巷、油店巷、坝巷、永乐巷、竹巷、大马头巷、大通巷、朱家巷、庙巷、长春巷、东风巷等。

长生巷

大马头巷

大马头牌坊

河道 古镇区西为京杭大运河，南有老盐邵河，北有 1976 年开挖的新盐邵河（盐邵船闸引河）。新、老盐邵河于镇东约 2 千米处合二为一，将镇区分割成寿桃状。新、老盐邵河由北向南另有运粮河、玉带河、益民河、十里长河 4 条主要支流，现这些河道已多处淤塞。西侧京杭大运河因河道变迁、功能变化，分为明清大运河故道（邗沟故道）、高水河、京杭大运河，统称为淮扬运河，列入大运河世界文化遗产名录。

码头 明清时期，邵伯既是运河线上的漕运咽喉，又是苏北重要粮食集散地，既有客运，又有货运，水运事业相当发达。据《甘棠小志》记载，镇区段运堤上由北向南，东侧分别有奶奶庙码头、蔡家港码头、城隍庙码头、灰码头、驿前码头、官码头、竹巷口码头、大马头、朱家巷码头、庙巷口码头等。清光绪二十四年（1898），镇（江）清（江浦）班轮船通航，邵伯设驿埠，后轮班逐渐增加，鼎盛时轮船公司多达 10 余家，航行轮船 29 艘。随着公路运输日益发展，轮船客运日渐萎缩，至 1991 年，过境客轮全线停航。2014 年 6 月，中国大运河成功申报世界文化遗产，明清大运河故道上的竹巷口码头、大马头、朱家巷码头、庙巷口码头 4 座码头，统称为邵伯码头，列入世界文化遗产名录，其中“大马头”最为著名。

朱家巷码头

邵伯镇区运河驳岸

驳岸 古镇区河道驳岸有两种，一是砖石驳岸，二是木桩驳岸。大运河镇区段驳岸最为典型：盐邵闸至蔡家巷码头为申遗时修建的青砖驳岸；粮库码头至节制闸为清康熙时期砖石驳岸和第二次邵伯解放后整修运堤的石驳岸交织混合，其中，在竹巷口码头与大马头之间有一块清光绪十六年（1890）“金隄永固”石刻，朱家巷码头与庙巷口码头之间有一块宣统二年（1910）“甘棠保障”石刻，皆为清堤工局修缮河堤时所留；东堤节制闸至庙巷口码头（除闸下口 20 米左右）仍然保持康熙年间砖石驳岸原貌，名“邵伯古堤”，列入申遗名录；庙巷口码头至南塘河采用了双排木桩驳岸；明清大运河故道西岸的邵伯船闸宿舍区下方，为坡状石驳岸，向南则为木桩驳岸，木桩皆为申遗前后利用国家文物保护资金夯建。

规划布局

总体规划 邵伯镇先后于 1985 年编制《江都县邵伯镇镇区总体规划》，2000 年编制

《江苏省江都市邵伯镇镇区总体规划（2000—2015）》，2011 年 12 月修编《扬州市江都区邵伯镇总体规划（2011—2030）》，2016 年 12 月编制《邵伯运河风情小镇概念性总体规划方案》等。

《江都县邵伯镇镇区总体规划》于 1985 年编制。规划用地 4 平方千米，人口规模近期 25883 人，远期 34455 人。集镇向东、向南发展。规划期限 1985—2000 年，近期为 1985—1990 年，远期为 1991—2000 年。

镇政府委托南京大学城市规划设计研究院编制《江苏省江都市邵伯镇镇区总体规划（2000—2015）》，于 2000 年 10 月完成初稿，2001 年 5 月完成修订。镇区性质为京杭大运河沿线和江都市西部工贸型中心城镇、江苏油田重要的生产和生活基地。规划期限近期为 2000—2005 年，远期为 2006—2015 年。规划范围：大体呈正方形，北面和东面以规划的淮江公路为界，南面以规划的环镇南路向外延伸 250 米为界，西到京杭大运河和高水河。规划控制区面积为 930 公顷，规划建设用地面积 514 公顷。

《扬州市江都区邵伯镇总体规划（2011—2030）》于 2006 年 8 月由镇政府委托江苏省村镇建设服务中心编制，2011 年 12 月原则通过了江苏省住房和城乡建设厅主持召开的规划论证会，2012 年 7 月提交通过。该规划将邵伯城镇性质定位为：中国历史文化名镇、京杭大运河沿线生态宜居的水乡工贸型城镇。规划期限：近期为 2011—2015 年，

净瓶广场

远期至 2030 年。该次规划涉及的范围包括镇域和镇区两个层次，其中镇域面积 114.65 平方千米，镇区总面积为 1722.39 公顷，建设用地为 837.03 公顷，规划范围为西抵京杭大运河，北至北环路，东至经十路，南到园区六号路。该规划是对镇域和镇区两个层次的总体规划，涵盖了乡镇合并后的昭关、渌洋片区。

专项规划 《江都市邵伯湖风景旅游区总体规划》于 2001 年 7 月由镇政府委托东南大学建筑系景园教研室编制。该规划将邵伯湖风景区定位为以运河、古街、湖光帆影和田园风光为特色，以水上运动、野外活动、农业生态观光为主线，集民俗文化与教育、游览、休闲、美食于一体的风景旅游区。规划期限：近期为 2002—2005 年，远期为 2006—2020 年。规划范围：东至邵伯古街河东大街东约 12 米，南抵南塘、花园岛南端，西至邵伯镇与邗江县湖面分界线，北括东兴园岛、盐邵船闸。总规划面积 11.01 平方千米，分为 4 大块，古街约 0.37 平方千米，运河大堤及船闸地块约 0.77 平方千米，岛屿约 3.66 平方千米，运河和湖面约 6.21 平方千米。

《江苏省扬州市邵伯湖旅游度假区旅游发展总体规划（2014—2030 年）》于 2014 年 12 月，由镇政府委托上海奇创旅游景观设计有限公司编制。该规划总体定位为立足大扬州，借势大运河，以运河古镇为核心，凸显“河、湖、镇”三位一体特色，打造集运河游览、古镇观光、时尚休闲、养生度假等功能为一体，兼具扬州风情与运河特色的国家级运河文化旅游度假区。未来打造为扬州市休闲度假新标杆、长三角滨湖度假新地标及大运河旅游古镇新名片。规划期限：近期为 2014—2017 年，运河古镇先行；中期为 2018—2020 年，休闲度假完善；远期为 2021—2030 年，品牌运营、产业延伸。规划范围：西至邵伯湖邵伯境，南至五号路，东至老淮江路，北至邵伯湖卢家咀北端，总用地面积 1753 公顷，其中水域面积 1148 公顷，陆域面积 605 公顷。

《江都区邵伯镇历史文化街区保护规划》于 2017 年 3 月，由镇政府委托东南大学城市规划设计研究院有限公司编制。该规划将历史文化街区定位为历史风貌集中展示区、传统商业展示区、传统居住生活区。规划限期：近期为 2016—2020 年，远期为 2021—2030 年。规划范围：北至甘棠路，南到老盐邵河，西临京杭大运河，东至后街路，规划总用地面积为 17.66 公顷。

镇域布局 镇域总体布局按照规划逐步推进，具体分为“一带、三轴、三心、九区”。

“一带”为运河风光带，沿京杭大运河打造生态和人文景观交融的风光带。

西堤栈道

明清故道东堤人家

“三轴”分别为城镇发展主轴、城镇发展次轴、绿化景观轴。城镇发展主轴依托老淮江公路，串联起镇上的三片居住区和工业区、商业中心、行政中心、古街保护区，是邵伯镇最主要的城镇发展轴线。城镇发展次轴依托邵乔路，向东连接新淮江公路，是城镇的主要对外交通路线之一。绿化景观轴依托穿越居住区的老盐邵河，西至京杭大运河，东达生态片区，在河流两岸布置多样绿化、塑造沿河景观，形成镇生态发展轴。

“三心”分别为商业中心、商务中心、景观核心。商业中心布置于运河东岸，邵乔路以南、纬四路南北两侧的区域，规划商业核心与旅游服务中心结合设置，集聚各种商业设施，形成全镇的商业中心。在任庄路和老淮江公路交会处布置商业、商务、文化用地，作为全镇的商务中心。在老盐邵河与京杭大运河交汇处结合文化设施、绿化、商业街区等，打造景观核心。

“九区”分别为三个现代生活片区、一个工业片区、两个物流片区、一个传统生活区、一个生态景观区、一个邵伯湖旅游风景区。三个现代生活片区以老淮江公路和老盐邵河为分割线。工业区在镇南，老淮江公路东侧，结合原镇工业区布置。两个物流片区分别位于镇区西南角和东北角。传统生活区位于镇西，京杭大运河东侧，为邵伯镇历史街区所在区域，历史建筑风貌保存良好。生态景观区位于镇区北面的生态农业区。邵伯湖旅游风景区位于镇区西侧，以邵伯湖为主体。

另有部分湖塘、河流、行政村不在内，故上述区域不是全部镇域。

街区整治

邵伯镇于20世纪90年代起，就开始加强历史街区房屋建设控制和管理，投入政府财政资金、国家文物保护资金对城镇进行整治、改造。工程项目主要有斗野园及滨河路建设改造工程、明清大运河故道及其周边大运河遗产保护与展示工程、邵伯明清运河南段及老盐邵河河道清淤工程、甘棠路立面改造工程、邵乔路立面改造工程、老淮江立面改造工程、污水处理工程等。

玉带河整治 玉带河位于工农南路南段，老盐邵河（南塘河）北侧，东西走向，现西侧已淤塞不通。东段长300多米，2003年起镇政府先后多次对此段河道进行整治，范围包括东至公路管理站、西至江佳电子厂东侧，整治内容主要有修建玉带河桥、疏浚河道、修复两侧护岸驳坡、加装大理石护栏、埋设污水管网、北侧沿河绿化等，投入资金近400万元。

斗野园及滨河路建设改造工程 2001年由镇政府投资300多万元，对老轮船码头至节制闸沿河道路进行整治改造，拓宽水泥道路长约400米，栽种广玉兰等绿化苗木，修筑假山、廊道、六角亭，加装河边护栏等。与省水利部门协调，在节制闸西侧，投入80多万元修建斗野园，园内复建北宋名亭“斗野亭”，将苏轼、苏辙、黄庭坚等七贤诗文勒石于亭内墙上。修建思贤、唱晚2个亭和观水长廊约30米，将清康熙四十年（1701）所铸镇水铁牛由江苏鼎晟液压有限公司修复后移至唱晚亭北。园内栽种多种绿化苗木，垒砌假山1座。

明清大运河故道及其周边大运河遗产保护与展示工程 2011年年底，《邵伯明清运河故道保护与展示方案》上报国家文物局。为推动申遗工作，2012年4月，江都区财政先期拨款200万元，由江都区水务局对明清大运河故道进行清淤，清运淤泥10万余立方米，临时存放于益民河高蓬村田庄段。为保证节制闸安全（抽水后与运河水位落差达 8 米左右），特在闸室下方修筑一道 2 米高蓄水墙。同步启动沿河搭建物、垃圾的清理拆除工作。6 月，该方案获国家文物局批复，2013 年 2 月经招标等程序，正式启动遗产保护与展示一期工程。对码头、古堤的砖石进行整修，其中大马头整修量最大，拆除了 20 世纪 80 年代架铺的水泥楼板，对清代以前的老码头基石做保护性填埋，并用从北大街支巷调集和向居民收购的老条石，重新铺设了下层码头。河道东侧（上河边）居民房屋按当地传统民居风格进行立面整修，青砖小瓦、木门木窗，一户一设计，墙面为纸筋石灰粉刷或青砖贴面，屋顶大多更换为传统小瓦。涉及节制闸至滚水坝处居民 29 户，投入资金 280 余万元。河道西侧整修了参观栈道，坡道台阶为石铺，道路为定制大号青砖铺面，邵伯船闸、航道管理站宿舍区透视围墙拆除并西退 2 米有余，重新修建仿古围墙近百米，拓建自来水厂下方至滚水坝参观栈道，栽种柳竹等。节制闸至滚水坝河道两侧无石驳岸处，皆用双排木桩驳岸，木桩之间用耙钉加固。以最小干预和避免景观化为原则，近水栽种水生芭蕉、菖蒲等水生植物，河中种荷花，护坡保留原有树木并补栽柳树、桃树、银杏等树木。从节制闸至滚水坝河道东堤实施“三线”（电力、通信、有线电视线路）落地工程，铺设污水管道等，总投资 1600 余万元。

海事所码头闲船迁移工程 邵伯海事所码头周边停靠大量渔船及民用船，岸坡多处私搭乱建。2013 年 6 月启动闲船迁移工程，于邵伯船闸南、东堤约 1 千米处两侧各建一停靠点，10 月基本完工，总投资 120 余万元，由扬州通达建设发展有限公司负责施工。西侧大运河的停靠点，工程清淤约 6000 立方米，修建石驳岸 180 米，岸坡水泥道路宽 2 米、长约 289 米，建有约 50 平方米厕所 1 座，接通水电，持邵伯湖捕鱼证渔船可停靠，正常停靠 40 多艘。在东侧高水河的西岸修建简易码头、150 米左右水泥便道，可以停靠渔船 20 余艘。在迁移闲船的同时，对永寿坊至盐邵船闸西侧沿河 800 米左右河堤上违章构筑物进行了拆除并清理杂物，修补河堤。在米厂码头下方利用原有平台增高后建设了休闲观水小广场。原河堤道路扩宽至 7 米，铺设沥青道路，并在道路两侧栽种绿化苗木。米厂巷道相应拓宽并铺设水泥道路。改造河堤上公厕 1 座。将原老街四角楼处六角亭移至盐邵船闸西入口处，成为观河亭。镇区北部河堤面貌得到极大改观。

历史街区三线落地 1990 年整修时，保留横铺条石，用混凝土更换两侧纵铺条石。2013 年，大运河遗产验收，中大街、南大街及主要巷道实施三线落地、排水沟整修工程，重铺纵向条石，余部青砖立铺，并增设消防栓。主要内容有拆除原有电杆、电线，铺设强弱电管道及线路，将强弱电重新分接各户；拆除自来水厂原有水泥输水管道，铺设直径 20 厘米的 PE 给水管道，并分接到户；对条石下的排水沟进行疏通整修；将条石路面横向条石原起原落，更换破损条石，纵向条石用新购黄秀岩条石加铺，余部用青砖立铺；加装消防管道及消防栓，消防栓间距约 90 米，计 11 个。

甘棠路立面改造工程 甘棠路又名中心大街。为与古镇风貌相协调，于 2013 年 7 月启动仿古立面改造工程，投资约 2000 万元，由扬州意匠轩园林古建筑营造股份有限公司设计施工。施工范围为西至美食街东侧公交车站，东至东菜场，同时对淮江路邵伯桥向北一段延伸施工，总长约 1500 米。主要有沿街建筑立面粉青灰色涂料或仿青砖贴面、沿街挂落、屋檐盖瓦、整理线路、统一制作店牌店招等。

老淮江、邵乔路立面改造工程 老淮江公路，即穿境省道 S237，邵乔路为邵伯通丁伙乔墅道路。2012 年前后进行拓宽改造。两路段施工范围为北至邵伯桥南，南至油田运输，东至马荡桥。2015 年实施立面改造，投资约 400 万元，由江苏江都古典园林建设有限公司施工，主要有沿街立面涂料出新、沿街挂落、屋檐盖瓦、统一制作店牌店招等。

新建仿古美食街 原有的龙虾餐馆多在邵伯西菜场，原邵伯中学校门对面，地势低洼，环境较差。为了改善龙虾餐馆的环境，促进龙虾产业发展，镇政府决定修建美食龙虾一条街。于 2002 年下半年启动甘棠路西端的拆迁工作，拆除老典当行（血防站）、老法庭、车站饭店、轮埠旅社、钣金厂等。由上海谛基投资管理有限公司和镇政府共同投资，建设房屋为 2 ～ 3 层仿明清建筑，总投资约 4500 万元。2003 年年底基本建成。至 2016 年，有 30 多家龙虾餐馆入驻营业。现已成为邵伯龙虾制作、销售、品尝集中地，又被称为美食龙虾街。

仿古美食街

运河廉文化传承馆

落成运河廉文化传承馆 2014年拆除倒塌民房、老供销社公房等，在巡检司西侧修建运河廉文化传承馆。共建三进仿古房院，占地面积650平方米，建筑面积约520平方米，投入资金400余万元，东向开门，由区纪委、区监察局筹资，以廉政为主题进行布展。由苏州和氏设计营造股份有限公司设计施工。该馆以“大运河一脉相牵，廉文化融汇古今”为布展思路，挖掘大运河沿线城市廉文化和江都、邵伯的清官廉吏、仁人志士的勤廉事迹分区布展，分为启廉台、思廉院、正廉堂、尚廉阁、承廉楼、清风院，布展费用240余万元，馆名“运河廉文化传承馆”为中国书法家协会原理事、江苏省文联原副主席赵绪成所书。2015年5月10日建成开馆，11日举办开馆仪式。

古建筑维修

进入20世纪以来，邵伯镇政府和民间组织拉开古寺庙的复建序幕。2014年起，邵伯镇政府又对四角楼周边房屋进行整修改造。由扬州意匠轩园林古建筑营造股份有限公司承建。至2016年完成的主要工程有四角楼之西南角楼、邵伯巡检司署、老商会楼、老许家茶炉（王树本宅对面）、杂货铺（又名裔氏盐商住宅，位于竹巷口与中大街交叉口西南角）、董恂读书处等历史建筑，新建运河廉文化传承馆。

梵行寺复建 梵行寺初建于东晋宁康三年（375），又称西寺。1958年兴建邵伯一号船闸时拆除。2003年3月，印如法师筹款、佛教信众捐资以18.03万元从邵伯物资公司购买位于历史街区南侧、南塘河北岸、南塘桥西的土地，面积5560平方米，筹建梵行寺。2004年3月12日，大雄宝殿破土动工。大雄宝殿为重山重檐仿清格局。因地势较低，底层架空3.8米，作为念佛堂。大殿总高21.6米、宽度29米、进深18米，主体造价300万元，2007年夏完工。大殿内供奉三佛二弟子和十八罗汉。大雄宝殿竣工前又筹建面积500平方米斋堂，位于大殿东南，沿河而建，框架两层，底层作厨房和斋堂，二层作会议室、档案室。2007年年底完工，总造价74万余元。2009年4月，在大殿东侧筹建僧人住房，为砖砌混凝土三层，面积641.6平方米，每层6间，配有洗漱间，造价107万余元。2009年秋，东配殿开工，上下两层，框架结构，面积610平方米，每层2个殿，分别供文殊菩萨、莲花观音菩萨、送子观音菩萨、伽蓝菩萨，主体造价128万余元。2010年，东配殿完工时，开建西配殿，也为混凝土浇筑框架两层，造价135.6万元，一层供奉地藏菩萨、普贤菩萨，二层供奉自在观音菩萨、财神菩萨。2011年年初，在大雄宝殿南侧开建天王殿，框架结构，建筑面积148平方米，造价近50万元。2016年9月18日，迎请纯铜双面观音菩萨像，铜像净高9.9米、莲花座高2米，总重35吨，造价420万元，位于大殿西南侧。

梵行寺（2016 年）

华氏宗祠复建 华氏宗祠位于邵伯镇北祥社区（昭关境内），是苏北地区较少见的宗祠古迹。1996 年出版的《江都县志》记载，“华氏宗祠”初建于清乾隆九年（1744），由于年久失修，房屋、院墙等多处残破。2002 年，华氏后人华桂定请江都市文物部门人员到场鉴定，认为有保护修缮价值。后由华彪、华玉松、尤志翔等华氏后人及乡贤筹集资金 20 多万元，在原址上按原貌重建修复，经上级有关部门批准宗祠列入江都市第二批文物保护单位。

宗祠前后两进，中间天井，厅房硬山区面阔 10.8 米，进深九檩 7.6 米，前进祭祖，每年清明节说唱“六书”，热闹非凡。后进供奉先祖牌位。至今保存着“华氏宗祠”石门额，上款“乾隆甲子仲春榖旦立”，下款“阖族公建”。光绪二年（1876）立“旌表孝子华传福坊”石匾额，长 1.83 米、宽 0.46 米，刻有户部尚书、礼部尚书、两江总督、江苏巡抚、提督学政、江宁布政使司、扬州知府、甘泉知县、高邮知州、学正等官员名单。厅内抱柱上有“华荣苞茂德被百世，源洁流清俎豆千秋”的楹联。有白矾石质“圣旨”龙纹刻石一方。大门两旁有石鼓一对。院内有一棵银杏树，已有 250 多年的树龄，至今仍苍翠茂盛。

华氏宗祠

邵伯巡检司署翻建　2014 年，将原有低矮房屋及院墙拆除，原地翻建门厅、大堂、起居室三进房屋，占地 500 平方米左右，建筑面积约 300 平方米，投入资金 230 余万元。2016 年 9 月，由区委政法委结合巡检司内容布展为法治文化传承馆，投入经费 100 余万元。巡检司门前有树龄 700 余年的甘棠树，大门左右两侧分别为设备总控室和保安室，后依次为礼法院、循吏堂、留忆苑、启明堂等展区。门头“邵伯巡检司”为中国书法篆刻研究所所长朱天曙所书。2016 年 11 月建成并对外开放。

竹巷口一大马头片区整修改造　中大街的竹巷口至大马头段多为破旧、倒塌房屋，尤其是街道东侧。2014 年，由文化旅游产业园收购、搬迁后，对楼房进行立面改造，拆除破旧、倒塌房屋，并重新规划整修，恢复沿街店铺格局。对房屋后部进行整理，修建

巡检司建筑群

成五联排仿古民居及独立两进房院，占地 1900 平方米，建筑面积约 1360 平方米，投入资金 750 万元。对老商会楼、老许家茶炉（王树本宅对面）、杂货铺（位于竹巷口与中大街交叉口西南角、裔氏盐商住宅）3 栋建筑进行整修，可用木结构保留，砖结构重砌。恢复重建四角楼西南角的三开间两层小楼，原有六角亭移至镇北运河大堤、盐邵船闸的西端。大马头至巡检司、竹巷口码头至谢公祠等片区房屋进行立面改造、门窗整修或更换，水泥墙面用青灰色涂料粉刷，底部青砖贴面。

董恂读书处整修翻建 董恂读书处位于南大街 143 号、大会堂西门对面，坐西朝东。2016 年年底前，先后完成房屋腾让补偿手续并着手整修翻建。其间，范氏后人范联辉将家传百年大床无偿捐赠给政府。2017 年 1 月对省级文保单位董恂读书处进行修缮。

董恂读书处

工程由扬州意匠轩园林古建筑营造股份有限公司负责建筑施工，修缮资金400余万元，占地约900平方米，建筑面积约670平方米。整修时，使用原有石础、木扇门窗、梁椽等，对损坏部件进行更换。原有鸳鸯厅、大门砖雕、卧室等原样修复。鸳鸯厅房梁粗大，梁有雕花，大门上方有精美砖雕。拆除现代翻建的建筑，改为仿古建筑。整建了后花园，新建四角亭、假山、水池等，保留园中古井，井圈石材为火山石。形成两排三进的格局。

污水处理工程　2010年起，邵伯镇人民政府建设污水处理厂及配套管网。污水处理厂位于马荡村夏庄组，由江苏碧溪水务以建设—经营—转让方式承建厂区部分，设计规模为日处理量6000吨，采用厌氧—缺氧—好氧生物脱氮除磷工艺。2011年5月正式投入使用，平均日处理能力为4500吨，出水水质达到一级A类标准。截至2016年，共建成污水管网18.9千米，提升泵站2座、排涝泵站1座，累计投入2774万元。

兵事遗址

中国共产党领导人民武装在邵伯境内建立抗日根据地后，坚持抗日斗争，曾从日军手中解放邵伯镇。邵伯曾发生多次战斗，比较大的战斗有昭关坝阻击战、邵仙公路伏击战、华中野战军攻克邵伯等。解放战争时期，闻名全国的邵伯保卫战，系苏中七战七捷中的第六战；邵伯人民积极支援前线，竭尽全力为战斗胜利贡献力量。邵伯保卫战烈士陵园是扬州市爱国主义教育基地。

抗日斗争

昭关坝阻击战　1937年年底，日军占领扬州、仙女庙、邵伯一线。1938年6月3日，驻扬州日军川井部队纠合驻邵伯日军共500余人向昭关坝进犯。国民革命军111师师长常恩多率一个团驻守，并在昭关坝前设鹿砦、埋地雷，沿河堤水面布置石头和木桩，防止敌汽艇登陆，又拆除横跨坝口的石桥。敌军炮火轰炸露筋、永安、真武庙等地，接着，从正面以坦克及骑兵进行冲击，在左侧抢搭浮桥。双方形成对峙僵局。当地青年孙伟策，自告奋勇带领2名抗日守军，携带机枪，到运河西堤，向日军后方扫射，给敌人以重大威胁。战斗一直到傍晚，日军伤亡重大。

昭关坝阻击战战场新貌（2012年）

1938年8月17日晚至18日晨，日军再袭昭关坝，国民党守军阻击失利。11月1日，日机轰炸昭关坝及高邮中市口，邵伯日伪军乘汽艇向昭关坝进犯。昭关坝守军及陈文部复元湖大队分别阻截，陈文部徐三元便衣队迅即袭击扬州大汪边日军本部和驻邵伯日军司令部，逼使日军撤退。

1939年3月9日，日军小川联队从扬州出发，分两路再次进犯昭关坝。一路从正面进攻昭关坝，另一路日伪军260余人自黄珏镇分乘汽艇过邵伯湖，在露筋南龙王庙登陆。昭关坝守军奋力反击，打退敌人多次进攻，双方伤亡惨重。由于日伪军南北夹击，昭关坝守军失利，于10日撤退。

昭关坝战斗有效阻滞日军对高邮、宝应等地的进犯和占领。

邵伯锄奸 1937年，日军占领邵伯，日军、伪军、汉奸、特务不时下乡骚扰。1943年6月，江都县公安局经过周密部署，锄奸行动组成员秘密进入邵伯镇，诱出伪第七区区长金涤尘，在半路将其就地处决。同年秋，陈刚峰等锄奸行动组一行5人进入邵伯，诱出邵伯特工组长李玉泉，将其逮捕归案。

邵仙公路伏击战 1943年3月，中共江都县委从丁伙区划出6个乡，与大运河西岸的芒稻、太安、自在3个乡联合成立仙北办事处。丁伙区的民兵在区队长万国林率领下，配合仙北办事处的武工队在邵仙公路一带活动。他们经常深入仙女庙、邵伯敌伪据点附近打击敌人。

邵仙公路是扬州通向高邮以北的重要交通线，日伪军车辆往来频繁。1944年10月，丁伙区队9名民兵在万国林的率领下伏击日伪军的2辆军车。民兵用轻机枪打破军车的轮胎，日伪军下车后分两路与民兵交火。民兵们英勇杀敌，生俘团副以下伪军7名，伤敌3名。缴获掷弹筒1个、枪1支、皮箱1只（内有伪币二万三千多元）。民兵火速烧毁军车，将俘虏及战利品当晚送到江都独立团，区队受到团部嘉奖。

华中野战军攻克邵伯 1945年8月，日本投降后，盘踞在邵伯、高邮的日伪军负隅顽抗，拒不缴械投降。江（江都）高（高邮）战役发动，邵伯战斗是此战役的首战。12月19日，华中野战军第7纵队在司令员粟裕指挥下，打响解放邵伯的战斗。

盘踞在邵伯镇的日伪军大部分龟缩在万寿宫和河西导淮（导淮工程处的简称）据点。驻邵伯的敌军，有日本侵略者左田中队160余人，伪军赵军山一个团500余人、张天峙一个团600余人，伪警察中队200余人，共1500余人。

20日中午，华中野战军第7纵队集中火力，从东、西、北三面进攻。在第7纵队的强大攻势下，一部分日伪军向南突围，企图向仙女庙方向逃窜，至镇南开阔地带被歼灭。天黑以后，伪军已被全部消灭。至半夜时分，大部分日军被消灭，余下的零星日军趁夜沿运河向仙女庙、扬州方向逃窜，至六闸被全歼。邵伯一战，击毙日军中队长以下110余人、伪军100余人，俘日军40余人、伪军550余人，切断了高邮日伪军南逃的退路。

解放战争时期的武装斗争

邵伯阻击战 1946年1月9日，国民党军第25军集中108师和40师各一部，向邵伯进犯。华中野战军第7纵队59团2营守卫六闸运河大堤及西寺，1营守卫南圈门及洋桥一线，3营守卫镇北运河河堤及团部。

9日下午，国民党军队猛攻六闸5连阵地，一部分军队从邵伯湖进至运河西岸迂回至5连阵地侧后方。5连阵地遭两面夹击，奉命后撤。国民党军队继续向4连、6连阵地逼近，守卫战士英勇反击，数次击退国民党军队的进攻。

10日，国民党军队向洋桥方向进攻，强架浮桥，驱敢死队潜水泅渡。1营守卫战士击退敌人多次进攻，激战一日后，弹药殆尽，团指挥部竭力支援，指战员死守阵地。至13日凌晨，双方奉命停战。

邵伯保卫战

1946年8月23日，拥有日式、美式装备的国民党整编第25师从仙女庙、宜陵沿运河北犯。华中野战军第10纵队和华中第二军分区4团、5团参加保卫邵伯的战斗。指挥所设在邵伯镇一家裁缝店里。第10纵队副司令员常玉清指挥作战。23日、24日，国民党军队的连续猛攻均被打退。25日，国民党军队全力猛攻，激战竟日，再次被打退，并被缴获炮艇2艘。26日，师长黄百韬督战，国民党军队在飞机掩护下，再次向邵伯发动猛攻，占领大王庙。常玉清立即命令向敌军反击，经过数小时的肉搏拼刺，夺回阵地。

直至黄昏，国民党军队伤亡2000余人，全线撤退，邵伯保卫战取得胜利。前后4天的邵伯保卫战，是苏中七战七捷中的第六战。邵伯保卫战有三个主要战场：镇南运河大堤、洋桥、西寺大王庙。

镇南运河大堤上的战斗 1946年，国民党军队沿运河北上，大堤成为保卫战的主阵地。华中野战军从镇南的六闸沿运河河堤向北挖壕沟，绵延数千米，遇房屋穿墙而过，堤上设有暗堡、堡垒群，堡前挖掘投弹壕与地堡相连，河堤上筑有3个钢轨盖顶的大地堡，东西两侧各建1个小地堡，与西堤、南圈门构成交叉火力，时刻准备迎击敌人。沿运河国民党军队先与六闸2营前哨交上火，又向5连发起多次猛攻，企图攻占前沿阵地。5连战士士气高昂，因地形有利，又有工事依托，国民党军队屡被击退，形成对峙局面。第二天拂晓，在密集火力掩护下，国民党军队数次向5连发起猛攻，沿运堤两侧推进，紧卡5连不放。在3连、4连的火力支援下，5连顽强扼守阵地，并一度将被国民党军队抢占的暗堡夺回。第三天，国民党军队调动战斗机、轰炸机，向主阵地轮番扫射，投下重磅炸弹，甚至还出动海军配合，从早到晚使用各兵种不断进攻。5连在4连及1营、3营部队支援下，沉着应战，不仅从国民党军队手中夺回母堡、子堡，还数次展开肉搏拼刺，使敌人闻风丧胆。5连连长吴正富光荣牺牲。

洋桥阵地的战斗 洋桥，即淮江公路上的邵伯桥。桥下的盐邵河向东北流至杨庄、真武庙，河宽水深。1946年洋桥已被破坏，木质桥面已毁，只剩下几根桥桩。阵地分南、北两部分，双方均构筑坚固的工事，8月23日，国民党军队疯狂向洋桥南坝进犯，89团团部命令3营7连加强河北面阵地的防守。国民党军队先用炮火攻击，再用机枪、步枪扫射，然后用民船强渡（每船一个排兵力）。当船只出现时，华中野战军部队集中火力猛射，国民党军队数次组织强渡，均遭重创。第二天，国民党军队重新组织力量强渡，连续不断地向北岸猛扑。7连、9连和1营以河流为屏障，顽强抵抗，与上岸的敌军白刃格斗，保住河北面阵地。

西寺大王庙争夺战 国民党军队从水上向邵伯方向进攻，除运河大堤及洋桥一线外，就是镇北昭关坝和西寺大王庙。国民党军队23日在昭关坝失利后，24日就直插西寺大王庙6连阵地，火力极猛，强行上岸。华中野战军顽强应对强攻。25日，国民党军队出动飞机配合，再次组织强行登陆。利用多条民船，前后相连，船头垒起掩体，作机枪、步枪发射依托，每船满员，并有"督战队"。这支突击队由炮艇作为动力牵引，在前面开路，从6连西南方向沿河而下，华中野战军给予强力打击，全歼敌军，国民党军队放弃对 6 连阵地的进攻。

民众支前　邵伯保卫战期间正值高温酷暑天气。邵伯市政府市长李文瑾（原名杨祖彤）组织一支 40 多人的支前队伍，积极筹集木料、构筑工事，组织担架队，救护伤员，运送作战物资，给予部队有力支持。洋桥所在地的公路村是保卫战的前沿阵地之一。为坚守阵地，阻击河对面的敌人，华中野战军第 10 纵队 4 团战士在孙庄的东岳庙到洋桥口沿河一里多长的前沿阵地挖 1 条一人多深、2 米宽的地壕，其间，筑有多座碉堡，急需木料盖顶。战士们正在为难之际，农民刘鹤才回家卸下一对大门和一对房门，扛到前沿阵地。在刘鹤才的影响下，周围群众纷纷献出门板和木料，多座碉堡迅速筑好，这些碉堡在洋桥战斗中发挥了重要作用。

六闸阵地处于运河大堤南端，离镇区较远，沿途无掩体可挡，加之敌人狂轰滥炸，运送给养十分困难。当地政府把这一支前任务交给铁业工会。工会会长周长春带领姜宝昌、姬绍仪等 10 多人组成的支前小组，冒着敌人密集的炮火，通过交通壕沟，不分昼夜向前沿阵地运子弹、送茶水和食物、抬担架，以最快的速度把伤员送到镇北前方医院抢救。支前小组时常在下半夜摸黑到前线把牺牲战士的遗体用担架抬到镇北火星庙河口的木船上，运到后方安葬。邵伯保卫战持续 4 天 4 夜，周长春带领的支前小组也坚持 4 天 4 夜。

六闸战场旧址（2014 年）

红色遗址

邵伯保卫战烈士陵园　原址在邵伯中学（现为邵伯小学）体育场。邵伯保卫战烈士陵园是扬州市爱国主义教育基地。1986 年，为纪念邵伯保卫战胜利 40 周年，对烈士陵园进行迁址重建。大王庙曾是邵伯保卫战的重要战场之一，是红色历史的见证。邵伯保卫战烈士陵园在原邵伯大王庙遗址上改建而成，园区占地约 12 亩，北至水厂，南至南塘，西临高水河，东邻明清大运河故道。1996 年邵伯保卫战 50 周年时，对烈士陵园进行大修。

园区入口面西，门口矗立白矾石高大牌坊。牌坊由四根长方形立柱和横立面组成，中间宽度大，两侧有小门。横立面中间题写“邵伯保卫战烈士陵园”金色大字。进入牌

邵伯保卫战烈士陵园牌坊

邵伯保卫战烈士纪念碑

楼右转为院墙，进入院门，两侧翠柏林立。一条通道尽头便看到高高耸立的六角形烈士纪念碑，碑的三面有“邵伯保卫战革命烈士永垂不朽”题词。碑高16.3米，宽4米，基座高2米多，设有台阶，四周绿岛环绕。基座正面是江都县人民政府撰写的石刻碑文，其余三面刻有邵伯保卫战部分战场的浮雕。碑后有烈士墓，安放着1000多名在邵伯保卫战中牺牲烈士的遗骸，四周苍松相伴。墓区西侧有二层小楼，楼后为接待、办公所用房间。再向西，是大王庙大殿，大殿的西山墙上至今还留有弹孔。现在作为邵伯保卫战纪念馆，陈列与战役相关的图片、文字以及部分战士的遗物。

中共邵伯特别支部旧址 1928年冬，在后东街毛家巷毛家书房建立中共邵伯特别支部。书房旧址在今低压电器厂内。1991年1月，中共江都县委、县政府立碑纪念。

邵伯保卫战指挥部旧址 指挥部旧址设在南后街秦保元家，前后两进屋，东通玉带河，西过大街绕关帝庙达西寺，南临南塘。1991年1月，中共江都县委、县政府立碑纪念。

附：邵伯革命斗争大事（1919—1949）

1919年6月中旬，邵伯镇人民在五四爱国运动的影响下，全镇罢市。

1925年，邵伯相继成立抗日救国会、乙丑读书会、抵制日货锄奸团，开展反帝爱国运动。

1926年，上海复旦大学邵伯籍学生王春生暑假回邵伯，开展共产党的宣传活动。

1927年4月，国民党江都县邵伯第二区党组织解散。

1928年冬，中国共产党邵伯特别支部秘密成立，书记许佛心，隶属中共扬州特委。活动地点天主教堂（今南大街82号）和毛家书房（今红旗路）。

1937年12月19日，邵伯镇沦陷，日军大肆烧杀、淫掠。

1941年12月，新四军1师12团第3营进入邵伯、丁伙、真武地区，开辟抗日根据地。

1942年春，中共孙桥乡支部成立，隶属中共丁伙区委。是年，建立孙桥乡、湖浜西乡抗日民主政权，两乡还建立民兵武装基干队。后孙桥乡民兵基干队上升为丁伙区队。孙桥乡成立农民抗日联合会、青年抗日救国会、妇女抗日联合会。

1943 年春，水西乡建立抗日民主政权，杜桂林任乡长。同时建立民兵组织。孙桥乡、湖浜西乡开展参军运动，40 多名青年参加县、区抗日武装和新四军主力部队。3 月，建立中共水西乡支部，隶属中共仙北办事处，乡农抗会、青抗会亦相继成立。

1944 年 1 月 7 日，永桥乡民兵配合真武区游击队火烧北圈门奶奶庙伪军据点。20 日，邵伯百余名日伪军下乡“扫荡”，上午到乔墅，下午到丁伙，又分三路向抗日武装江都独立团驻地进犯，遭伏击，死伤 10 余人，溃逃至邵伯。10 月 4 日，伪军第 94 团部分官兵带领日军到邵伯请求增援樊川，在邵（伯）仙（女庙）公路遭丁伙区队民兵伏击，民兵生俘伪军 7 人，打伤 3 人，烧毁汽车 2 辆，民兵无一伤亡。是年，建立两渡乡抗日民主政府，陈长钧任乡长。

1945 年 7 月 1 日，万国林在邵仙公路生俘伪军副官胡道生，缴获军事地图和重要情报，破坏日军“扫荡”计划。9 月 2 日，孙桥乡民兵夜至邵仙公路，砍割电话线杆，破坏日军通信。23 日，江都县民主政府新建邵伯区。邵伯区辖境为仙女庙通扬运河以北，大运河以东，邵伯至乔墅一线以南，河西、桑墅一线以西 11 个乡。11 月，驻邵伯伪军 15 人先后于 7 日、9 日、29 日携枪到解放区投诚。

1946 年 1 月 1 日晚，邵伯镇军民在东岳庙举行庆祝元旦联欢会，军民团拜。9—13 日，国民党第 25 师、108 师、40 师分三路进犯邵伯。华中野战军顽强阻击，激战至 13 日国共停战协定生效，国民党军队退回扬州。6 月，中共江都县委秘密工作部派遣杨政、何仁杰驻邵伯，分别以开五洋店为掩护，从事地下工作，与县委、市委单线联系。

1947 年 4 月，第二军分区主力一个团和高邮行动大队等，挺进江都，收复小纪、樊川两镇后，敌军一片惊慌，国民党统治的邵伯镇区公所人员闻风逃回扬州。

1948 年 5 月，江都县民主政府为收复全县阵地，建立邵伯区，薛德生任区长。17 日，江都独立团袭击孙桥国民党自卫队，击毙第二大队中校大队长周云山，俘 30 余人，缴获驳壳枪 1 支、步枪 8 支和全部文件。6 月，中共华中二地委社会部在国民党占领的邵伯建立 2 个地下交通站：一处设在一家铁匠店，交通员陆素娴；一处设在邵伯银行，交通员高重庆（未启用）。10 月 12 日，永桥乡民兵配合区队逮捕国民党五乡联防主任万金林。

1949 年 1 月 21 日，江都独立团解放邵伯。中共邵伯区委、区政府机关随后进镇。2 月，邵伯镇政府征集大船 15 艘，支持人民解放军渡江训练。4 月，邵伯至陈家沟设临时汽渡，支援人民解放军运输物资和过境部队。中共江都县委副书记吴泰率中共江都县委工作队到宝公乡开展反霸斗争。10 月 1 日，邵伯区暨邵伯镇各界人士于万寿宫广场集会，热烈庆祝中华人民共和国成立。

邵伯运河生态公园

旅游开发

邵伯镇旅游资源丰厚，素以“古、水、文、食”闻名。2008年4月，邵伯镇被环境保护部授予第七批“全国环境优美乡镇”称号。同年10月，被住房和城乡建设部批准为第四批“中国历史文化名镇”。2014年6月，中国大运河被列入世界文化遗产名录，邵伯古堤、邵伯码头、邵伯明清大运河故道和淮扬运河主线（江都段）四个点段列入大运河遗产名录。

拥有丰厚资源的邵伯镇加快旅游开发步伐，以邵伯湖为依托建设旅游度假区；以运河为资源，建设生态公园；利用渌洋、艾菱湿地的优势，建设生态保护区和农业观光示范区。完善配套相关旅游服务设施，运河风情旅游小镇已经初具规模。

景区景点

邵伯湖旅游度假区 邵伯湖旅游度假区始建于邵伯船闸西侧。2001 年，邵伯镇党委、政府成立旅游开发办公室、扬州市邵伯湖旅游开发有限公司，负责旅游开发建设工作，并建设西堤小木屋、京江邵伯湖度假村等一批旅游景点及配套设施。先后引入京江大酒店邵伯分店，建有垂钓鱼塘等，与邵伯船闸、邵伯运河管理所等单位共建十数栋小木屋作为游客休憩场所，还有射箭靶场、孔雀园等。2003 年，邵伯湖旅游度假区获批国家 AA 级旅游景区。2008 年因邵伯船闸扩建 3 号船闸，将所有旅游设施全部拆除。2014 年 1 月，区委、区政府在邵伯成立江都区文化旅游产业园，重新规划邵伯湖旅游度假区，并上报扬州市人民政府批准。总规划面积 17.53 平方千米，东至老淮江公路，西至邵伯湖邵伯界，南至邵伯镇 5 号路，北至卢家嘴北侧。主要围绕运河古镇休闲主题，突出“河、湖、镇”三位一体特色，打造集运河游览、古镇观光、时尚休闲、养生度假、文化创意等功能为一体的扬州市级旅游度假区。至 2016 年 12 月，在建的有运河生态公园、大运河遗产区、部分历史街区和邵伯船闸 4 个片区。

邵伯船闸

邵伯船闸历史久远。从最早过船的邵伯埭，唐、宋单斗门、双斗门、三门两室船闸，到民国邵伯船闸。其中，宋代的邵伯船闸与世界之最的西河船闸创建于同一时期。后因河道变迁、水利工程建设而湮失。民国邵伯船闸（小船闸）位于里运河邵伯大王庙西侧，建于 1934 年，是苏北运河段第一批兴建的新式船闸之一，现仍有遗迹留存。该闸上接里运河，下至六闸到邵伯湖，经湾头入大运河航道。

邵伯船闸（小船闸）调尾工程 1963 年，邵伯一线船闸建成后，因江都水利枢纽抽水机站向北送水，经过高水河（北段利用邵仙河），需在邵伯一线船闸与小船闸之间切口进入里运河。邵仙河和小船闸下游河床均需筑坝，原有下游通航河道改称高水河。为

此，将小船闸改道调尾，与里下河通航，接通盐邵河航道。调尾工程于1963年4月开工，主要项目有新建邵伯南塘桥、节制闸下游滚水坝，筑里运河北坝、黑鱼塘坝、东堤切口和南塘切口。由于塘身淤厚，先后抛石压脚800余立方米，出现3次滑坡，3次增做平台，直至台宽达30～50米时才稳固，实做土方33.3万立方米。1965年3月底全部竣工。调尾工程完成后，小船闸继续发挥通航效能，为里下河地区客货运输提供有利条件。

邵伯船闸（小船闸）拆除工程　1978年12月，为适应高水河向北送水扩大流量需要，实施邵伯段双河送水工程。因小船闸与一线船闸之间过水段面狭小，影响向北送水流量，省水利厅决定拆除原有小船闸，扩大过水段面。工程由扬州水利工程队负责施工，将船闸上下闸门和西侧闸室墙及钢板桩大部分拆除。1979年，拆除工程完工，仅存上下闸首两侧闸基（北闸首为邵伯航道管理处，南闸首为邵伯六闸水文站新建办公室用

邵伯船闸赋碑廊

邵伯船闸风光（2000年）

民国邵伯船闸旧址

房基础），从此，通向里下河地区的航道被切断。1976 年，由省水利部门投资，在邵伯镇北新建盐邵船闸，承担沟通里运河与里下河通航任务。

民国邵伯船闸从 1936 年建成通航，至 1979 年拆除报废，历时 43 年。

2008 年 11 月，新建 3 号船闸，闸长 260 米、宽 23 米，单船最大可通过 2000 吨级，2011 年 12 月 28 日首次通航。3 号船闸的建成，提高了邵伯船闸整体通货量，减少了船只过闸等待时间。为适应车辆、人员通行需求，2009 年 4 月建设新的船闸大桥，主桥桥长 576.18 米，全宽 8.5 米，净宽 7.5 米，由东向西另建 3 座引桥，分别通往高水河西堤、船闸管理所和邵伯湖东堤，引桥长分别为 120.12 米、227.56 米、103.42 米，极大方便了进出船闸的船民、渔民、游客和工程建设车辆。2011 年 5 月大桥完工。新桥建成后，原有一车宽的窄桥被拆除。至 2016 年，邵伯船闸建有 3 座大型现代化船闸，其中 1 号闸建成于 1962 年 1 月，2 号闸建成于 1987 年 12 月，3 号船闸建成于 2011 年 12 月。2016 年，邵伯船闸总通货量达 2.83 亿吨。2016 年，根据《大运河扬州段世界文化遗产保护办法》，对邵伯船闸、邵伯航道管理所职工宿舍楼进行仿古改造，对高水河与 1 号船闸之间的引堤进行整理、绿化，拆除堤上建筑物。邵伯船闸气势雄伟、环境优美，成为游客了解船闸运行、船只过闸原理的科普基地，是俯观大运河的佳地和市民至湖边健身漫步的主要通道。

节制闸　位于邵伯船闸拦河北坝，斗野园东侧。1952 年 10 月 5 日施工，1953 年 5 月 10 日竣工。原为京杭大运河与邵仙引河衔接处，现为高水河与盐邵河的交汇处。邵

邵伯节制闸

伯闸作为灌溉南干渠（利用邵伯运河故道与通扬运河相连）渠首工程，为邵仙引河东岸、江都通北高地提供灌溉水源，并为老通扬运河提供灌溉水源、通航用水。1965 年，江都水利枢纽兴建后，节制闸下游调向里下河，通过南塘河接盐邵河。当里下河需水时，可提供灌溉、航运用水。该闸共 2 孔，每孔净宽 5.0 米，采用弧形钢闸门，配备德国制造卷扬式启闭机。

由于调向后工程设计最大水位差由原来的 6.0 米（闸上水位 9.0 米，闸下水位 3.0 米）增大到 8.0 米（闸上水位 9.0 米，闸下水位 1.0 米），为保证工程安全，1964 年江苏省水利厅批准在邵伯节制闸下方 300 米处，即邵伯烈士陵园下方，建设滚水坝，以抬高闸下水位，保证建筑物安全。2010 年 8 月，江苏省水利厅组织对该闸进行安全鉴定，评定为四类水闸。2012 年 7 月，实施邵伯节制闸加固改造工程，对建筑立面进行仿古改造，更换钢闸门，拓宽桥面，2013 年 8 月完工。改造后，闸孔净宽为 4.0 米，净高为 3.5 米，门叶尺寸取 4.15 米 ×4.12 米（高 × 宽）。门底采用实用堰，门底高程 2.0 米（废黄河零点，下同），堰顶宽度 0.65 米，胸墙底高程 5.5 米，顶高程 9.0 米，公路桥桥面高程 8.8 米，宽度 8 米，工作桥桥面高程 13.8 米，桥面宽 4.0 米。闸门为潜孔式平面钢闸门，共 2 扇。闸孔净宽为 4.0 米，闸孔净高为 3.5 米。闸门自重约为 6.1 吨。在闸下约 300 米处，设有浆砌块石滚水坝 1 座，坝顶高程 3.0 米。

滚水坝成为游客从运河生态公园进入历史街区的便捷通道、观赏明清大运河故道的直观点。2016年，将滚水坝东南侧原水电站（后为民居）拆除，改建为观景亭及观景平台。

戚墅寺　位于邵伯镇红岭村（此村原属昭关镇）。其渊源可追溯至东晋谢安居广陵城筑埭期间所建十二墅，后人为祭祀先贤，十二墅都建成寺庙。元末明初在此建庙，名戚墅庙。后大部分毁于战火，仅存数间破旧殿宇，更名为观音庵。香火旺盛，每逢初一、十五，祈福信徒众多。

原寺有庙堂四进，屋宇六十间。一进山门，殿内两旁立有哼哈二将，进山门内第一进为三大间高殿，中间供奉弥勒造像，两旁塑有四大金刚。第二进为大雄宝殿，中间供奉如来、地藏王、观音等造像，两旁分列十八尊罗汉，殿内终日香烟缭绕，钟磬声声。第三进为藏经楼，两侧各有一排带走廊的厢房，两旁及后面院内花草繁盛，茂林修竹。鼎盛时期寺内有僧众五六十人。

戚墅寺（2016年）

2005年冬开始筹建，更名为戚墅寺。至2016年，建成的寺庙占地面积8667平方米，投入使用的有山门、天王殿、大雄宝殿、观音殿、地藏殿、三圣殿、客堂、寮房和卫生间等设施。资金分别来自真武、滨湖、杨庄、昭关、渌洋5个乡镇的信徒，以及当地企业家和在外经商人员的支持捐助。

运河廉文化传承馆　位于历史街区巡检司西侧。2014年12月启动规划建设，2015年5月10日建成开放。传承馆占地面积650平方米，建筑面积约520平方米，三排两进，主要由启廉台、思廉院、正廉堂、尚廉阁、清风院和承廉楼构成，为仿古建筑。是江都区纪委、区监察局和文旅园、镇政府结合大运河申遗、邵伯历史街区房屋修缮改造工程设计布展的廉政文化教育传承基地。传承馆按照“大运河一线相牵，廉文化融汇古今”的理念设计和布展，将“廉政、勤政”贯穿始终，是江苏省、扬州市、江都区党风廉政教育的重要阵地。

运河廉文化传承馆一角——清风亭

法治文化传承馆

法治文化传承馆 法治文化传承馆，即原址复建的邵伯巡检司，与运河廉文化传承馆同时修建。大门东侧有《重修记》石碑和一株树龄 700 多年的甘棠树。建筑格局为三排两进，由大门、礼法院、循吏堂、留忆苑和启明堂构成。通过展板、实物、塑像、显示屏、场景再现等，介绍展示了中国古代法治思想的变迁、巡检司的沿革、古代官员的考核及江都从古至今的法治名人等。

公园广场

根据 2016 年江苏省委、省政府提出的发展特色小镇战略部署，邵伯镇积极推进打造运河风情特色小镇，先后建设、整修了谢安广场、节制闸、渌洋湖湿地、运河生态公园等旅游景点。

邵伯运河生态公园游客中心

邵伯运河生态公园

邵伯运河生态公园位于镇西南角，东为黑鱼塘、南塘，西为高水河。公园主体依托高水河河堤而建。陆地原为长满杂草、杂树及芦苇的河堤荒坡，有2处破旧的工厂。河塘被承包用于渔业养殖，河边还有几艘用于养殖的废旧捕鱼船、住家船。工程建设先期由文旅园进行拆迁、补偿。2016年3月动工。公园总占地面积360亩，其中水面约180亩，总投资近亿元。实施范围主要包括高水河以东、水利仓库以南、益民河以西、棠湖路以北。根据邵伯历史文化，自北向南分别打造5个文化主题片区：茶花园、荷塘月色、净瓶广场、桃花坞和铁牛湾。

邵伯南塘河

茶花园观景平台

茶花园片区　因北宋文坛名家苏东坡多次驻足邵伯题诗留赋，其中就有一首称赞邵伯运河名寺梵行寺山茶花的诗文《邵伯梵行寺山茶》，诗曰：“山茶相对阿谁栽？细雨无人我独来。说似与君君不会，烂红如火雪中开。”该片区主要有苏东坡雕像、浮雕、休憩廊亭等，浮雕自南向北分别为谢安筑埭治水图、宋七贤斗野亭题诗唱和图、邵伯明清运河商贸繁盛图，并广植茶花，以再现梵行寺茶花胜景。

荷塘月色片区　现代散文家、诗人朱自清 4 ~ 6 岁在邵伯度过。该片区设朱自清坐像 1 尊，在其身后水域栽种荷花，建观荷木栈道 3 条、三开间水榭 1 幢，展现荷塘月色美景。

荷塘月色景区观景水榭

净瓶广场片区 广场形似观音宝瓶状，依地势分为4层。顶层广场面积最大，设置牌坊1座，面向西南，背朝东北，正面横匾“开济江淮”，竖联为“甘雨棠风禹业千秋追太傅，隋舟晋埭清流万里泽燕齐”，由广陵区绿杨诗社成员毛川撰、中国书法家协会会员仇必鳌书。背面横匾为“真水慈云”，竖联为“万顷碧波莲台长沐梵音里，千年史韵功业重开盛世中”，由广陵区绿杨诗社秘书长周冠钧撰、中国书法家协会会员刘世斌书。牌坊与梵行寺、双面观音铜质塑像隔河相对，遥相呼应。片区主要有广场、牌坊、卧石、金香玉竹丛、园木花草等。

江淮通济牌坊广场

桃花坞

桃花坞片区 清代著名剧本《桃花扇》的作者孔尚任曾专程拜访邵伯名士、翰林院编修蒋继轼，留有《邵伯镇访蒋淑瞻，留尝樱笋》一诗：“不寄新诗隔岁年，寻君宅第大湖边。朱樱未见衔山鸟，翠笋才惊迸野田。厨里洗盘谋下酒，柳边系缆待尝鲜。匆匆一饱乡心乱，又过江南四月天。”区内三步一桃、五步一柳，立有蒋翰林、孔尚任及书童雕像，并利用原有桩基建成2幢三层仿古建筑，为游客提供休憩场所。

铁牛湾片区 邵伯镇水铁牛是运河吉祥物的代表，清康熙四十年（1701）铸成，同期还用铁铸造另外八头铁牛，用石头雕刻了两只虎一只鸡，俗称“九牛二虎一只鸡”，

九牛二虎一只鸡

放置在淮河以南、长江以北的运河沿线险工患段处。片区以园路形式勾勒出邵伯铁牛的牛首轮廓，牛的两角处设置亲水平台，两侧放置仿湾头壁虎坝的壁虎，园路上方放置了九头铁牛、一只石雕雄鸡，游客至此即可体验浓厚的运河镇水文化。

邵伯运河生态公园已成为市民和游客了解邵伯、游赏运河及休闲健身的好去处。

谢安广场 位于汇金广场小区南侧，东紧邻老淮江公路。建于 2007 年，初名甘棠广场，总占地 2 万平方米，分为南侧文化长廊区和北侧主广场区，南侧文化长廊区建有石刻浮雕墙及书法碑廊，浮雕由江都工艺设计师陆应勤设计，展现邵伯从古到今重要的历史事件；碑廊为扬州地区及邵伯本土的中国书法家协会会员书写的邵伯诗词书法。文化长廊南面临河，两侧有 2 座休憩小亭。长廊东西向呈弧形。北侧立石，此石原立于广场东头，面对老淮江路，镌有中国书法家协会原副主席邵秉仁书写“甘棠广场”四字。北侧主广场区建有喷泉、谢安石雕像等，建成后成为市民健身休闲、举办大型户外活动的场所。第一次改造升级投入资金约 600 万元。2015 年进行第二次改造升级，投资 1110 万元，对广场喷泉、道路、绿化、亮化等进行升级改造，并增建主广场区 2 条仿古休憩长廊、台阶大理石浮雕、谢安生平石雕等，更名为谢安广场。

谢安广场

渌洋湖湿地　渌洋湖古也称陆阳湖。位于邵伯镇北端，与高邮市接壤。1985 年被扬州市列为第一个生态自然保护区，同年被江都市人民政府划定为鸟类与野生动物自然保护区。保护区以渌洋林场为中心，面积 200 公顷。2016 年有野生动物 120 多种，其中 70 多种鸟类在此越冬过夏，10 多种属于国家级保护鸟类。域内河沟纵横，鱼塘棋布，河水清澈，景色秀丽，水乡风情浓郁。2000 年，渌洋湖被批准为扬州市自然生态保护区，保护区面积 190 公顷。同年，开始规划渌洋湖湿地公园、渌洋湖生态旅游度假村，建设渌洋湖农家乐、生态、休闲观光农业区。渌洋湖乡村风貌保存较好，自然景观浑然天成。2011 年 4 月，渌洋湖被省旅游局批准为四星级乡村旅游区（点）。2012 年渌洋湖生态旅游度假村被评为省特色景观旅游创建示范村。2015 年，在江苏首届网络乡村旅游评选活动中，渌洋湖生态旅游度假村获评江苏最具人气乡村旅游镇村。至 2016 年，渌洋湖总面积 1500 公顷，其中以池杉（树龄 20 ～ 30 年）为主体的耐湿树种林 235 公顷、水域面积 450 公顷、耕地（水稻田）600 公顷、原始湖荡 60 公顷、村庄及集镇 155 公顷。省级湿地保护区——渌洋湖已成为游客观赏水乡湿地、体验乡村农家生活、品味农家菜肴的乡村游景点。

渌洋湖村水上森林

邵伯艾菱湖高效农业示范区 邵伯艾菱湖高效农业示范区主要由艾菱湖生态农庄、扬州鹅养殖基地、高产粮种植基地和清水龙虾养殖基地组成，总面积200多公顷。其中艾菱湖生态农庄、扬州鹅养殖基地、高产粮种植基地隶属于江苏金运农业科技发展有限公司，清水龙虾养殖基地隶属杨氏龙虾产业园。

2008年，邵伯艾菱湖生态农庄利用原艾菱小学场地扩建，总投入资金3800万元，2011年年初基本完工。工程包含栽种绿化苗木、修建道路桥梁、修缮住宿及餐饮酒店、平整垂钓水面等。农庄集垂钓餐饮、休闲娱乐为一体。占地近45公顷，三面环水，可供游客用于垂钓的水面近百亩。设有可供餐饮住宿的菱韵生态酒店，酒店设有独立包厢近20个，另配有大型停车场。

示范区还建有1座养殖场，专门从事扬州大白鹅的规模化养殖，年产出量逾30万只，日常存栏量达5万只，是江苏省内最大的扬州鹅养殖基地。为降污减排，基地兴建大型沼气池，每日将鹅的排泄物收集后，再倒入池内进行发酵，产生沼气，有效避免对周边环境的污染，使废物循环再利用，节约能源。

艾菱湖生态农庄

至 2016 年，清水龙虾养殖基地总面积 133 公顷（含马荡村），是扬州境内最大的清水龙虾集中生产区。

旅游服务

2014 年 1 月，江都区委、区政府在邵伯设立江都区文化旅游产业园。2015 年 12 月，邵伯湖旅游度假区被扬州市政府批准为市级旅游度假区。邵伯镇政府着重打造旅游相关配套服务，科学规划旅游线路，以特色美食为主题举办旅游节庆活动。

邵伯镇游客服务中心

游客服务中心 位于集镇南端高蓬村，紧靠老淮江公路。项目于 2016 年 9 月开工，占地 29 亩，建筑面积近 4500 平方米，房屋基建投入 1283 万元。由接待售票大厅、旅游商品展示销售厅、休息厅等组成，截至 2016 年年底尚未完成内部装修。室外建有大型停车场，可容纳 200 多辆中小型车辆、20 多辆大客车。

宾馆酒店 邵伯为江苏省餐饮名镇，有大小餐饮店 300 余家，宾馆 20 余家。餐饮店较大的有油田紫金饭店、邵伯大酒店、枫乐居大酒店、帝豪大酒店、福满楼酒店等，其中位于历史街区的美食龙虾街集中了数十家龙虾餐饮店。宾馆有油田紫金饭店、格林豪泰酒店（邵伯店）、城际 168 快捷酒店、帝豪大酒店、尚客优酒店等，其中，油田紫金宾馆为三星级宾馆。特色民宿客栈尚在规划建设之中。

旅游线路

2012 年 3 月，启动旅游线路整治、修缮、建设工作。2016 年，开始建设一条集生态休闲、红色记忆、文化体验、科普教育、运河遗产展示和美食品尝于一体的参观线路。

南线 2015 年 12 月，新建镇区南部旅游通道棠湖路。总长 2602 米，总投资 6000 余万元。其中廊桥以东长约 1100 米，路宽 33 米，分为行车道、绿岛、非机动车道、人行步道；廊桥以西长约 1500 米，主体部分路宽 19 米，分为行车道、分离带、步行道。至 2016 年，成为游客进入邵伯镇景区南侧通道。

北线 由老淮江公路与甘棠路十字口左转，进入甘棠路（中心大街）到达斗野园，向西游览邵伯船闸、邵伯湖，向东游览古镇历史街区，向南游览运河遗产区、运河生态公园。

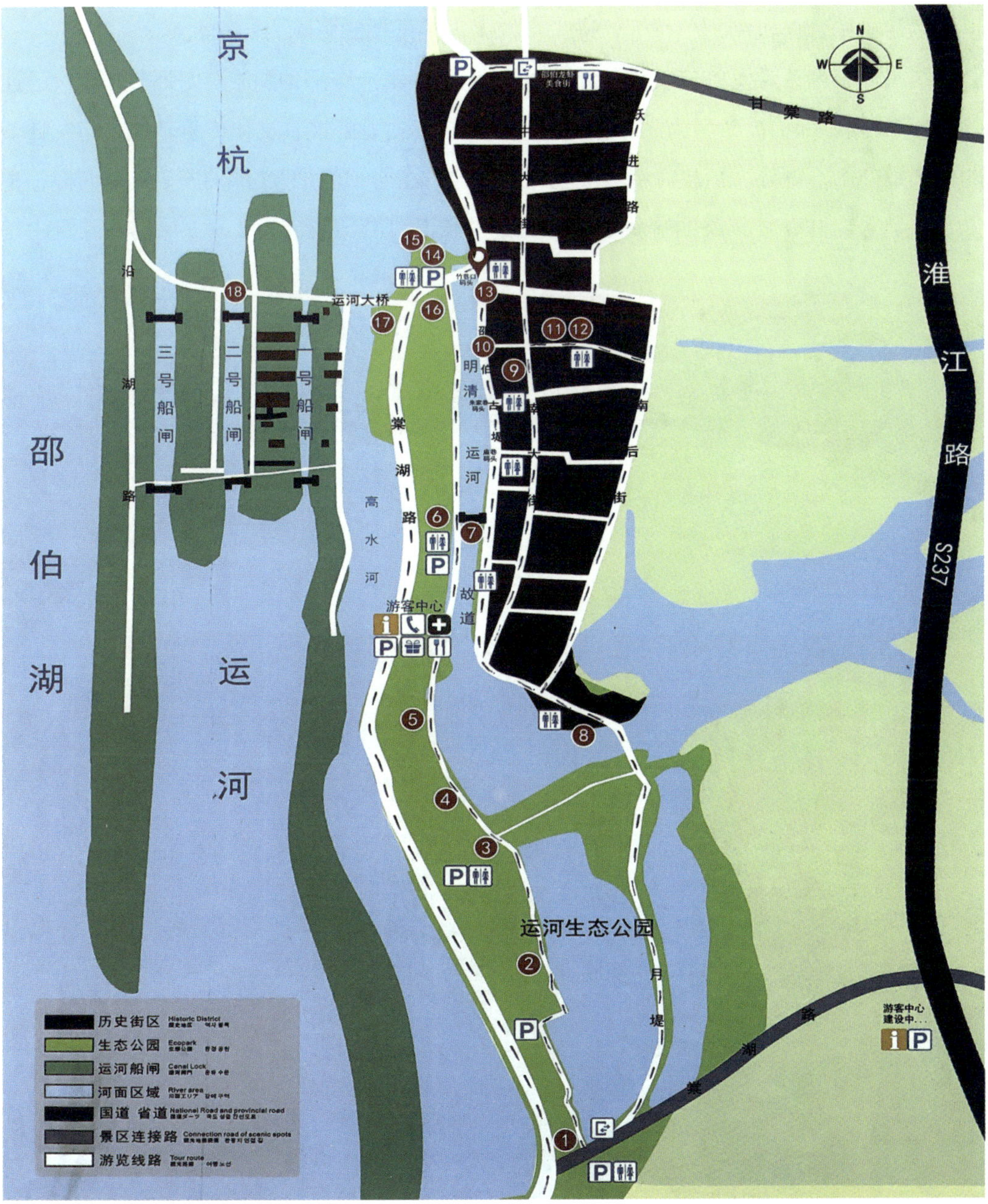

邵伯湖旅游度假区旅游路线图（2018年）

旅游节庆

为丰富旅游内涵，邵伯镇政府、江都区文化旅游产业园先后举办了多种旅游节庆活动。2001 年起，每年举办扬州邵伯湖旅游龙虾节，至 2016 年已成功举办 16 届。2016 年 10 月，举办运动大运河 · 邵伯古镇定向赛。此外，还举办采菱节、踩街活动、WCCO 世界运河古镇合作机制邵伯行等，进一步扩大古镇邵伯的影响力、知名度。

扬州邵伯湖旅游龙虾节 邵伯镇从 2001 年举办第一届邵伯湖旅游龙虾节开始，已连续举办 16 届。邵伯被命名为江苏省餐饮名镇、江苏省龙虾饮食文化传承基地，与龙虾节的持续举办密不可分。镇政府牵头成立龙虾协会，注册“邵伯”“邵伯湖”龙虾商标，举办龙虾节等，并在甘棠路西端新建龙虾美食一条街，沿街店铺为 2 ～ 3 层仿古建筑，是

2005 年中国 · 扬州第五届邵伯湖旅游龙虾节开幕式

邵伯制作、销售、品尝邵伯龙虾最集中场所。第一届扬州邵伯湖旅游龙虾节开幕式于2001年8月10日在邵伯油田体育馆举行，由邵伯镇人民政府、《扬州日报》、扬州市烹饪餐饮行业协会、中丹—青岛啤酒（扬州）有限公司4家单位联合举办。此后每年举办一次。其中第十届邵伯湖旅游龙虾节打破常规，2010年5月18日，将开幕式地点移至北京凤凰苏源大厦举办，以“弘扬古镇文化、打造龙虾品牌、展示邵伯湖风光、吸引国内外客商”为主题，并举办推介活动，推介活动分为两部分，一是以北京凤凰苏源大厦为主会场举办邵伯湖旅游龙虾节开幕式暨中国千年古镇美食节启动仪式，二是以大观园公园为分会场，开展江都和邵伯文化、旅游、美食等系列推介活动。至2016年年底，全镇大小龙虾餐饮店130余家。邵伯龙虾从古镇走向全国，“邵伯龙虾”品牌逐渐打响。

邵伯湖旅游龙虾节上千人品尝龙虾（2012年）

南塘、盐邵河连接处

风土民情

邵伯风俗习惯承接南北风格，婚丧嫁娶、传统节日等礼仪接近吴楚地域文化。岁时、生活习俗承载着悠久的历史，随着时代的进步，生活习俗不断变迁且精彩纷呈。

得天独厚的“水文化”使邵伯的民风民俗染上独特的风味。鱼米之乡，物产丰饶，有国家农产品地理标志的“邵伯菱”等物产。南受扬州烹饪风格的影响，北承淮安饮食习惯的熏染，产生如“邵伯焖鱼”等南北融合、有地域特色的饮食名馔。

千百年来，大运河带来的南北文化在此交融，与原有传统生产生活习俗嫁接。过去由于交通闭塞、信息滞后，邵伯南乡、北乡的相关习俗也不尽相同，传统习俗涵盖较多文化元素，又具有地方特点。

风味美食

邵伯菜总体上属于淮扬菜系，受南来北往客商影响，邵伯人在淮扬菜系基础上，结合当地水乡特产，大胆创新，推出一系列深受大众欢迎的特色菜肴。

邵伯焖鱼 起源于清咸丰元年（1851），兴盛于清末至民国年间，是一道历史名菜。由淮安河下宴乐厨师张凯制作的黄鳝席中“酥炸脆鳝”演变而来。酥炸脆鳝的做法：除骨架，切成片，上蛋清糊，过三次油，炸至酥脆，然后进入焖的工艺。和扬州富春茶社的名菜醋熘松鼠鱼做法极为相似。邵伯焖鱼的烹饪方法来源于这两道名菜，并将其融为一体。邵伯焖鱼最初使用的食材是现在很少见的运河鱼——虎头鲨。清咸丰五年（1855），董恂《甘棠小志》记载邵伯逸园茶社的焖鱼最具特色，酥脆香甜、美味可口。邵伯焖鱼的代表性传承人有胡志强和周俊。周俊是邵伯焖鱼制作技艺的非物质文化遗产传承人。

邵伯焖鱼

邵伯香肠

老陆香肠店

邵伯咸鹅 俗称“咸煸鹅”，是邵伯人的独创美食。20 世纪 50 年代，邵伯许多家庭将鲜鹅进行腌制，晒干，便于日久存放。冬季，咸煸鹅便是餐桌上的主角。邵伯人制作咸煸鹅选用邵伯湖、渌洋湖产一年以上放养的老鹅。用食盐、花椒腌制半个月，然后出卤，晒 5 ~ 6 次，再用秘制老卤加香料焖烧、干煸 2 ~ 3 小时出锅。

经过邵伯一代代厨师的改良，咸煸鹅终于走上酒店餐桌，成为一道深受食客喜爱的美味佳肴。邵伯福满楼、食为先等酒店推出的咸煸鹅独具腊香。为做大咸煸鹅市场，店家将咸煸鹅进行真空包装，方便客人携带。

邵伯香肠 邵伯当地绝大部分家庭妇女都会灌制邵伯香肠。邵伯香肠咸甜适中，不老不嫩，口感颇佳。

邵伯香肠选用主料是猪后臀，精肉与肥膘按 8∶2 或 7∶3 搭配为宜。手工切成肉丁，配上相应作料，用小肠衣包好，挂好晾晒，肠衣要用针挑破，留有少量小孔出气，晾晒过程中不能淋雨。日晒时间很讲究。

20 世纪 70 年代，家住邵伯南大街的毛来兵制作的邵伯香肠在运河上远近闻名，很多船民在邵伯船闸停靠时争相购买。80 年代，邵伯人陆建军在工艺上精益求精，创办“老陆香肠”，其后是丁大罗创办的“丁氏香肠”。毛来兵、陆建军、丁大罗是邵伯香肠的代表性人物。

随着人们生活水平提高，邵伯香肠早已

走出邵伯，成为馈赠亲友的礼品。越来越多的个体户及企业开始规模生产，注册商标，并采用真空包装进行销售。

昭关老鹅　邵伯人习惯称盐水鹅为“老鹅”。它是用老汤老卤烧制出来的，有的老卤长达数十年。在邵伯乃至江都地区，昭关老鹅久负盛名，而正宗昭关老鹅只有几家。昭关地处京杭大运河河畔，西有宽阔的西湖荡滩，北有数千亩林场，当地农民素有放养群鹅的传统，以天然牧草为原料饲养的群鹅，瘦肉率高、味鲜肉美，昭关老鹅是一道颇具特色的传统佳肴。

昭关老鹅加工时要预先腌制，再以老卤制成，内放大料、中药。煨煮时须十分注意火候，因鹅的大小、季节不同而火候相应改变。昭关老鹅黄澄油亮，不瘪不塌，切开入盘，香味四溢，入口油而不腻。

马槽猪头肉　二十世纪六七十年代，人们物质生活贫乏，猪肉按计划定量供应，猪头肉相对便宜。春节时，邵伯人几乎家家都会腌制猪头过年。镇民王学朝（外号“老马槽”）自制的熏烧猪头肉（俗称“马槽猪头肉”），物美价廉，购买者众多。后来他的三个儿子王棋根、王棋顺、王棋强也先后做起猪头肉生意。马槽猪头肉干净卫生、味道鲜美，名气越来越大，成为邵伯的一道传统美食。

马槽猪头肉，一般选用生长一年以上的猪头作为原料，猪头肉质厚实，口感香嫩。烹制时，将洗净的猪头放入盛满水的大铁锅中，加入姜、葱、八角等作料及适量的酒和盐，先用旺火烧开，然后用小火焖上三四个小时，其火功很有讲究。现马槽猪头肉做法日益精进，口感油而不腻、烂而不瘫，自然鲜美，令人回味无穷。

大煮干丝　又称“鸡汁干丝”，原料主要为豆腐干、鸡脯丝、虾仁、火腿等，历来被推为席上美馔，是淮扬菜系中的看家菜。

昭关老鹅

马槽猪头肉

邵伯大煮干丝精选质地上乘的豆腐干，切成丝，放入沸水焯半分钟，捞起备用。锅内放入豆油，待油热，加入切好的鸡丝、虾仁、火腿肉、木耳和干丝稍加煸炒，加入高汤（首选鸡汤，亦可用鸭汤或肉汤），用大火烧5分钟，再加入青椒丝，用小火焖上3分钟，一道色香味俱全、营养丰富的大煮干丝就可起锅。这道菜最能体现淮扬菜的刀工，是酒桌上的佳肴，亦为早餐的佐菜。

大煮干丝的作料按季节不同而有变化。春季，用干蛏入味，以海鲜增味；夏季宜脆，用脆鳝丝与干丝同煮，使菜肴干香味爽；秋季用蟹黄，汤汁金黄，鲜味浓重；冬季宜用青菜、竹笋等野蔬，娇嫩翠绿，色彩和谐，增色添香。

腊八粥 农历十二月初八俗称“腊八节”，民间习俗，当日吃腊八粥，以庆祝丰收。最早的腊八粥用红小豆来煮，后腊八粥的食材，因各地物产不同而逐渐丰富起来。邵伯民间传统的腊八粥通常由大米、红豆、花生、胡萝卜、黄豆、青菜、莲子、红枣八种食材煮制而成，后有的加入咸肉。现腊八粥的配料一般有大米、花生、绿豆、红豆、莲子等，有自选辅料扁豆、红枣、桂圆、山药、百合、枸杞、薏米、小米及其他豆类等。此粥可加糖或盐，依个人口味而定。

煮粥之前，先把油加热，放入米，将炒过的米放进热水锅里煮，后将花生等材料放进去。煮粥之前，花生要在前一晚先泡水；黄豆可油炸一下再煮，或是用果汁机打碎，再放油炒过易煮熟；莲子要煮烂；青菜只放叶子，不要放茎梗，且不能放太多。稀饭不能太稠，要有一点稀稀的粥汁。起锅前，要熄火二分钟到三分钟焖一下，再开小火滚一下，让所有食材融合、熟透。可放胡椒粉提味，所谓“五味调和百味香”。

土特名产

邵伯湖属高宝湖水系，水质监测指标年均值符合国家一类标准。水势平和，气候宜人，为各种湖鲜的生长营造良好的外部环境。邵伯湖盛产四角菱、螃蟹、龙虾、银鱼等湖鲜，营养价值高、口味鲜美。

清蒸邵伯龙虾

邵伯龙虾 20世纪90年代后期，在临近邵伯老街的农贸市场内，有10多家大排档，主营烧龙虾。邵伯龙虾烧法创始人为李学红，他烧制的龙虾人称红鼻子龙虾。相继从事龙虾行业的有侯七、窦三等排档业主。由于龙虾物美价廉，食客众多。随着媒体的报道，邵伯龙虾更是声名鹊起。

邵伯龙虾首先选料讲究，刚开始均选用邵伯湖的优质龙虾。后随着龙虾消费规模的扩大，带动龙虾养殖业兴起。邵伯当地及周边县市的龙虾养殖基本能供应邵伯的市场需求。在制作上，邵伯龙虾一律抽筋去肠，确保卫生干净。选用的作料有姜、葱、蒜及中药材。

在邵伯，专业烹制龙虾的餐饮店有近百户，龙虾烹制各有特色，逐渐形成水煮、红烧、蒜泥、椒盐、香辣、蛋黄等10多种做法。在邵伯吃龙虾，配以炒螺蛳、腰子汤、炒面、脆皮豆腐等，形成著名的“龙虾宴”，麻、辣、鲜、香一应俱全。

龙虾夜市

2001年起，邵伯镇连年举办中国扬州邵伯湖旅游龙虾节，涌现一批龙虾经营金字招牌店，排档龙虾有红鼻子、侯七、老九、窦三、春兰等，酒楼龙虾有枫乐居、食为先、福满楼等。在仙女镇的品牌店有侯五龙虾、胖子龙虾、大明龙虾。邵伯龙虾成为淮扬菜系中一道新的菜肴。

邵伯菱 学名“羊角倾”，表皮呈绿色，当地人俗称“羊角青”。邵伯菱四角尖尖，皮薄肉嫩，生吃香甜，熟吃粉酥，香如核桃，味似板栗。菱米烧肉、菱米烧鸡是中秋节前后邵伯独特的时鲜佳肴。

邵伯菱

邵伯菱是中国四大名菱之一，与宝应荷藕、高邮双黄鸭蛋并称“运河三宝”。相传隋炀帝下扬州吃过邵伯老菱之后，连连称赞，此后邵伯菱名满天下，被列为贡品。据镇志记载，邵伯菱日产量最高达 2.5 万千克，邵伯镇经营菱角的“八鲜行”就有 10 多家，菱角被大宗收购外运，浙江绍兴一带将邵伯菱加工成淀粉，远销东南亚。中华人民共和国成立后，邵伯菱曾被移植到中南海，供中外宾客观赏品尝。

邵伯境内河流湖泊众多。邵伯湖上滩头河汊，镇内的南塘，镇郊的艾陵湖、荇丝湖、青荡湖，湖河澄碧，水土肥沃，历史上盛产邵伯菱。这些河域，流水不止，流速适中，是邵伯菱生长的重要因素。中华人民共和国成立后，因防洪需要，邵伯菱已不在邵伯湖水系种植。

20 世纪 80 年代初，由扬州大学园林系、江都市农林局和邵伯镇农林站实施，在艾菱村良种场、马荡村十里长河一带 100 亩水域内进行邵伯菱提纯复壮实验，实验获得成功。2003 年，邵伯菱获得首批无公害产地和产品一体化认证，成为邵伯绿菱扬州市地方标准。2008 年，国家质检总局批准对邵伯菱实施地理标志产品保护。

至 2016 年，邵伯菱种植面积在 1 万亩左右，年产菱 4000 吨左右，主要供应当地和扬州周边县市，少量销往南京、上海、杭州等城市。

邵伯湖螃蟹 邵伯湖螃蟹的品质是由特殊的地理位置和水质决定的。邵伯湖位于淮河下游，水质甜润，芦苇茂盛，饲料丰足，且气候温和适中，为湖蟹生长提供良好的自然环境。金秋时节，寒菊带霜，螃蟹进入肥熟期。农谚“社前鳗鱼社后蟹”，说的是过“秋社”（农历八月下旬）以后，蟹的性腺发育最成熟，卵满膏腻，肉肥黄多，这时的蟹最有吃头。无论是文人墨客还是美食名家，都喜欢到邵伯品尝螯丰肉嫩的邵伯湖蟹。

邵伯湖螃蟹

邵伯人吃蟹，名堂很多。九月雌，十月雄，九月雌蟹腹内有橘黄色蟹黄，十月雄蟹有白玉般的蟹油。早点有蟹黄汤包，鲜嫩可口。菜肴有蟹粉狮子头，是头道大菜；蟹黄烩鲜贝，湖味海味融合；蟹黄豆腐，雪嫩诱人，白里散落红油；螃蟹酱，生蟹齐中切开，和上面粉，油中一炸，别有风味；蟹黄拌上鱼肉，团成丸子，鱼蟹共香。

吃螃蟹最好是清蒸。上锅蒸熟，倒一碟香醋，切点姜丝，拿出一套精致的工具，不同部位吃法不同。一般先摘螯跪，将蟹身拿下来，轻轻揭去外壳，用刮刀轻拨上壳内蟹黄四周，将壳与黄分离，蟹黄吃到嘴里，嫩而不肥，鲜而不腻。下壳用剖刀去衣（即蟹肺），下面的肉中有软骨，用针一层层拨出。螯跪共有 3 节，分节截断，轻轻咬去两端的封头，用针慢慢一通，就是一块完整的螯跪肉。螯需用小锤敲击螯侧，使螯面与螯底裂开，以剖刀将其分离，再用银针将肉剔出。

邵伯湖银鱼

邵伯草鸡

邵伯黄瓜

邵伯湖银鱼　邵伯湖水质达到国家一级标准，邵伯湖银鱼可与太湖银鱼齐名。银鱼个体细小，周身银白色，软嫩而发亮。产量不高，渔民需用特制的渔网捕捞。银鱼无鳞、无骨，含有丰富的营养物质。烹调银鱼方便快捷，银鱼可炒蛋，加上嫩绿葱末，青白相间；银鱼可与豆腐做成汤，味道鲜美。银鱼打蛋汤、银鱼烧豆腐干子是邵伯家常菜。捕鱼旺季，还可晒成银鱼干，便于保存。

邵伯草鸡　是当地的优良鸡种，鸡个头不大，肉质鲜嫩，草鸡蛋营养丰富，其蛋较小，外为绿色，甚为特殊。现邵伯草鸡已被大力推广养殖，草鸡蛋备受欢迎。

邵伯黄瓜　是邵伯的特有品种，青黄色，水分多，皮薄肉脆，深受当地人喜爱。邵伯黄瓜产量低，多产于邵伯南塥蔬菜队，每年上市时间在 5—7 月，可当水果生吃。夏秋用细盐腌制，拌上蒜泥和姜丝，是一道鲜嫩可口的凉菜；还可配青椒、肉片等做炒菜；鸡蛋、木耳配上邵伯黄瓜炒制是当地一道家常菜；邵伯黄瓜和鸡蛋做汤也是一道美味汤品。

传统习俗

邵伯人的生活习俗在千百年来的传承衍化中，逐渐融合南北方的生活特征。有惬意的休闲生活，扬州浴室之风便首开于邵伯；有精致的美食追求，邵伯菜是淮扬菜系的典型代表；婚丧嫁娶风俗，沿江淮传统，南乡北乡风俗又不尽相同。

生活习俗

邵伯有句俗话“早上皮包水，晚上水包皮”。“皮包水”，即饮水、喝茶。民国年间，江南一带风行喝早茶，以扬州为甚。“水包皮”，即洗浴为主，兼搓背、修脚、按摩、推拿等放松休闲项目。

早上“皮包水” 清朝，邵伯水路通衢，客商云集，茶肆众多。邵伯第二次解放前后，曾有十几家茶社、酒楼，如永乐、宜春、九如、松园等。颇具规模者，一般前后三进，前为敞厅，接待大路客；中为雅座，多为富商大贾或文人雅士小聚之所；后为作坊，即生产间。茶肆、酒楼早有茶点，晚有酒菜，中午还有书场。

邵伯人早上喝茶，叫“吃茶”或“吃早茶”。饮茶之余，意在吃点心。点心花色齐全、品种繁多。以包子为例，有肉包子、三丁包子、汤包、笋肉包子、菜肉包子、野菜包子、萝卜丝包子、水晶包子，不下十数种。至于烧卖、锅贴、肴肉、面点，更是应有尽有。吃客之意未必全在“吃”上，他们更在乎一种特有的气氛、独特的情调。

邵伯人泡茶，最讲究的是天落水。天井里放一两只黄釉、绿瓷的荷花缸，上盖有木板盖，荷花缸专门用来盛夏天的雨水、冬天的雪水，纯净甘甜，非河水可比，饮来别有一番风味。

保留茶社名的永乐百年老店

邵伯人喝茶对茶具也有讲究。茶具往往是一种身份的象征。穷苦人喝茶用大碗解渴。夏天，他们喜欢喝大麦果茶，有去暑的功效。富人喝茶用茶盅细品，放茶叶有“粗茶细喝，细茶粗喝”的讲究。有身份的人，往往有专用的宜兴紫砂茶壶，不与他人混用。

喝茶讲究礼数。“人来扫地，客走倒茶”是无礼。斟茶不宜过满，俗话说“酒七茶八”。茶壶嘴不应对着客人，否则视为不敬。

至 2016 年，邵伯甘棠路上茶肆有两三家，一般兼作饭店，但只做早市。位于邵伯药店西的蛋糕房，早中晚经营茶肆，还提供简餐。

晚上“水包皮” 浴室，又称澡堂、浑堂。邵伯人戏称洗澡为“闹海”。据说，清康熙年间邵伯第一家浴室可能位于邵伯河西大街，此后扬州乃至全国兴起浴室行业。邵伯有句古老的歇后语“澡堂头灯笼——天天挂”。灯笼就是招牌，上面写着浴室的名字，如“小蓬莱”“永宁泉”“巨浪潮”等。最多时，条石街上从南到北这样的灯笼有十多只，高高地挂在巷口，十分引人注目。到浴室不仅可以泡澡，人还可以周身擦洗按摩。邵伯修脚刀更是远近闻名。

老浴室的浴池设计科学，布局合理。浴池用巨石砌成，光洁牢固。有头池、二池、三池之分。三池之间有暗道相连。可通可隔，调节水温。头池中央置一大铁锅，锅中水近于沸腾。气圆时，蒸汽弥漫，热浪滚滚，上置方格坚木，确保安全。拱形池顶呈半圆状，如一口倒置的巨大石锅，十分聚气。声音在其间回荡，听起来更觉浑厚凝重。

至 2016 年，邵伯浴室采用地暖供热的只有 1 家，其余浴室都是现代化的锅炉烧水。浴室装修高档，设有包厢，有的设有棋牌室，有专门的休闲区域。

书场茶肆 早在清代，邵伯就有书场。清同治八年（1869），里人高玉成拜说《三国》名家孙玉华为师，成为扬州评话艺人的前辈，留有《言笑科摘句》《选录忠武志》《集腋成裘》等曲艺手稿。光绪七年（1881），扬州评话家胡兆章病困邵伯，感谢甘棠书场茶房许鸿照应，垂危时收许为弟子，赠书一箱，赐艺名许鸿章。

邵伯先后开设 5 家书场。松源书场，在后东街，晚清时名“甘棠书场”，民国初改名“大观园书场”，业主屈步云，座位 50 多个。福来书场，地址长生巷。亦乐书场，地址南米市街。永乐书场，地址中大街。宜春书场，地址庙巷口。1957 年后，邵伯文化站开设书场，多次接待艺人献艺。书场门口及大街小巷张贴预告。书场老板既可收茶水费，又可收听书钱，得利益丰。

大会堂——旧时邵伯最大的书场（2013 年）

邵伯居民历来喜欢听书，老听众熟知书情、书艺，可发现艺人演出中的不当之处。说书艺人都知“邵伯难站”，故称邵伯为“铁门槛”。评话艺术家王少堂（1889—1968），是“王派《水浒》”的代表人物。扬州评话演员康重华，擅长说《三国》。

原先的书场茶肆艺人登台不固定，许多老听众“书瘾”得不到满足，对时断时续的说书形式很有意见。后来有的书场茶肆就专门约请艺人常年在肆中登台表演，保证不空档，茶客也成为书客。

随着收音机、电视机的普及及其他娱乐行业的发展，书场行业逐渐萎缩。20 世纪 90 年代初，有些浴室为下午休闲的中老年人开设书场，现已消失。

庆典习俗

邵伯是大运河线上的重要商埠。三里长街，六十多种行业，五百多家商店，商旅如织，终日车马喧闹，热闹非凡，形成各行各业的文化聚会。

鲁班会 是邵伯木工行业祭祖师的传统聚会。农历七月初七，相传是“鲁班祖师”诞辰日。是日，该行业由会主领头，同业相聚会餐。仪式：燃放鞭炮，仪仗开道，于傍晚集会游行，会主手捧“鲁班祖师”牌位开道，其他木工伴锣鼓唢呐，彩灯华盖随行，非常热闹。中华人民共和国成立后，此习俗被废除。

雷祖会 是邵伯粮食业祭神拜祖的传统集会，农历六月二十四相传是“雷祖”诞辰日。该行业因粮食时有抛撒浪费，是日隆重祭拜，祈求“雷祖宽恕”。当天粮行同仁均至粮业公会集中会餐，并将量器集中，校准烙印，作为统一规范标志，以示公平交易。粮食加工行业，也在同日祭拜。中华人民共和国成立后，此习俗消失。

老君会 农历二月十五和八月二十五，是铁匠聚会的节日。此日，铁匠铺师傅都到泰山宫老君堂举行仪式，祭祀红炉炼丹神祖“太上老君”，祈祷打铁红炉，越烧越旺。并备有中面晚酒，相聚会餐。中华人民共和国成立后，此习俗消除。

药王会 农历四月二十八，是药王“神农氏”诞辰日。是日，药店举行盛会，供奉名贵中药材和果品，祭拜聚会，扩大声誉。全行同仁亦参加祭拜聚会。中华人民共和国成立后，此习俗消除。

关帝会 农历五月十三是汉寿亭侯关羽诞辰日。是日，布业老板、店员均于布业公所聚会，举行隆重供奉仪式，表示继承关羽正直精神，货真价实，不短尺寸。全行业同仁聚餐。中华人民共和国成立后，此习俗消除。

罗祖会 农历五月十三，理发行业聚会，各店停业打烊，集中会餐，祭拜罗祖。相传，唐代高宗时，罗姓剃头匠成为理发业的祖师。旧俗一直相沿，中华人民共和国成立后废止。

大王会 农历九月十七，是木船行业祭拜神祖的传统集会。红衣帮船户全部返里，请“香火”戏班在室内和船上敲唱三天三夜，祭拜“金龙四大王”。最后挨家逐户跳船头，每船横刀一把，用刀将船头一双红筷斩断抛往水中，祈求行船安全。农历正月十七，江货帮祭拜大王庙“大王神像”。该帮邀请“香火”戏班在大王庙演出精彩戏剧，连唱三天三夜（正月十六日至十八日），对外免费开放，费用各船户分摊。中华人民共和国成立后废止。

青苗会 是农民祝愿五谷丰登的传统集会。每年水稻栽插结束后，以自然村庄为单位举行集会，会主轮流值班，邀请“香火”戏班敲唱、念神偈等，供奉“双龙边”神牌。各农户到场参加祭神，祈祷禾苗茂盛，丰产丰收。会间全体聚餐，费用按户分摊。中华人民共和国成立后废止。

生育习俗

送灯 姑娘出嫁后，娘家要给她送灯，从婚后第一个元宵节开始，一直送到姑娘怀孕生养时结束。当地人叫这盏灯为“伢子灯”，送到女婿家，叫“添灯”。“添灯”意味着“添丁”,“伢子灯”送来后，要设宴款待亲家。送灯时，要说“交灯”，女婿家“接灯”，叫作“请灯”。

灯的造型，一般是用染成红色的琉璃角片扎成的娃娃骑在一匹麒麟上。一堂灯是六盏，四盏较小。还有一盏是珠子灯，绿色的玻璃珠子扎成很大的宫灯。灯体是八角玻璃，漆着红色各体寿字，其余部分都是珠子，顶盖上伸出八个珠子的凤头，凤嘴里衔着珠子的小幡，下缀珠子的流苏。这盏灯相当重，得两个人用一根小扁担抬着。这是一盏主灯，挂在房间的正中。两旁是麒麟送子，琉璃泡子挂在四角。正月十三晚上，灯里插上点亮的红蜡烛，从十三“上灯”点到十八“落灯”。

元宵节前几天，街上常常看到很整齐的送灯队伍。送灯的几位女人衣冠整洁，带着双喜字的大红绒花，一人手里提着一盏灯，前面有几个吹鼓手吹着细乐。远远听到送灯的箫笛，很多人家倚门观看，也是一番元宵节景。至2016年，民间仍有此习俗，灯则以小红灯笼和莲子灯为主，代表娘家对出嫁姑娘的关心，是亲情的象征。

“偷灯” 每年二月初二土地公公过生日，晚上土地庙前要张挂灯笼，以示庆贺。此日又是接出嫁女儿回门的日子，若女儿未孕，家里人就把土地灯“偷抢”回去，作为宜子的好彩头。倘若当年这家女儿怀孕，次年二月初二，这户人家就要到土地庙前“还灯”，且须以一还十。清末民国初扬州人孔剑秋《扬州竹枝词》中写道：“旗杆高悬土地灯，抢来宜子更宜孙。明年此日重申贺，十倍酬还算报恩。”

近年来，土地庙复建盛行，至2016年，民间“偷灯”习俗仍存，大年三十开始就有“偷灯者”。“偷”一盏回去，直至家人有孕（不怀孕不用还灯），除还灯外，还给主事者包个红封。

催生　邵伯人家在小孩生养前，还有催生礼。这是女儿怀孕后，父母到女婿家中慰问孕妇，以祝吉祥的礼仪。娘家送来催生礼物，女婿还要烧香敬神，祈祷妻子生养顺利。催生礼物一般是小孩的鞋帽和十几套衣服以及小孩的饰品等。现在农村也有催生礼仪，大都是娘家准备小孩的衣服、孕妇的滋补品等，其他礼节省略。

分娩　旧时接生技术和助产设备差，接生主要靠接生婆。妇女临产前，要准备好一只“兜生包”，包内装有落地襁褓、脐带肚兜、竹刀、熟白矾粉、苎麻等。此外产妇家中还要备好高腿脚盆和衣胞罐。接生过程中，接生婆很关键，除了要有丰富的助产经验，还要有一定的体力。孩子出生后，产妇须喂桂圆汤、糯米粥、红糖细米粥等补气益元的食品。小孩要行“开奶礼”，又叫“开口”，用犀黄、大黄和黄连等几种草药熬成“三黄汤”，长辈把汤在小儿的嘴上蘸几滴，一边蘸一边说“今朝吃得黄连苦，来年日子蜜糖甜”“今日吃得苦中苦，长大方为人上人”。以祈盼幼儿长大成人。“开口”后，就可让小儿吃奶，当地俗例，一般要让小儿先吃几口向别的产妇讨来的奶，然后再吃自己母亲的奶。

为婴儿准备的衣物中，有件很特别的内衣，叫“毛衫子”。圆圆的和尚领，衣领后缝有三个装饰性的三角形花边，叫“狗牙边”。衣襟开在体侧，不用纽扣，而用红布条扎系。里外都不缝衣边，因为都是毛边，故称“毛衫子”。不钉纽扣，既是防止纽扣擦伤婴儿，也是方便穿脱。

产妇生养后有“坐月子”的习俗，当地有许多禁忌。如有不能吹风、不能吃生冷食物、不能下水劳作等卫生保健方面的经验。还有行为禁忌，如称产妇为“红人”，满月前不能到别的人家去，也不能摸别人家的小孩，等等。现在妇女怀孕后，定期到医院检查，医院建立孕妇档案，根据孕妇的个人情况实施保健措施，确保孕妇和胎儿正常健康。产后医生会给予产妇科学的卫生保健方法。

洗三　婴儿出生后第三天，家中要举行正式的庆贺仪式，即“洗三”。第一件事向邻里和亲友报喜，主要形式是送“红蛋”。在清代，送的“红蛋”是染红的和没有染红的蛋各半，也只生男孩方才送红蛋。直到20世纪50年代以前，生男孩仍送红蛋，生女孩则送糯米粥等。现在无论生男生女都送红蛋，只是男孩送单数，女孩送双数。第二件事是“洗浴”。洗前，先备好艾叶、花椒等中草药烧成的热汤，浴盆中还放有桂圆、长生果和各种金银饰物。由接生婆给婴儿洗澡。现在的“洗三”没有这么多程序，婴儿出生后，医生会给婴儿洗澡。

满月 婴儿出生后通常要办“满月酒”。满月时，孩子要剃胎毛，女孩一般全部剃光，认为胎发剃光后，新发可以长得更密更黑；男孩则把后脑勺或头顶心的一撮胎发留下来，剃成“桃形”，叫作“百岁毛”。现在有的人家把剃下来的胎毛做成毛笔，留作纪念；也有用红布包裹一撮胎毛，悬挂在婴儿床前。满月剃头后，小孩就可以抱出户外，称为“出窝”或叫“见世面”。满月时，通常要起乳名，即小名，一般以祈祥祝吉为主，或起纪念性的小名，或起“贱名”，以求免灾、易养。

百露 婴孩出生后的一百天，称为“百露”。这天有的人家要办“百露酒”。古时这一礼俗称为“百晬”，宋代孟元老《东京梦华录·育子》云：“生子百日，置会，谓之百晬；至来岁生日，谓之周晬。”在百露宴席上，扬州人家要为孩子“开荤”，即象征性地吃一点鱼汤等荤食，以示在吃奶的同时，可以逐渐添加一些辅食，利于一年后的断奶。

抓周 古代称“拈周试晬”，是一种预卜小儿前途和职业的礼仪，南北朝时即在江南一带流行。据北齐颜之推《颜氏家训·风操》载：“江南风俗，儿生一周，为制新衣，盥洗装饰。男则用弓、矢、纸、笔，女则用刀、尺、针、缕，并加饮食之物及珍宝服玩，置之儿前，观其发意所取，加以验贪、廉、愚、智，名之为‘试儿’。”宋人吴自牧《梦粱录·育子》也载：“其家罗列锦席于中堂，烧香炳烛，顿果儿饮食及父祖诰敕、金银七宝玩具、文房书籍、道释经卷、秤尺刀剪、升斗戥子、彩缎花朵、官楮钱陌、女工针线、应用物件，并儿戏物，却置得周，小儿于中座，观其先拈者何物，以为佳谶，谓之‘拈周试晬’。”到近代，民间仍有此习俗。但现在很少“拈周”，大都办“抓周酒”，亲朋好友欢聚一堂。

婚嫁习俗

合婚 民间称“合八字”。封建社会时期，女方将“生辰八字”（又叫年庚、庚帖）送到男方家，由男方请人看是否相合。

定亲 八字相合后，即由男方向女方送去庚帖。庚帖用洒金的梅红纸做成，是折叠式的，封面印有“双喜”，里面可填写生辰八字。“送帖”和“定亲”是连在一起进行的。定亲也是“六礼”中的“纳征”，地方上又叫“订婚”。订婚是要送礼的，又叫“送茶”“行茶礼”。以茶为礼，这也是古俗。“下茶”是女子受聘的代名词。以茶为礼，还有其他各样礼物，一般要有糕点、红枣、花生，还要加上公鸡、鲤鱼和一片猪肉。必不可少的还要有一盆万年青或一束吉祥草。糕点，取其谐音，祝愿女方的生活“步步高”。红枣、花生寓意早生贵子。鸡、鱼、猪肉是敬供女方宗祖。万年青和吉祥草寓意白头偕老，幸福美满。聘礼中还有金银首饰，看经济条件，多少置办一些定情之物。

聘礼送到后，女方要回礼。常常把男方的礼物适当退回一些，或者另备一份回礼，表示“礼尚往来”。当天晚上，男方要置办酒宴，款待媒人和亲友，这桌酒宴就叫“定亲酒”。此后男青年可随时去女方家，俗称“毛脚女婿”。

中华人民共和国成立后，男女婚姻自主。一般经人介绍，家长和子女意见统一后，便可订婚，拍婚纱照。现男女多自由恋爱，少有订婚仪式。

请期 定亲后，经过看亲，交往过一段时间后，男方便要择定迎亲的日子。择日子前，须事先征求女方意见，这就是“请期”。请期时要携礼，在水乡农村，要有一对鹅或是一对鸭，另外还有一对藕，这是男方将要择日迎娶的暗示。“对鸭”，鸭子谐音“压子”；“对鹅”，鹅的叫声“嘎哦”，谐音“嫁我”；一对藕则象征经过一段时间的看亲，证明姑娘“洁白如藕”，希望亲事能像藕孔一样路路通顺，像藕丝那样情谊连绵。请期后，女方没有意见，男方就正式择定婚期，又叫作“选日子”。旧时选日子的方法各不相同，有请人定的，也有查黄道吉日的。现在人家更多是选择逢“六”逢“八”的日子，或者是农历的双日，农历和阳历都是双日则更佳。一般不选带“四”的日子，还有选“九”的，象征“幸福美满”“天长地久”。

赶嫁 吉日选定后，就把佳期写在梅红纸笺上，正式送到女方家，也有请媒人口头转告的，叫作“送日子”。女方收到喜笺，就要为姑娘赶制嫁妆了，称为“赶嫁”。女方的嫁妆主要是姑娘全身的嫁衣、新房里的日常用品、床上的铺盖和一只必不可少的“子孙桶”等。其他物品，视各户人家的财力而定。

“赶嫁”也是有讲究的，家中会早早地约好一两位全福太太前来帮忙，所谓“全福太太”是指家中父母双亲健在、夫妇子女齐全的妇女。嫁衣和喜被的缝制也少不了种种规矩，如嫁衣上的针线要一根线儿缝到头，不能打结、倒针，更不能中途续接；喜被的被里、被面要用整幅，不能破缝；缝被要用红线，缝到头后也不能打结，只能两红线外露着，等等。一根线儿缝到头，象征新婚夫妇琴瑟和谐、白头到老；不打结，是预祝婚后的日子过得一帆风顺；不倒针、不续接，是说婚后姑娘不会走回头路，更不会有“断弦续接”；喜被的四角拖着红线，象征富贵不断、子嗣延绵。“子孙桶”，是一组成套的马桶，每只外形都很漂亮，上等的是一种有三道紫铜箍的红漆马桶，做工精美。这组马桶有两套，一套是大小马桶各一个，皆有盖，是日常起居生活中用的。另一套是小马桶放大马桶内，上有一大盖，是姑娘将来生产时用的。小马桶内要放枣子、桂圆、花生和芝麻，各有象征意义。枣子是“早生贵子”；桂圆是“贵子中状元”；花生是“花”者“生”，即有子有女；芝麻则是“多子多福”“生活节节高”。

发奁 也叫“发嫁妆”。是男方派新郎在媒人的陪同下去“接嫁妆”。喜期前一天，媒人带新郎前往女方家接嫁妆。女方家要行“三茶礼”。实际上是三道茶，第一道称“果子茶”，茶中有枣子、莲子、百果等；第二道称“甜点茶”，是四喜汤圆或赤豆元宵；第三道称“清心茶”，是龙井、碧螺春等绿茶。事前，媒人应该告知新郎，前两道茶只能象征性吃一些，第三道“清心茶”，新郎可以随意喝，因为“清心茶”是真正的茶，表明新郎“心地专一”。行完茶礼后，便发嫁妆，用箩筐抬挑，贴上红纸，先发马桶，后发铺盖，逐件发出，肩挑嫁妆的人中途不得停歇直到男方家，男方家鸣鞭炮迎接，姑娘给男方家长辈每人做一双鞋，以示孝敬。

随着生活条件的改善，嫁妆逐渐增多，有各式家用电器等。随着时代的进步，发嫁妆的交通工具也已改用汽车。现代嫁妆除日常生活用品外，还有金银饰品和钻石以及汽车等物品。

暖房 白天发了嫁妆，晚上姑娘家中要办“别亲酒”。花烛齐燃，嫁女首座，母亲要告诫姑娘在结婚过程中，尤其是第二天迎娶时应该注意的各种事项。旧时，大户人家在“别亲酒”后，还要带着姑娘到家庙祠堂或是在堂屋的老爷柜前，举行向宗祖神灵拜别的仪式。与此同时，男方家中也要办“暖房酒”，这是为了感谢亲朋好友的忙碌，预祝第二天的婚礼顺利举行。有的人家在酒宴后，还要将明天迎亲用的花轿抬进堂屋，燃上香烛，敬“轿神”，祈求接亲顺利。当天晚上，还要找一个童男子陪同新郎睡觉，谓之“压床”，祈求婚后生子的好兆头。在童男子上床前，有的人家还要在床的四周撒上许多红枣、花生等，让压床的童男子来摸，这也是为新郎发吉兆。

接亲 民国以前，接亲都用花轿，邵伯乡下里下河的主要交通工具是船，人们把花轿抬到船上，这艘船就叫“轿船”。旧时还有“饿嫁”一俗，就是接亲前两三天，让新娘控制饮食。花轿左右颠簸摇晃，“饿嫁”便可以减轻晕吐症状。里下河农村的轿船接亲，颇具地方特色。轿船共有三条，前面开道的一条叫“乐苏船”，坐有民间鼓吹艺人，一路上吹打弹唱，十分喜人。殿后的一条叫“嫁妆船”，是载运随行嫁妆的。只有中间的一条才是摆放着花轿的轿船。普通人家用一条船，船上花轿在前，艺人和嫁妆在后。

接亲都在早上。清晨，男方在即将出发的轿船船头燃起火把、火盆，再供上一尊背插金花、身披红布的“喜神”。火把、火盆预祝家业红火、人丁兴旺。花轿到女方家门外，要停放在一张芦席上，轿腿不能沾土。女方家的大门是关着的，待新郎上前散了“开门封”，才会打开。“开门封”就是包有喜钱的红纸封。

临嫁的姑娘待花轿一到便开始梳妆，梳妆有四道程序。先是“开脸”，即用棉线绞去脸上的汗毛；然后是“上头”，姑娘的发式从原先的辫子改梳成成人的发髻；再是“化妆”，扬州人家的女子做姑娘时脸上仅化淡妆，待出嫁后即为少妇，须改浓妆；最后是“着衣”，即穿上嫁衣，这要全福太太帮忙。梳妆时，新娘通常都是伤心流泪的样子，这就是“哭嫁”。临上花轿前，新娘哭得最动情。在全福太太的劝解下，新娘开始“辞亲”仪式。由全福太太主持，新郎新娘在堂屋向新娘的父母和亲友拜别。然后新娘被人抱进花轿，抱花轿的多为新娘的父亲、哥哥、弟弟，舅舅亦可代替。抱轿时，新娘要换下在家中穿的旧鞋，穿上新花鞋。花轿刚刚起步出行，娘家会将一盆清水倾倒在大门外。轿子在行进途中，会绕道到邵伯安乐巷、长生巷、多子桥，以求“平安快乐”“长生不老”“早生贵子”。

传袋　是指新娘下轿到了家门，男方赶快用装粮食的米袋来铺地，让新娘踏着米袋进家门。米袋只要两三只轮流传输就行，让新娘踩着米袋一直走进堂屋。因“袋”谐音“代”，预示新娘“过门”后就可以传宗接代。

拜祖宗　新娘进入堂屋，由喜娘拿出一条彩缎，让新郎和新娘各执一头，新郎在前，新娘在后，牵引而行，叫作“牵巾”。新郎把新娘牵引到堂屋，由司仪主持，新郎新娘要跪拜行礼。若是有祠堂家庙的大户人家，此礼便在祠堂家庙里举行。

交拜　是在拜过列祖列宗后，仍由新郎执彩缎进入新房，进行夫妻交拜，又叫“拜堂”。现在新娘进门时的“拜祖宗”一礼已逐渐消失，演变成后来婚礼仪式中的“拜天地”。

掀盖头　又叫“挑盖头”，盖头不是新郎直接用手来掀，而是用事先准备好的秤杆来挑，寓意称心称意。揭了盖头，各位亲友便可进洞房看新娘。

合卺 是指掀开盖头后，先让新娘喝杯糖水，又叫“糖茶”“甜心茶”，然后新郎新娘各用一只葫芦瓢来饮酒。葫芦瓢又称“卺”，合起来是一个完整的葫芦。合卺是古礼，到了宋代，人们便改用彩丝相连的双杯，称“交杯”，此后“合卺酒”便演变成了“交杯酒”。现在只是互相吃点汤圆、枣茶。

撒帐 是喝完交杯酒后举行的仪式。由守在一边的全福太太托着一只盘子到床边，托盘里有枣子、栗子、花生、金钱等各种喜物，善于言辞的全福太太一边唱着“撒帐歌”，一边把盘中的喜物撒到床上。有的人家撒的是鲜花。

闹洞房 所有仪式结束后，亲朋好友都围坐到新房里，与新娘新郎开玩笑嬉闹。民间有“新房三日无大小”之说，也有“闹”公爹或小叔子的。老百姓认为“不闹不发，越闹越发”。婚后第三天，新娘回娘家探亲，称“回门”。

现在人家结婚基本在酒店，交由婚庆公司承办，所有礼仪、音响、环境布置等一应俱全。农村则在家里或附近搭喜棚，有专业出租搭建喜棚或舞台的人员，也有专业厨师办酒席，方便快捷。

寿庆习俗 生日是每年的诞辰，称为“小生日”。祝寿是祝贺五十岁以上的逢十为数的生日。十年一次，称为“大生日”。五十岁以上的生日才列为“寿辰”，才有祝贺仪式。

无论男孩女孩，十岁和二十岁的大生日是由家长办酒宴的，在家中祝贺或在酒店举办。到了三十岁，女孩多已出嫁，而男子适逢“而立”之年，故必须做生日，但农村也有“男不做三，女不做四”的习俗。现今多随兴为之。

民间有“五福寿为首”的说法。五十岁生日即为“五福”，是第一个可以祝寿的大生日。六十岁叫“大寿”，七十岁叫“康寿”，八十岁叫“长寿”，九十岁叫“高寿”，一百岁叫“天寿”。现在人七十岁才开始做寿，有的人家是亲朋小范围聚会祝寿，八十岁祝寿场面稍大。有的人家在大寿前一年，会提前在家里聚会做寿，叫“做九”，九与“久”同音，寓意吉祥。

高龄老人祝寿，家中要设寿堂。一般堂屋正中挂一幅巨大的“寿”字中堂或“寿星图”“麻姑献寿图”等挂轴，两边是寿联，寿堂两侧悬挂寿幛、寿匾等。有的人家还要在寿堂上设供案，供有特制的寿香、寿烛和寿糕、寿桃。寿香是一种编成“寿”字形的大香或是一种形如宝塔的斗香。寿烛是一斤以上的大红烛，上刻龙凤图纹。寿糕是茶食店里定做的蛋糕，一块块蛋糕垒成金字塔状，上覆一张红纸剪成的寿字。寿桃也是垒成金字塔状，是茶食店特制形状似桃的白面馒头，尖顶点染桃红色，犹如熟透的鲜桃。

祝寿演出（2015 年）

农村俗语云，女儿祝寿一担挑。是说出嫁的女儿为父母祝寿，其贺礼要放满两只大挑篮，进村时，要一路放鞭炮，一路挑到家。这“一担挑”里面，除了前面提到的寿香、寿烛、寿糕、寿桃，还有专为老人置办的衣服鞋帽等，另外还有面条、猪肉、对鱼（两条大小相仿的鲤鱼）。邵伯乡下称为“挑状子”，女儿家“挑状子”要在寿辰的前一天送到家。

做寿习惯是“中面晚酒”，即寿辰的中午吃“长寿面”，除了上门祝寿的亲友吃，热情的人家还把“长寿面”分赠给四邻乡亲，送面的“寿碗”一般不再收回；晚上酒宴，宴席上香烛齐燃，鞭炮齐放，寿星老人由老伴陪同，端坐在寿堂上，接受晚辈和亲友的祝贺。酒宴后，家中会向来客赠送寿碗寿筷。亲友还可以多要几只，带回去送给孩童，谓之“讨寿”。

丧葬习俗

停灵 俗语叫“搁尸”“停尸”。当病人弥留之际，家人趁着人体还未僵硬，为死者擦洗身子，换上寿衣，再赶快移到硬铺板上，抬到明间（堂屋）里停放，这就叫“停尸”。停尸的方向是头朝北，脚朝南。男性铺置堂屋东边，称“上首”，女性铺置堂屋西边，称“下首”。在死者的头、脚两处各点上一盏油灯，叫“脚头灯”，煮一碗硬饭，直插一双筷子放于死者头旁，叫“倒头饭”。做一条面为红色，里为白色的狭长薄被，盖在死者身上，叫“蹬脚被”。为表示对逝者的尊重，一般不言“死”，而说“老掉了”或“走了”。

报丧 旧时孝子报丧时把头发打散，后头系张胡麻，一块白布扎头，身上白布孝袍，草绳系腰，脚下草鞋，手里拿哭丧棒。若派仆佣报丧，就要写“报丧条”，让仆佣到亲友门上去投递。“报丧条”后来演变为“讣告”。详具死者之性号、履历及生卒年、月、日、时，讣葬或浮厝之地及出殡日期，凡宗族、亲友、同乡、同官、同事、同学，必全部告之。

在报丧的同时，家中眷属便要遵制成服。另外要设灵堂、搭丧棚、扎素彩、糊白门、请吹手、设祭亭等。

吊唁 孝子奔走报丧谓之“奔丧”，亲友听到丧讯后日夜兼程，赶赴葬礼，也叫“奔丧”。当子女尚未到齐时，家中就要停尸待葬。一般来说，父母亡故，子女不管在外多远，一定要日夜赶回，这叫“亲视含殓”。有个别子女没能如期赶到，就会在讣文中说明。其他亲友则要“闻丧赴吊”，尽快到死者家中或治丧处吊唁，叫“吊丧”“吊孝”。参加吊唁的亲友在服饰、表情、言语方面要注意，要素洁不要盛装；表情要哀痛悲伤，若是至亲或挚友，还有哭丧一礼。吊唁者哭丧时，家中家属要有陪哭的礼节。有的人甚至号啕大哭，谓之“号丧”。乡村里还有“代哭”者，多为中年妇女，随同吹鼓手受雇而来。宾客前来吊唁时，有人专门在一旁“喝礼”，吊唁者按照“喝礼人”的指挥，行“一跪三叩”之礼。现在吊唁，只许三鞠躬即可，死者亲属跪一旁同步陪叩。宾客吊唁时，除行礼致哀外，照俗例都会送上一些财物用以助丧，这些财物就叫“奠仪”。“奠仪”除了现钱，还有孝幛、香烛、冥钱等，文士之间有祭文、挽联等。

域内城乡丧事都请吹鼓手，管弦丝竹，吹拉弹唱。现代有请戏班、歌手及放电影等项目。当有吊唁者来到时，吹鼓手要吹奏一番。主要亲属到场吊丧后，家中便可为死者盖上“蒙脸布”。蒙脸布可以是纸质的，多为裱芯纸，又叫“蒙脸纸”。盖在死者脸上，便不再揭开。

入殓 殓又分为小殓、大殓。小殓就是为死者穿上寿衣；大殓就是把尸体放进棺材内。小殓、大殓时，家属都要放声痛哭。尤其是大殓，盖棺后就再也见不到死者了，故家属都是万分悲伤，尽哀而止。现在的遗体告别仪式，即由大殓演变而来。关殓前发孝布叫“破孝”。亲友、晚辈绕棺木一周瞻仰遗容，叫“看富贵”。盖棺前，孝子三次登门请逝者近亲属（兄弟、舅舅等男性亲属，如无此近亲属，则请逝者长孙代替），叫“请丧主”。

奠礼 棺材里装进尸体就叫“柩”，停柩待葬叫作“殡”。棺柩一头搁在老爷柜上（神柜），一头搁在大凳上，停置在堂屋中央。在家中举行奠礼的叫“家奠”。推行火葬后，也有在火葬场殡仪馆举行悼念仪式的。奠礼便在火化以后举行，现在大都在家中举行奠礼后，再去火化。旧时的家奠，有的人家请和尚诵经，有的人家请道士做道场，还有人家请吹鼓手吹奏乐曲或唱小戏，做法不一。大殓晚上，其家会请和尚、道士念放焰口。请扎纸匠扎些轿子、纸船、纸马抬到土地庙或河边烧掉。旧时有“回煞”仪式，当晚家人要外出“避眚”。因为家中无人，便约聚亲友到家中“坐夜”。现今仍有坐夜习俗，也称“伴夜”。死者在家中放三天，叫“小三朝”；年长者放四天，叫“大三朝”。

出殡 民间又叫“出丧”“出田”，一般是在大清早由殡仪馆的车将灵柩装上和送葬队伍的车一起出发，到火葬场火化。出发前在家中进行最后一次家祭，在火化途中，有人不断撒抛纸钱。遇有路祭，还要停下棺柩受祭。

下葬 旧时，多为土葬，要事先选择好坟地。坟地选好后，事先掘一个放棺材的深坑，谓之“打金井”。送葬队伍来到坟地后，先请人指明棺材在坑中的朝向，谓之“定向”。在坑中放进一些稻草，点火焚烧，谓之“暖坑”。然后，孝子先下到坑中，其他人向坑中撒些碎银或硬币，谓之“分金”。这些碎银和硬币随后都成为挖土工的赏钱。孝子上来后，便用绳索牵引着棺柩，将其平稳地放入墓穴，再把铭旌放在柩上，这叫作“安位”。此时有人在一旁说一套吉利话，亦谓之“说好”。接着开始填土，要由孝子铲进第一锹土，其他送葬的人按辈分依次向坑中撒土，谓之“兜宝”。土填平，再向上垒土成坟，谓之“斗金”。坟初成，三日后家中有人再来探视，称为“复三”。至此，安葬事宜完毕。

丧服 “五服”是丧事习俗中十分古老的专用名词，源于居丧期间的服饰制度。由于居丧者与死者的血缘关系有远有近，有亲有疏，所穿的丧服分为五等，因而叫作“五服”。具体名称为斩衰、齐衰、大功、小功、缌麻。其制作样式和穿戴规范各有不同。斩衰，用粗陋的生麻白布制作，衣边不缝，而且要斩断，断处丝丝缕缕，长短不齐；齐衰，也是粗麻白布制作，但衣边缝齐；大功，用熟麻布制作，熟麻布和生麻布加工而成；小功和大功一样，但小功制作精细；缌麻，布料是一种精细的熟麻布，布缕如丝，做工也细。所有丧服都做成袍状。五种丧服的穿戴分别为：孝子及嫡长孙服斩衰；丈夫、儿媳、侄子、女儿等服齐衰；男子的姑母、堂兄弟，或女子丈夫的祖父母、叔伯父母、娘家兄弟等都服大功；男子的叔伯祖父母、堂姐妹、外祖父母，或女子丈夫的姑母、弟媳等都服小功；服缌麻的关系更远，一般为男子穿着，其对象是族曾祖父母、族祖父母、族伯叔父母、族兄弟及岳父母、舅父等。这些穿戴样式是唐宋以前的规矩。后世已经简化，不再分生麻白布、粗麻白布等，而是改用普通白布。亲疏区别等级没有改变，只在白袍上加小装饰以示区别。清末以后又简化，以“戴孝”来代替穿“五服”。主要以孝帽、孝鞋为主，也分等次。

中华人民共和国成立后，丧服有很大改变，多在左臂衣袖上戴黑臂章，儿女辈的在臂章上加钉一块白布，孙辈的加钉一块红布。现在农村基本恢复清以后的丧服形制。过去家人去世都要守孝，古制守孝三年。守孝一年后除去部分丧服，二年后可换上常服。现代除孝，一般以“六七”为期。除孝通常有祭祀仪式，过后即可除去孝服。家中门户第一年贴白纸，第二年贴绿纸，第三年贴红纸。

祭祀 主要有两种方式，一种是亡灵祭祀，另一种是祖灵祭祀。逝后每七日一祭，叫“做七”，共七七四十九日止。孝子在“六七”内不得理发。亡灵祭祀主要是“头七”和“六七”。由已出嫁的女儿来主祭，办斋饭、做佛事、烧明器。斋饭主要是“三荤三素”，烧肉、烧鱼、烧鸡和青菜豆腐等素菜。明器主要是纸扎，品种各式各样。“六七”过后，便逐渐向祖灵祭祀过渡，经过后来的“百日”“忌辰”“三周年脱孝”三次祭祀，再往后的祭祀便与生活习俗中的先祖祭祀合而为一。

节庆习俗

春节 俗称“过年”。有“过五天年”之说，从正月初一到初五都算在过年的日子里。大年初一清早，第一件事便是放“开门炮仗”；然后洗漱好，点香燃烛，敬祖宗；除在神柜上上香外，还于门口燃柱香或塔香；接着在门口燃放炮仗，数量不同，寓意不同。炸碎的炮仗屑撒满门前，叫作“金玉满门”“满堂红”，以示祥瑞。亲朋好友上门互道“恭喜”。

初一清晨，家人取食放置枕下用红纸包裹的红枣、云片糕等甜食，称为“甜甜嘴”，寓口出吉语。大人小孩皆穿新衣，焕然一新。早茶吃糕点、汤圆、枣子茶，寓团圆发财之意。中午吃“隔年陈”——剩下的“年夜饭”，寓年年有余。客厅放桌盒待客，内置寓意吉祥的美食，糕点（高升）、糖果（甜蜜）、花生（长生不老）、橘子（走局）、蜜枣（早早发财）。

邵伯古街

当日也有诸多禁忌。如不扫地，不向外倾倒垃圾污水，寓财不外泄；不晾晒衣物，不动刀剪，寓趋吉避凶；不能打破陶瓷器，万一不慎失手，应说“岁岁平安”，以求吉祥。拜年也有讲究，初二拜已婚的舅舅、舅母，外公、外婆；初三拜叔伯婶娘；初四拜岳父母；初五拜财神菩萨。正月初五，俗称“财神日”。往往初四深夜就抢先放鞭炮，以示接到财神。接财神的风俗起源于商家的行业习俗，后来民众争相效仿。

元宵节　古称“上元节”，但邵伯另有特色，有“求子得子寄干亲”的习俗。铸于清康熙年间的邵伯镇水铁牛，人称“铁牛干妈妈”。这天焚香祭拜铁牛的男女老少，络绎不绝。人们将儿童带的锁片、铜钱系于牛颈，祈求护佑。

是日晚，家家户户，彩灯高悬。条石街上，灯火通明，欢声笑语不断。天上孔明灯，水边荷花灯，拖的兔子灯，拎的橘子灯、红金鱼灯、绿蛤蟆灯，五彩缤纷，与乡下土地庙前桅杆上的长灯笼，交相辉映，十分壮观。

“十三上灯，十八落灯”，元宵节是高潮。“上灯圆子、落灯面”，寓自始至终圆满顺

春节龙舞美食街（2018 年）

畅之意。元宵节吃圆子，邵伯圆子的馅心多有讲究，有荤有素、有甜有咸，有鲜肉、五仁、豆沙、桂花糖、黑芝麻糖、野菜炒香干丁、野菜炒肉丁，更有一种现已少见的水晶馅——白糖绵板油丁，晶莹剔透，可谓五花八门，味各不同。

清明节　清明节各家扫墓，在外的子孙都要赶回家为祖先上坟。新坟一定提早上，老坟可延日。具体仪式有上供祀祭、焚化纸钱、燃香鸣炮、芟除荒草、培土上坟、更换坟帽（用新挖的圆锥形土块置于墓顶）、作揖辞行。现在人家基本砌水泥墓地，不用培土挖帽，直接带祭品上坟。中午各户在自家设宴祭祀，供三四样菜，有鱼、凉粉、薄煎、豆腐等，焚香烧纸。清明假期返乡者甚多，借清明扫墓祭拜先祖，也可郊外踏青。

端午节　五月初五，俗称“五月节”，家家门前插菖蒲、艾叶以镇邪，更有悬钟馗像于堂上护宅。将五彩丝绒扎成“百索子”，系在孩童手脚腕上；或织成“鸭蛋络络”，内放一枚熟鸭蛋，与纸质老虎一并挂在小孩胸前；孩童额上以雄黄书“王”字，以求免毒消灾，平安长寿。

平安吉祥挂件

端午饮“雄黄酒”，吃“十二红”。十二红，即十二种红色或红烧的时鲜菜肴。菜品虽无定规，但必不可少的是烧黄鱼、干咸菜烧肉、红烧鹅、盐煮虾、咸鸭蛋、苋菜。早上“吃粽子”习俗尚存。各家以糯米和着咸肉、红枣、香肠等裹着新鲜翠绿的粽叶，丝线缠扎，包裹的形状以三角或四角形为主，煮熟后清香可口。

天贶节 六月六，古称“天贶节”，源于道教。俗称“姑姑节”“接姑娘节”。时值农闲，接出嫁的女儿回娘家吃饺子，意为“裹嘴”“争气”。当地人利用炽热的阳光，暴晒家中的棉衣、被褥和换季的衣物，称为“晒伏”。“六月六，晒大伏”“六月六，家家晒红绿”，晒书画、衣物。“六月六,百索子撂上屋”，祈求“高寿”。此习俗至今未变。

中元节 七月十五，古称“中元节”，俗称“鬼节”。中午设供桌，祭祖先、烧纸钱（纸元宝）。当日开席宜早，供桌三面设座，一面供家人叩拜。供品有薄酒一杯，菜肴数盘，相对简约，以此告慰先人勤俭之风，但碗中米饭堆得满满尖尖。大家小户必有一道煎团粉，已成习俗。

中秋节 八月十五“中秋节”。俗称“八月节”“团圆节”。节前做馅心，包烧饼。馅心分甜咸两味，有萝卜丝、葱油、黑芝麻糖等。早晨，吃烧饼、月饼、邵伯老菱、小芋头仔子。邵伯人称月亮为“凉月子”，当地传说广寒宫里住的不是嫦娥仙子，邵伯人称之为“凉月子公公”，且有童谣“凉月子公公跟我走”流传至今。

晚上，明月当空，在天井设供桌，上置宫灯、宝塔、月饼、团圆饼（与月饼相比，两者大小、厚薄有别）、烧饼、芋艿、菱藕及桂花茶一杯。合家拜祭，吃团圆饭，饮桂花酒，赏月欢聚。次日早晨，分食团圆饼，人均一块，缺席者必留一份，以示团圆。现今欢度中秋习俗尚存，拜月活动日渐消失。

重阳节 九月初九重阳节，雅称“茱萸节”。重阳节有登高、食糕（重阳糕）以避灾的风俗。重阳糕用米粉制作，印花纹，插五色三角小纸旗，称“重阳旗”。重阳酒又名菊花酒，晚间手工作坊均备酒肴宴请工匠，感恩其夜以继日的劳作。《中华人民共和国老年人权益保障法》将农历九月初九定为老年节，寓意敬老、爱老。

除夕 腊月三十（月小二十九）除夕，俗称“三十子”“三十晚上”。是日晚，张灯结彩，锣鼓喧天，鞭炮齐鸣，合家团聚，通宵达旦，名为“守岁”。节前，置办年货，缝新衣，添用物。日间，写春联、贴“福”字、挂年画，大家小户，乐此不疲。晚上吃“年夜饭”，又称“团圆饭”。若有缺席者，必虚席以待。这是一年中最丰盛的一顿晚餐，冷盘、热炒、烧、煮、烩、焖摆满一桌，既富水乡特色，又含吉祥寓意。烧鱼（年年有余）、肉圆（合家团圆）、豌豆（平平安安）、水芹菜（路路通）、豆腐（陡富）、青菜（清清白白）、水粉丝（长寿），不一而足。晚上多煮米饭，剩下来的装入笆斗，叫“隔年陈”。饭上插松树枝，挂纸元宝，点缀花生、白果、红枣，叫“摇钱树”，烤火盆称“聚宝盆”。长辈用红纸包钱给晚辈，为“压岁钱”。现新增收看春节联欢晚会节目，已成为年三十的传统项目。

邵伯人家年夜饭

庙会集市

据说邵伯有九十九座半庵观寺庙，佛教、道教、伊斯兰教、天主教、基督教，教派林立，源远流长。古老的邵伯梵行寺，俗称西寺，建于东晋宁康三年（375），比建于南朝的扬州大明寺早近百年，比谢安筑埭还早十年。故有“先有梵行寺，后有邵伯镇”之说。邵伯的宗教文化丰富多彩，异彩纷呈，最引人入胜的则是庙会。

城隍会 每年清明节、七月半、十月初一出会，均为祭祀之日。届时镇人到城隍庙请城隍神出巡南郊行宫南济孤坛，或出巡北郊行宫北济孤坛，两行宫均设于镇郊丛冢旁。镇人迎城隍到坛，行会时，喝道鸣锣行进。城隍神轿前分列“文武判官”和“刽子手”为护卫。所过之处，家家门前摆设香案敬神。中华人民共和国成立后，庙会活动停止。

都天会 都天行宫，司疫之神。每年农历五月十八、七月初一，分别由南都天庙、北都天庙主持出会。庙会当日上午，庙内香客络绎不绝，下午神像起驾出巡。行会时，鸣锣开道，随后唢呐齐鸣、笙箫并奏，最后神舆行进。神舆前有“文武判官”和“刽子手”分列，以示护卫。出会队伍绕街一周，夕阳西下回宫，路边的善男信女，叩拜祈福。抗日战争后，此俗废止。

城隍会（2019 年）

传统文化演出——邵伯舞龙（2017 年）

观音会 每年农历六月十九观音菩萨诞辰出会。是日上午，镇上朝圣祭拜者接踵而至梵行寺。下午，出会游行，行会时，“马弁”开路，跳马皮。信徒9人，手执木鱼法器，口念观音偈，随之民乐队20余人吹奏乐曲。再后有雕刻精致的红木驾亭抬观音神像行进，亭内缀满兰花，陈设供品，点燃檀香，香气袭人。驾亭行至运堤南端礼门慈善堂稍事休息，供奉茶点后，继续向大街游行，傍晚回梵行寺。中华人民共和国成立后，此俗废。

东岳会 俗称“三月二十八”。每年农历三月二十八，晨曦微露，邵伯东岳庙内钟磬齐鸣，鼓乐喧天，香烟缭绕，庙里庙外人流如潮。殿前，停放着一乘八抬大轿。轿内，端坐着神态威武的“东岳大帝”(“封神榜”上的黄飞虎)。轿前，五彩幢幡林立。轿后，各式管乐尾随，婉转悠扬的邵伯锣鼓小牌子，清新悦耳。参拜完毕，銮驾缓缓起行。一时前呼后拥，鸣锣开道，大队人马沿神路前行。条石街上，从北圈门至南圈门，善男信女早已设案迎候，焚香叩拜。当队伍经过来鹤寺时，沸腾的人群归于寂静，来鹤寺旁玉皇阁内供奉的是玉皇大帝。銮驾过后，浩浩荡荡的行列里便是各式各样精彩的文艺表演。邵伯的鱼行、粮行、盐栈、钱庄等各行各业纷纷打出自己独特的文化品牌，在父老乡亲的喝彩声中一比高下。三里长的条石街上，观者如潮。在运河堤上、万寿宫广场，五彩缤纷的帐篷一座接一座，绵延数里。各式叫卖声、吆喝声此起彼伏。

后来的三月二十八已演变成物资交流大会。四乡八镇，乃至南京、上海的商贾不远千里云集邵伯，虽人山人海，但已难觅当年文化旧迹。至2016年，物资交流活动已取消。

民间歌谣

邵伯民歌是扬州民歌的发源地之一。千百年来，一代又一代农民创作和传唱过多少种号子，已难以考证。据扬州市文化局原副局长韦人介绍，中华人民共和国成立初期，他在邵伯文化站工作期间，曾举办过一次有近万人参加的民歌大会，发现不同曲调的民歌有一百多种，不同歌词的则在千首以上。现已被定为扬州市歌的《茉莉花》，在邵伯至少流传三百年，在曾征集到的清嘉庆年间流传下来的号子书里面即载有此歌。

2005 年，潘名祥整理出版的《邵伯民歌民乐集》中，收集民谣 80 首、民歌唱词 69 首。这些民谣大都和生产生活息息相关，反映特定时期农民在生产中的精神状态和思想追求，是民俗文化宝库的重要组成部分。

水车号子 是劳动农民踏水车为禾苗灌溉时所唱的劳动号子。主要代表作品《早上起来天气晴》《互助合作好》《十枝花》《十只台子》等。

薅草号子 是在田间地头薅草劳动时所唱的号子。代表作品《早上起来露水多》。

推耙号子 是田间为农作物清除杂草或松动土壤时唱的号子。代表作品《乌鸦接住凤凰声》。

抬草号子 是农作物脱粒后，二个人一前一后用两根叉杠将稻草或麦秆抬走时唱的号子。代表作品《抬起草来脚下稳》。

赶牛号子 是田间耕作时唱的号子。

放鸭号子 是放鸭人在水乡河间立于船头唱的号子。代表作品《青青浮萍水上漂》。

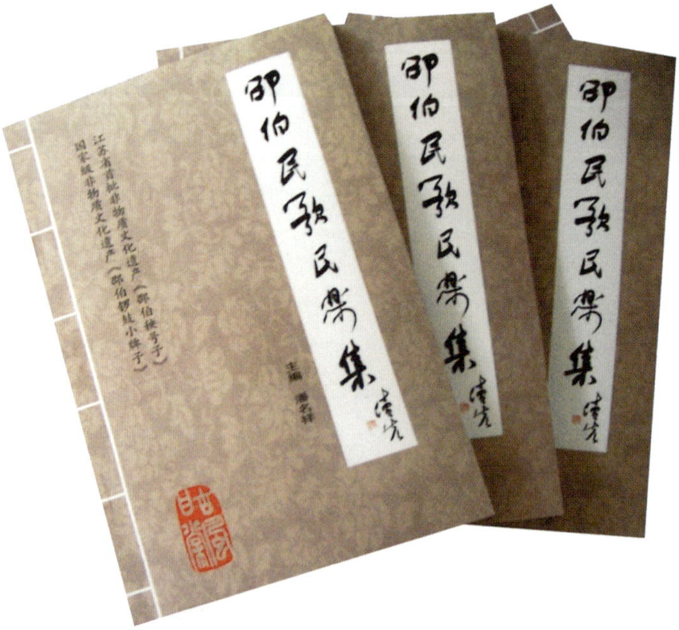

《邵伯民歌民乐集》

唱打硪号子（2008 年）

民间小调——唱麒麟（2008 年）

打硪号子 是农民在打地基或打桩时唱的号子。代表作品《打硪号子》《齐心协力撂得高》。

还有唱麒麟、荡湖船、唱花鼓、挑花担、唱道情等民间小调，其唱词基本贯穿一个主题——爱情。从民谣的歌词名称即可看出，如《我同小妹看花灯》《想姐姐》《哥有意来妹有心》等。

因现代农业机械化作业普及及一代代老艺人、老歌手相继离世，农村少有年轻生产者继承，与生产相关的民间歌谣渐渐退出历史舞台。至 2016 年，与习俗相关的唱麒麟、荡湖船等民间说唱，在农村依然流行。但随着传统节日习俗渐被丢弃，这些民间歌谣也是后继乏人。

宗教信仰

佛教 在邵伯，佛教始于东晋，兴于明清。东晋宁康三年（375）高僧行密到邵伯建寺传教。隋朝建法华寺，宋代建宝公寺，明清时期增建更多庵堂寺庙，僧尼众多，香火极盛。其时，外地佛教徒频繁到邵伯参加佛事活动。清康熙元年（1662），建多宝院斋僧馆，设经堂及客居宾位，安置客僧。据统计，1930年，全镇有佛教徒256人，其中僧202人、尼54人。来鹤寺有僧40多人，该寺末代住持雨昙为20世纪30年代江苏省佛教协会会长。中华人民共和国成立初期，邵伯有僧尼49人，后僧尼逐步还俗，庵庙改作校舍、仓库或废毁。1990年，成立江都县佛教协会，邵伯设小组，会员3人，信徒58人，范慧禅为组长，并任县佛教协会副会长，会员及信徒定期在范宅进行佛事活动。2001年，印如法师到邵伯，在慧禅法师的观音庵修行。2003年，印如法师四处募缘，在邵伯南塘桥下西侧重建梵行寺，高旻寺方丈德林题写“大雄宝殿”。

道教　明天启初年，东鲁全真派道士刘化芳云游荆楚数年，募得木料和圣像，载船返鲁，途经邵伯，风雨骤起，波涛猝发，舟不能前，遂在罗令祠旧址建玉皇阁，以供神像。道徒刘体芳续募两廊钟鼓厢楼，再经吴门道士卢清闲续建而成。王清渊、蔡复基分别于清康熙五十七年（1718）、道光八年（1828）进行扩建。蔡复基的弟子为邵伯人管本厚，龙门派十五世孙，继续未逮之志，增修庙阁。翰林院编修蒋继轼、著名学者刘文淇先后撰《重修玉皇阁记》。

谢公祠、城隍庙均有道士主持。明代，全真派道士管时庵主持城隍庙。清乾隆五十五年（1790），五十八代正乙嗣教大真人张起隆奉敕封庙为“灵通伯”。中华人民共和国成立前夕，尚存道士5人，主持为刘西正。另有正乙派不出家的散居道士30多人，散居先进、许庄、南渡等地。他们世代相传，各有活动范围，常做道场活动。中华人民共和国成立至20世纪80年代，道教活动一度停止。改革开放以后逐渐恢复，邵伯一些乡间务农人员利用农暇参与道场活动。

伊斯兰教　清代，甘肃、山东籍回民到邵伯定居，后建礼拜堂开展活动。清咸丰年间，在后东街（原邵伯小学西侧）建清真寺，房屋4间，中间大殿为礼拜堂，廊坊设洁身室，是教徒祈祷洁身之处。中华人民共和国成立后，此寺被占用。1983年，清真寺退还给教徒，并由政府拨款整修、装饰。镇设伊斯兰教小组，1990年有教徒73人。2000年，清真大殿被弃用。

天主教　清中期传入邵伯。同治三年（1864）在庙巷南街西建天主教堂，有房屋三进，共12间。另1处在南塥玉带河边多子桥处，共有教徒100多人。抗日战争期间被毁1处，教会活动停止。

清真寺（1999 年）

基督教堂（2000 年）

基督教 1926 年，镇江真道堂 2 名美国牧师到邵伯传教，2 个月后扬州牧师谢颂三到邵伯接替传教。此后有毛长明、汤之奎等 10 多人参加教会活动。1937 年，日军侵占邵伯，教会活动停止。1986 年，谢颂三之妻孙文献到邵伯与毛长明联系，恢复该教活动，在毛宅设简易教堂，20 多人参加礼拜活动。另有 50 多名教徒参加真武基督教聚会点的教会活动。1989 年，建邵伯镇耶稣聚会点，教徒 100 多人。1990 年，教徒捐资 1 万多元购原食品站房屋 4 间，中共江都县委统战部批拨修理经费，整修后用作教堂。有近 300 人参加礼拜活动。1996 年，聚会点负责人石圣华在原址翻建基督教堂。至 2016 年，有教徒千人，宗教活动正常进行。

方言俗语

涵盖区域 邵伯方言属江淮官话洪巢片。邵伯是洪巢片方言东部边缘一个很有代表性的方言地区。“邵伯话”的通行地域除邵伯外，还有仙女、昭关、丁伙、三周、永安、真武、滨湖、杨庄、双沟（北郊）和高邮八桥等乡。扬州郊区的湾头乡北部，城北乡的瓦窑铺，邗江区的酒甸、黄珏、泰安等沿河湖地区的乡镇方言也夹有“邵伯腔”。邵伯方言内部的一致性很强，未见明显地域差异。只镇东艾菱村是一个方言岛，居民大多来自兴化，他们使用的方言具有江淮官话泰如片的方言特征，俗称“下河腔”。

邵伯方言特点

有诸多古汉语的痕迹 如“一而当之”“迂而其赘”“大而化之”“小而言之”“心不在焉”“皮而踏趾”“如意若糖”“笃而定之”“墨者黑也”。

拟人化，生动逼真 如“一树的果子望你红”“买猪不买圈”“宁饿竹子不饿笋”。

内涵丰富，一词多义 如“奶奶”本意是“祖母”，但“他和他家奶奶打起来了”，“你家去问问你家奶奶再说”，这里的“奶奶”指“老婆”。又如，“隔壁四奶奶上街去了”，这里的“奶奶”，第二个“奶”字音“赖”，读成“奶赖”，于是义随音移，这里的“奶奶”指成年妇女。又如“家”是名词，但“你什么时候家来？”的“家”成了动词，“回来”的意思。

一词多音 如“子”，邵伯话读“者”，如“老子”“儿子”“桌子”“房子”“票子”“车子”的“子”均读“者”。又如“去”字，读成“克”，如“你去不去”“你不去我去了”。再如“敲”读成“靠”，如“敲门”“敲锣打鼓”“敲木鱼子”。

音乐性强，朗朗上口 如“一家不如一家，和尚不知道家”“八八钱，八八货，八八生意八八做”“大哥不要说二哥，长鱼不要说泥鳅”“女大不中留，久留必生仇”“又是龙灯又是会，又是老奶奶过八十岁”“冬瓜撞木钟，黑漆皮灯笼”“早上煮一锅，吃到鸡上窝”“要得俏，自来俏，打扮起来惹人笑”等。

有哲理性 如“一人不抵二人计”“一钱逼死英雄汉”“出头的椽子先烂”“失势的凤凰不如鸡”。既是前人智慧的结晶，更是后人行为的指南。

多用比兴，简明传神 如“买衣裳看袖子，娶老婆看舅子”“东沟头钓鱼西沟头放”“家鸡打得团团转，野鸡打得插翅飞”“冬瓜撞木钟，黑漆皮灯笼”“灯花跳，喜事到”。

对仗工整，易记易传 如“捡钱不费力，费力不捡钱”“霜前冷，雪后寒”“棒打出孝子，惯养忤逆儿”“养儿防老，积谷防饥”“家头不烧火，外头不冒烟”等。

邵伯俗语写尽社会万象，口耳相传，传承千年，至今不衰，具有顽强的生命力。

方言遴选释义

间交 有技巧、窍门的意思。说人“不懂间交”，则是指这人不懂常识。生活中遇人处事，某些环节交代不清，事后容易造成矛盾。例如，张三帮李四到车行修车，如果换了零件，尽管李四怎么信任张三，张三还是要开发票，并将损坏的旧零件带回，否则就是欠“间交”。

辣刮 本指辣椒的辣味辣得很。后借指程度强，或手段毒辣。冬天，风雪交加，冻得直抖。“乖乖，今个冷得辣刮呢。”

值抵 谓人情、财物、胜负相互抵消之意。甲乙两个人下棋，甲道，我胜你一局，你胜我一局，大家“值抵”。

抽千 狂喊、折腾。某人蛮喊乱叫的，“高喉咙大嗓子，你抽千呐。”某人做一件事，磨磨蹭蹭地做不好，“你不要抽千了，这点小事都弄不好，我来我来。”

差窍 某人经常算错账，说话颠三倒四，则被人嘲笑为“差窍”。

歹怪 偏偏、恰恰，有出乎意料之意。“该应了，我们一起买彩票，‘歹怪’他中了。”

井干 方言里的“井干”，意“怎么样”。这个词，有时合音相切，直接说成“简”。“怎么样”，在一般语境下用来表示疑问，但“井干”在扬州人口语里可用于表达各种复杂感情。

负气——“我就这杆子，你能把我井干？”

关怀——“哎呀！就要下暴雨了，他出门井干不带伞的？”

埋怨——“闯这么大个漏子，看你井干收场？”

六塌油 方言里的诙谐俗语，有将就、马虎、糊弄之意，有时也引申为骗人、撒谎、不诚信、偷工减料等。“这家饭店以前做的菜还可以，今天这个菜清汤寡水的，骨里六塌油了。”

轴头六怪 指桀骜不驯，性格倔强。“这家伙不听人劝，轴头六怪的，难处呢。”

谚语

歇后语

二斗五 —— 请升

二两二的码子 —— 对了

二姑娘打肉 —— 倒贴

八十岁学吹鼓手 —— 中气不足

七窍差一窍 —— 六窍

七窍通六窍 —— 一窍不通

采摘邵伯菱

十六两的大秤 —— 称透了
十一点 —— 家里蹲
十年难打的一更天 —— 来人了
十年一个大生生 —— 难得
十五个吊桶打水 —— 七上八下
九天喝凉水 —— 滴滴记在心
三分钱一个烧饼 —— 拣大的拿
三分钱一个京江齐子 —— 六角铮铮的
三天吃六顿 —— 欢得很哩
大丈夫报仇 —— 十年不晚
大水冲了龙王庙 —— 自家人不认自家人
大姑娘搽粉 —— 邵伯（少白）
大姑娘上花轿 —— 头一回
小和尚念经 —— 有口无心
小褂子没得领 —— 撮起来了
老母猪耕田 —— 不赌嘴功（拱）
丈母娘看女婿 —— 十看九中
乡下人进城 —— 看花了眼
门缝里看人 —— 把人看扁了
土地老爷吃黄瓜 —— 甩种
飞机上送信 —— 高邮
六个指头抓痒 —— 加一奉承
六月头债 —— 还得快
山尖上开门 —— 又是一家
王小二过年 —— 一年不如一年
王侉子卖膏药 —— 当面见效
王胡子下面 —— 看人兑汤
王婆卖瓜 —— 自卖自夸
王妈妈照应武大郎 —— 没安好心

王瞎子算命——有一句说一句
水缸里菩萨——定定神
爬瓦窑铺失火——谣言（窑烟）
不蒸馒头——争口气（蒸）
夫妻两个抬条毛毛虫——大小是笔生意
四个爪子白——家家熟
头发丝子捆老虎——以埋服人
外甥打灯笼——照旧（舅）
白颈项的老鸦——张口就是祸
瓜田里拣瓜——拣得眼花
百岁养儿子——难得
老虎挂佛珠——假慈悲
老虎嘴里找食吃——送死
老鼠吃刺猬——无从下口
老鼠掉到油缸里——胀死不休（羞）
老狗爬锅台——后腿上不来
吃了秤砣——铁了心
朱洪武扫地——各蹲原位
阴天驼稻草——越驼越重
肉包子打狗——有去无回
狗头上长角——装佯（羊）
后心贴膏药——钱心重（前）
江猪子过江——会得拱哩
鸡蛋碰石头——自不量力
豆腐掉到肉锅里——昏（荤）了
张飞的胡子——理不清
张公养鸟——越养越小

公鸡害嗓子——不能提（啼）
瓦匠吃晚饭——朝下
孔夫子搬家——尽是输（书）
火烧眉毛——只顾眼前
四两棉花八把弓——慢慢谈（弹）
仙女庙的锣鼓家伙——各敲各的
头发丝子捆豆腐——提不起来
刘备借荆州——有借无还
半夜里哭妈妈——亏你想得出来
灯草的拐棍——做不得主（柱）
老虎不吃人——恶名在外
老虎头上拍苍蝇——找死
老鼠钻风箱——两头受气
老鼠套笼头——不是牲口
老狗看家——嘴动身不动
老奶奶不吃烂面——又下了（下雨）
吃茶不吃点心——架事的
关老爷卖豆腐——人硬货不硬
阴沟里的鹅——顾嘴不顾身
竹篮打水——一场空
西瓜淌水——坏了
团梁改粪桶——大材小用
鸡窝里伸棍子——捣蛋
穷人买米——一身（升）头
张天师被娘打——无法可治
张飞穿针——粗中有细

传统文化

邵伯镇历史遗存、名胜古迹甚多，世界文化遗产——京杭大运河环绕古镇，镇域有世界文化遗产点5处、国家级文物保护单位2处、国家级非物质文化遗产1项、江苏省非物质文化遗产2项。

邵伯的民间文艺丰富多彩。除传统节假日开展民间文艺活动外，庙会演出和渔民祭祀文化活动更具特色。有运河文化衍生出的摇麻绳、打锚链等服务水运行业的传统技艺，邵伯李庄的“打坝头”技艺等，均在大运河沿线声名在外。邵伯也是扬剧发源地之一。

中华人民共和国成立后，邵伯文化事业日趋兴盛，俱乐部、业余剧团、电影队等相继成立，群众文艺活动蓬勃发展。至2016年，镇属文艺社团达17个，正常活动文艺骨干达千余人，涵盖多种艺术门类。

非物质文化遗产

邵伯地处里下河地区，独特的地理环境孕育了独具特色的地域文化。邵伯锣鼓小牌子和邵伯秧号子是邵伯民歌民乐的典型代表，已被收录在原文化部编录的全国民歌民谣录和器乐集成的相关书籍中，是研究中国民间文艺的重要资料和特色样本。至2016年，共收集有谱的栽秧号子72首、民间小调30首、民间唱词69首，有谱的邵伯锣鼓小牌子12首。其中，入选《中国民间歌曲集成》《中国民间歌谣集成》《中国民族民间器乐曲集成》的有32首，还有13首被收入《扬州歌谣谚语集》。2008年，“邵伯锣鼓小牌子”入选国家级非物质文化遗产项目。2007年，“邵伯秧号子”被江苏省人民政府批准为省级非物质文化遗产项目。2009年，“露筋娘娘传说”被江苏省人民政府批准为省级非物质文化遗产项目。

邵伯锣鼓小牌子

明代，邵伯已是京杭大运河上的重镇，南北文化在此交融，扬州音乐很快在邵伯传播，粗细十番颇受青睐。邵伯民间二胡、竹笛、琵琶等逐步进入店堂或雅集演奏。邵伯民间音乐得到长足发展。

历史渊源 邵伯锣鼓小牌子起源于明代，据清代李斗《扬州画舫录》记载：“十番鼓者吹双笛，用紧膜，其声最高，谓之闷笛……若夹用锣铙之属，则为粗细十番……是乐前明已有之。”此吹打乐，即为粗细十番，明代已流传于扬州。邵伯锣鼓小牌子的基础是伴随邵伯人上千年的“新春锣鼓”和邵伯特有的“邵伯长锣”，在乐曲结构上受到传统十番锣鼓的影响。

邵伯锣鼓小牌子形成于清代中后期。《扬州画舫录》记载：“郡城花部，皆系土人，谓之本地乱弹，此土班也。至城外邵伯、宜陵、马家桥、僧道桥、月来集、陈家集人，自集成班。……若郡城演唱皆重昆腔，谓之堂戏；本地乱弹只行之祷祀，谓之台戏。”

邵伯锣鼓小牌子参加“中国·扬州第十一届邵伯湖旅游龙虾节”演出（2011 年）

此段记载表明，城外首指邵伯，当地人已自集成班。器乐合成逐步臻于完善，从而推动邵伯锣鼓小牌子的普及与发展。

锣鼓小牌子曲调主要来源于扬州民歌、小调。《扬州画舫录》载：“扬州清唱既盛，串客乃兴……邵伯串班，各占一时之胜……以下河土腔唱【剪靛花】，谓之‘网调’。”邵伯船民唱的调子被称为“网调”。跟学者众多，邵伯网调当时在扬州地区十分风行。《扬州风土记略》载：“扬州小曲颇驰名，有所谓‘网调’者，来自邵埭，至今唱者不绝。因之锣鼓丝弦，研习者众，清音乍奏，其声清徐，使听者忘倦。”在清代，粗细十番也称锣鼓小牌子，扬州清曲、地方民歌等民间音乐在扬州、邵伯一带已非常活跃，特别是扬州清曲的曲牌、特色打击乐及道教音乐等，为邵伯锣鼓小牌子在乐队编制、乐器运用、曲牌演奏、表演形式等方面的形成奠定坚实基础。

邵伯锣鼓小牌子发展于民国。20 世纪 30 年代，家住北大街城隍庙附近的翟（粮行老板）、程（酒行老板）五兄弟与 30 多名器乐爱好者自集成班，起名为“同福会音乐班”，并购进多种乐器。班员来自各个行业，他们将劳动者作业之声融入乐曲。乐班演奏人员刻苦学艺，不断创新，集体创造出南北交融、雅俗共赏、兼具地方特色的小牌子曲。20 世纪 40 年代，邵伯锣鼓小牌子在禹王宫与丁沟、樊川、仙女庙等地小牌子会赛获第一名，又在镇江伯先公园与苏南及江都樊川等地小牌子乐队会赛，获银盾奖（第一名）。

邵伯第二次解放前夕，邵伯锣鼓小牌子演奏人员曾配合华东军区文工团为人民解放军渡江部队慰问演出。1952 年，代表扬州市到南京参加江苏省的文艺会演，江苏省广播电视总台录制《梅花三弄》《二六》《八段锦》《鹦鹉歌》《青阳扇子》等5首代表乐曲。从此，邵伯锣鼓小牌子曲传遍江苏省。

20世纪50年代后期，邵伯锣鼓小牌子乐班成员大部分进入省、市扬剧团成为专业音乐工作者，为扬剧音乐的发展作出极大贡献。80年代初，国家开始抢救民间文化遗产，对邵伯民歌民乐进行普查、搜集、整理。1991年，《八段锦》《鹦鹉歌》《十八省夹堂子》等12首代表作被收入《中国民族民间器乐曲集成·江苏卷》。

2001年，由邵伯锣鼓小牌子传人王荣棠传艺，私营业主王廷宽出资购买乐器，召集全镇器乐爱好者10多人开始演奏，使沉寂已久的邵伯锣鼓小牌子乐曲声在邵伯重新奏响。至2016年已相继接受中央、省级媒体采访报道多次。

基本内容 邵伯锣鼓小牌子是丝竹乐与打击乐密集交替演奏，多支曲牌连缀而成的套头曲，是扬州、里下河牌子曲中一个富有特色的流派。演出形式有坐台、踩街两种。坐台，即搭台坐式演奏，台上搭小台，打击乐坐小台上，台下丝竹乐人员分两边，排列讲究对称；踩街演奏，前有旗幡仪仗鸣锣开道，百业众工按行业尾随其后，民间艺人“小牌子乐队”排列有序，披红挂彩，成双配对，边行边演，有站高肩、荡湖船、挑花担等民间歌舞穿插其中。

施展绝技是邵伯锣鼓小牌子一大特色。高胡手颜琦以“头顶拉二胡”为绝技，在踩街演出群众一片喝彩声中，把高胡放在头顶演奏“西皮”曲调，音调清脆、高亢、突出。锣鼓手程鹤林以铙钹“水里冒葫芦”打破传统“狮子张嘴”敲击法，把水擦布折叠成三角形，紧握铙钹，用手腕在胸前连续柔击，沿胸前向上直至头顶，发出似空葫芦在水中的咕噜声，在历次赛会活动中均能拔得头筹。

邵伯锣鼓小牌子排练现场（2015年）

特色小打击乐也是邵伯锣鼓小牌子的特色，演奏者须具备较强的表现力。用牙筷敲击小瓷碟，艺人从拿碟的姿势到不同的敲击方法均相当讲究，并一一赋予形象化的名称。左手拇指在下，用虎口夹碟子于胸前，名“伸手揽月”；碟面向上的四指中，中指在上，食指与无名指在下，横夹一筷击碟口，名“匹马”；右手用大拇指、食指、中指执一筷尾，用筷尖或中段击碟边，名“单枪”；筷尖从上向下击碟心，称“蜻蜓点水”；筷法从下向上敲碟底，称“海底捞月”；左右手两筷互相配合打击，称“匹马单枪”；配合乐曲节奏板眼敲打，叫“放点子”；用右手的筷子轻捺碟边使其抖动，从而使碟边与左手的筷子发出连续碰撞声，类似琵琶演奏中的“轮奏”，叫“撒豆子”。这是中碟（直径 6 寸）击法。到音乐高潮部分，使用小碟（3 寸），音色清脆悦耳，节奏加快时，犹如中音与高音乐器演奏。小酒盅，是邵伯锣鼓小牌子另一特色小打击乐。一般用两只酒盅、一支牙筷，左手拇指向上托一酒盅，中指与食指夹另一酒盅敲击，要求举手齐眉。右手用拇指、食指轻轻夹筷，或里或外敲击酒盅。另一技艺为双手夹四只酒盅，方法与上同，左右手轮流上下摆动，高潮时双手上举，四只酒盅同时撞击，发出清脆的颤音。

演奏曲牌多为地方民歌小调，富有乡土气息。据普查统计，曲牌有《八段锦》《二六》《青阳扇子》《鹦鹉歌》《十八省夹堂子》《剪靛花》《川心》《柳青娘》《九连环》《下盘棋》《老十杯酒》《跳槽》《劝笑》《老八板》《和合调》《青纱扇子》《鲜花调》《知心客》《满江红》《苏武牧羊》《手扶栏杆》等 30 多首。

演奏乐器

丝竹类　笛两支（演奏时左右对称，称雌雄对笛）、管两支、小圆笙两支、主胡两把（六角筒）、高胡两把（六角筒）、四胡两把（四弦四轴）、琵琶两面、小三弦两把、秦琴两把、大三弦一把（坐台演奏时用）。

打击类　海锣，即头锣（开道用，出会时用两面）、大堂鼓、高音小堂鼓、中音锣、五音锣、七音锣、小脐高音锣、小云锣、铙钹、小脐钹、大木鱼（寺庙用的低音木鱼）、小木鱼、撞铃、酒盅、瓷碟、小汪子、单皮鼓、檀板等各一件。

代表作品　《八段锦》由 4 个小曲牌《八段锦》《鹦鹉歌》《十八省》《十八省夹堂子》组合而成。其中,《八段锦》《十八省》为民间小调，后被扬州清曲吸收为演唱小曲牌。这 4 首曲牌均用锣鼓《慢长锤》连接，而成为一个结构完整的套曲。《八段锦》《十八省》原曲调旋律比较简单，经过器乐艺人运用加花变奏手法处理，旋律优美，跌宕起伏，节奏明快，情绪热烈，加上中间锣鼓，更烘托热闹的气氛。《鹦鹉歌》顾名思义好似鹦鹉在唱歌，婉转动听，舒畅缓慢，时而高亢，给人以明朗的感觉。全曲以丝竹乐为主，加小打击乐，既突出优美典雅的旋律，又突出小打击乐的浓郁特色，小打击乐和五音锣、七音锣中出现铁匠、木匠劳动作业之声，把锣鼓小牌子演奏气氛推向高潮。《十八省夹堂子》是在《十八省》原曲基础上改编的，曲调欢快、热情奔放，锣鼓同奏，高音部分加花式演奏，曲调婉转动听时忽然来几个跳跃，曲牌内涵更加丰富，展现老艺人的艺术才华和创新精神。它是邵伯锣鼓小牌子的巅峰之作。这一代表作入选《中国民族民间器乐曲集成·江苏卷》《扬州、里下河牌子曲》，被列为首篇。

传承谱系 邵伯锣鼓小牌子使用的乐器品种繁多，每种乐器都有独门技艺。各类器乐组合演奏又是一个整体，对参与演奏者提出综合素质要求。演奏人员来自各行各业，组织者不仅要具备较高的专业素养，还要具备较高的社会活动能力。因此，邵伯锣鼓小牌子在长期的传承活动中，形成较为特殊的社会传承网络，既包括单种器乐的家族传承和师徒传承，又包括在活动中相互切磋技艺、共同组织创作的乐班传承以及“领军人物”众推公议、推陈出新、自然涌现的独特传承方式。

邵伯锣鼓小牌子传承谱系一览表

表 5

世系	姓名	性别	出生年份	传艺方式	从艺年份	住址
第一代	翟永如	男	1881	耳听口哼	1895	北大街
第二代	翟荣安	男	1901	祖传	1920	北大街
	马建山	男	1901	师传	1920	北大街
	翟履安	男	1901	祖传	1925	北大街
	翟隆安	男	1889	祖传	1910	北大街
	张继良	男	1901	师传	1920	北大街
	周金如	男	1910	师传	1920	北大街
	刘振声	男	1900	师传	1920	北大街
	刘振广	男	1900	师传	1920	北大街
	刘振喜	男	1910	师传	1920	北大街
	管金保	男	1900	耳听口哼	1920	北大街
	王德辉	男	1910	师传	1921	北大街
第三代	翟玉喜	男	1909	祖传	1925	北大街
	颜　琦	男	1915	师传	1935	北大街
	翟鹤高	男	1915	祖传	1935	北大街
	翟来亭	男	1929	祖传	1945	北大街

续表 5

世系	姓名	性别	出生年份	传艺方式	从艺年份	住址
第三代	程鹤年	男	1928	祖传	1946	北大街
	程鹤林	男	1926	祖传	1945	北大街
	程鹤山	男	1930	祖传	1945	北大街
	刘庆怀	男	1926	师传	1942	北大街
	韩从庆	男	1922	师传	1940	北大街
	张兆青	男	1927	师传	1945	北大街
	刘思同	男	1915	师传	1935	北大街
	陈玉庭	男	1916	师传	1935	北大街
	张　寿	男	1910	师传	1930	北大街
	钟海虎	男	1910	师传	1925	北大街
第四代	王荣棠	男	1937	师传	1952	北大街
	冯玉和	男	1931	师传	1948	北大街
	周　谦	男	1932	师传	1948	北大街
	侯永仁	男	1929	师传	1948	北大街
	翟仁顺	男	1931	师传	1948	北大街
	汪小波	男	1930	师传	1948	北大街
	樊立广	男	1931	师传	1948	北大街
第五代	翟松俊	男	1950	祖传	1965	北大街
	翟佑俊	男	1935	祖传	1950	北大街
	翟佑荣	男	1945	祖传	1960	北大街
	程松明	男	1949	祖传	1964	北大街
	戴保根	男	1947	师传	1962	北大街
	洪祖亮	男	1943	祖传	1958	北大街
	李长宝	男	1954	祖传	1968	大马头
	刘光祖	男	1951	师传	1968	许庄村
	胥小顺	男	1955	师传	1970	甘棠社区
	王廷宽	男	1943	师传	1960	甘棠社区
	仇兆坤	男	1945	师传	1963	北大街

至 2016 年，小学普遍开设邵伯民歌民乐班，传授邵伯锣鼓小牌子基础知识。邵伯中心小学由王荣棠辅导的 4 支学生乐队参加全市小学文艺会演，均获得好评。

代表性传承人　刘振声，男。擅长二胡、琵琶。后被省扬剧团吸收为乐师，是成功把京剧“西皮”调移植到扬剧的创始人。他把邵伯锣鼓小牌子乐段运用到扬剧传统剧目《百岁挂帅》“寿堂十杯酒”之中。

翟玉喜，男。师传祖父翟永如（吹拉乐手）、父亲翟隆安（邵伯六书闹台班成员）。他与德大酒行三兄弟程鹤年、程鹤林、程鹤山共吸收 20 多名乐器爱好者，组建同福会音乐班，并被推为班首。他擅长高胡、小唢呐。为吹唢呐运气，每天用麦秸草在水里吹气泡苦练，1948年在丁沟赛会上，吹奏长达36小时，一时传为佳话。翟玉喜曾在扬州专区扬剧团当乐师，为扬剧著名演员高秀英伴奏。

颜琦，男。同福会音乐班主要成员。收集和创新大量民间曲调，在演奏上形成自己堆字加花、以声传情的独特风格，演奏方式被誉为“花彩”演奏。他的演奏情绪热烈，技艺纯熟，在当地颇有名气。在省扬剧团做演奏员时，曾获华东戏曲会演琴师奖。

冯玉和，男，邵伯镇人，自幼酷爱音乐，长期受民间音乐熏陶，自学成才，擅长吹曲笛，弹拨乐器也很娴熟。他演奏的民间乐曲笛子独奏曾获1956年扬州市民间音乐演奏个人奖。他的演奏真挚质朴，是邵伯锣鼓小牌子演奏艺人中的后起之秀。

王荣棠，男，1937年生。童年就参加锣鼓小牌子演出活动，后成为江都扬剧团乐师，吹拉弹打件件精通，且有组织指挥乐队的才能，对邵伯锣鼓小牌子及其乐曲研究造诣较深。1991年，他传谱的代表作被收入《中国民族民间器乐曲集成·江苏卷》《扬州、里下河牌子曲》，被列为篇首。2001年，他召集全镇乐器爱好者恢复邵伯锣鼓小牌子演奏。为培养新生代乐手，先后在邵伯中心小学培训4支学生乐队。

主要特征 邵伯锣鼓小牌子在邵伯民间已流传300年左右，经过长期传承与发展，具有以下特征。一是极大的包容性。在其发展过程中，分别吸纳道教音乐和“六书”昆调的精华，以及源于千年新春锣鼓的特色小打击乐，经过几代艺人的糅合和创新，融会贯通，自成一体。丝竹乐曲调丰富优美，锣鼓乐点子变化多端，器乐演奏特技画龙点睛，构成丝竹乐和打击乐在艺术上的完美结合，其曲牌既雄浑深沉、气势雄伟又委婉细腻、格调清新，表现出兼收并蓄的艺术特征。二是鲜明的地域性。在演奏民歌小调时

邵伯锣鼓小牌子代表性传承人——王荣棠（2015年）

邵伯锣鼓小牌子老艺人（从左至右为翟鹤高、冯玉和、张兆青、程鹤山、翟来亭）（2015 年）

的艺术处理，自然流畅，别具特色。应用民间特种行业劳作之声来装点乐章，更增添浓郁的乡土气息和生活情趣。檀板、板鼓奏出的声音酷似渔船赶鱼；云锣、小打击乐奏出的声音酷似木匠用排斧钉船；七音锣发出的声音酷似铁匠打铁。三是艺术的亲缘性。在发展过程中不断变化，邵伯锣鼓小牌子与扬州清曲同属于姐妹艺术，相互借鉴，丰富创新，反过来又对扬剧音乐的改进与伴奏产生积极作用，邵伯锣鼓小牌子具有与姐妹艺术亲缘性特征。四是对宗教、民俗活动的依存性。传统的邵伯锣鼓小牌子，通常演出于庙会、民间节庆日、社火活动街头，所谓“踩街”“坐台”等表演形式也较为特殊，与其他的器乐小牌子存在明显区别。

邵伯秧号子

邵伯秧号子是苏中地区稻作文化中独具特色的一种民间俗曲。在民间流传千年以上。它是劳动人民为振奋精神、抒发感情、消除疲劳、协调节奏、自娱自乐的一种世代承袭的民间歌唱方式。

历史渊源 邵伯地处长江下游，水网稠密。农耕栽秧历史久远，“劳者歌其事”，与栽秧相伴的栽秧号子也有千年以上历史。邵伯传统民谚云，“栽秧不栽哑巴秧”，“十八个大姐下田来，莫把秧号冷了台”。邵伯秧号子兼收并蓄，形成丰富的演唱曲调和演唱内容。清人阮充作《渌湖竹枝词》云：“田鼓喧阗更打锣，插秧时候笑声和。夕阳西下闻歌起，聒耳新词格垛多。”清人丘良任的《竹枝纪事诗》也提及“上稽典实下风谣，格垛多声调自高。诗社重开任吟啸，渌洋湖畔柳千条”（格垛多，即秧歌名）。可见在清代邵伯自北向南，湖西湖东打秧号子场面相当壮阔。有首民歌描述得很形象，“号子一打声气

开，顺风刮到九条街，兴化高邮穿城过，扬州邵伯传过来”。

20 世纪 50 年代起，江都县文化馆、站每逢夏收之际的重要任务，就是开展号子比赛之类的民歌演唱活动，发现和培养优秀民歌手，挖掘整理旧民歌，创作推广新民歌等。1953 年夏收前，邵伯区在露筋乡组织一次赛号子大会，从四乡八镇赶来的号子手有数千人。这是中华人民共和国成立后，江都至今唯一一次规模最大的赛号子大会。这次大会中，发现许多从未听过的曲调，一些优秀的秧号手开始崭露头角。

1956 年 7 月，有“苏北梅兰芳”之称的歌唱家雪飞在全国第一届音乐周活动上首次演唱改编后的《拔根芦柴花》。会后，中央人民广播电台和江苏人民广播电台将录音向全国转播。从此，富有邵伯浓郁地方风情的秧号子《拔根芦柴花》唱响全国。1981 年，省民族音乐访日代表团赴日本演出，由雪飞演唱的《拔根芦柴花》等秧号子受到国际友人称赞。1982 年，省歌舞团赴北京演出，在民族文化宫连演 8 场，邵伯秧号子的优美歌声再次回荡在首都舞台。1997 年，《拔根芦柴花》《一根丝线牵过河》等 9 首邵伯秧号子被收入《中国民间歌曲集成·江苏卷》。

2001 年，成立甘棠民歌民乐队，重新唤醒人们对田野里秧号子的美好回忆。邵伯镇广大中小学生人手一册《江都经典民歌》，音乐课上教授邵伯秧号子。经过十几年的发展，邵伯民歌队日趋成熟，多次参加国家及省、市重大活动。2016 年，江苏省民间文艺协会一行调研邵伯秧号子，并举行授牌仪式，授予邵伯镇“江苏省民歌民乐之乡”称号。

作曲家何昉（第三排左二）与美国斯坦福市市长戴梦龙（第三排左五）到邵伯观摩邵伯秧号子演出（2014 年）

基本内容　邵伯秧号子曲调丰富、曲目繁多。广为流传的曲调有《拔根芦柴花》《一根丝线牵过河》《黄黄子》《看鸭子》《小兰花》《小小刘姐姐》《小刘姐姐》《亮月子》《吆吆子》《清香玫瑰》《格垛多》《清江小妹子》《长号》《针线花》《麒麟调》《上台调》《红娘子》《攀花郎》《划龙船》《刮地风》等。

邵伯秧号子大多是群众即兴发挥，随心境变化编唱歌词内容，演唱内容反映面较广。表达男女爱情的，如《情哥想妹心内忧》；反映人民疾苦的，如《十二月长工苦》；追求个性解放的，如《快来参加新四军》；反映自然生物的，如《早上起来天气晴》；反映史传人物的，如《十二月古人名》；反映日常生活的，如《小媳妇苦难挨》等。其他神仙鬼怪等内容也无所不唱。

邵伯秧号子旋律流畅，节奏感强，融山歌、小调的特点于一体，集抒情性与叙事性于一身，简洁质朴，风格独特，其表现方法通常用领唱加合唱，即“一唱众和”的形式。由嗓子和口才最好的栽秧能手，即领唱的妇女领唱“打头号子”，接着众人“吆号子”。赛号子时还有对唱、独唱。大多数“领唱”节奏舒展自如，音调明亮悠扬，优美动听；“众和”节拍规整，节奏明快，跌宕铿锵，洋溢着浓烈的劳动气氛。有的秧号子如《一根丝线牵过河》节奏曲调舒缓，错落有致；《拔根芦柴花》的“领”与“合”节奏都很规整，曲调爽朗流畅，具有小调特点。

秧号子的主要传播形式是口传心授，原本没有名称，为了便于区别，往往将重复的曲调、重复的词句作为秧号子的名称，有以曲调命名的，有以唱词结构命名的，有以唱词首句或其他词句命名的，也有相当一部分以衬词命名的。唱词多是口语化，句式上以七字四句、七字八句居多。下田栽秧和踩水车抽水时唱号子也有大致规律，早上是《七字唱》，中饭前唱《串十字》，吃晚茶唱《叠断桥》，晚茶后唱《五句半》《西凉月》《红娘子》《晚了黄昏》等。又如栽秧要到“了秧”时，唱“了秧”号子，这时大家一听就来帮忙，全部插完才收工，曲调活泼富有情趣。有的还相互泼水、涂泥嬉戏。

演唱曲目十分丰富。据统计，至2016年，邵伯秧号子有400多首，其中散佚的秧号子有200多首。现已搜集整理的邵伯秧号子有157首，其中不同曲调24首。

代表性传承人　崔宝珍，女。邵伯高蓬柏庄人。从小跟母亲学唱秧号子，出嫁后就将秧号子一代代传下来。她能演唱多首秧号子，如《误了季节秧难栽》《二八佳人美少年》等。她唱的《小小花伞真好看》（花鼓）、《太阳落山沙又沙》（摩诃萨）入选《中国民间歌曲集成·江苏卷》。

施登英，女，1933 年生。邵伯陈行黄家庄人。20 世纪 50 年代江都县优秀秧号子歌手代表。1953 年、1954 年和 1956 年，3 次被选送到省歌舞队参加培训演唱。1954 年 11 月，在江苏省第一届音乐舞蹈训练班上，由她首唱《拔根芦柴花》《纱囊子摺在外》，后被收入《中国民间歌曲集成·江苏卷》。

黄凤英，女，1932 年生。邵伯陈行黄家庄人。20 世纪 50 年代江都县优秀秧号子歌手。由她与施登英原唱的《拔根芦柴花》和《纱囊子摺在外》被收入《中国民间歌曲集成·江苏卷》。

赵景珠，女。邵伯崔桥人。20 世纪 50 年代江都县优秀秧号子歌手。1956 年，到省歌舞团与歌唱家雪飞同台演唱秧号子。由她首唱的《十二月想姐》《望郎》《莫叫号子冷了台》《小媳妇苦难挨》《十二月长工苦》《叫我来我就来》等被收入《中国民间歌曲集成·江苏卷》。她在秧田唱打秧号子时的彩照《栽秧要趁好时光》刊登于《中国民间歌曲集成·江苏卷》首卷。

许金英，女，1937 年生。其唱法属原生态，多次接受新闻媒体采访，有大量的录音录像。演唱作品有秧号子《不管河水有多深》《瓠子开花》《绣好花鞋伸懒腰》《八大神仙也难猜》等。

张小红，女，1974 年生。为邵伯甘棠民歌民乐队主要独唱演员，是新一代的民歌手。她继承邵伯秧号子的传统唱法，能演唱多种曲调，曾参加扬州市农民艺术节颁奖晚会，颇受好评。

推耙时唱推耙号子

基本特征 邵伯秧号子由于其独特的艺术魅力，不仅在江都市境内，于邻近的邗江、高邮、兴化、泰兴等地也普遍受欢迎，许多作品被广为传唱。由于现代先进的传播方式，其影响力进一步扩大。

形象生动，质朴自然。唱词多为大众口头语，贴近基层劳动人民的生产生活，是真正的草根文化，具有质朴性特征。

乡音乡情，风格独特。邵伯秧号子大多

用乡音唱乡情。很多作品中，邵伯方言特征明显，如水（xǔi）、二（ɑò）、圆（weí）、白（bò）等，形成明显地域性特征。

曲调经典，使用灵活。邵伯秧号子一些经典曲调可以套用许多秧号子歌词，如《纱囊子撂在外》，从原来的《一根丝线牵过河》逐步发展到《十根丝线牵过河》。曲调的套用，方便农民的即兴创作填词。因此邵伯秧号子有共通性。

生命力强，久唱不衰。邵伯秧号子不论其唱词还是曲调皆能因时而变、因事而行，故适应性强，不同的历史时期都有独特的表现形成，无论是在封建社会传唱的《财主管饭谣》《长工四季歌》等，还是在抗战期间传唱的《共产党杀敌如猛虎》《快来参加新四军》等，邵伯秧号子都具有时代性、创造性特征。

形式多样，喜闻乐见。邵伯秧号子不仅是“劳者歌其事”的佳妙载体，更是广大民众所欣赏的民间艺术珍品，经常被地方歌谣、时令小调等广泛吸收，深受百姓喜爱，形成多样性、民众性特征。

露筋娘娘传说

首见于北宋欧阳修的《憎蚊》诗：“伤哉露筋女，万劫仇不复。”该诗最先提到露筋女被蚊虫咬死一事。至南宋，祝穆的《方舆胜览》载：“旧传有女子夜过此，天阴蚊盛，有耕夫田舍在焉。其嫂止宿。女云：‘吾宁处死，不可失节。’遂以蚊死，其筋见焉。”人们视被蚊虫吸血而死的姑娘为贞女，并立祠以祀。

历史渊源　关于邵伯露筋地名的来历，早在唐朝就有记载。据唐代段成式的《酉阳杂俎》记载：“相传江淮间有驿，俗呼露筋。尝有人醉止其处，一夕，白鸟咕嘬，血滴筋露而死。”因此称其地名为露筋。白鸟，即蚊子别名。这是最早有关露筋的故事雏形。北宋米芾于绍圣元年（1094）十月，路过露筋祠时写有《露筋之碑》，在碑记中谴责士大夫道德沦丧、无视气节，品行不如一个民间女子。随后历代文人吊古，每每多有题咏，从南宋俞德邻的《宿露筋祠》诗开始，元代有贡师泰，明代有王翊、吴承恩、徐渭、袁宏道，清代有王渔洋、王式丹、邵长蘅、孙枝蔚、汪懋麟、汪琬、施闰章、查慎行、彭定求、秦黉、阮元、阮亨、麟庆等人。此后清康熙四十六年（1707），康熙皇帝南巡，为祠题“节媛芳躅”匾额。乾隆二十二年（1757）、二十七年（1762），乾隆皇帝两次到露筋祠，并题诗两首，更使露筋祠和露筋娘娘传说名闻天下。

当地民间把露筋娘娘作为利运和运河船民保护神。开春之际，人们都要举行隆重的祭拜仪式，祈望得到庇佑，祈求出航安全、漕运顺畅、五谷丰登。

中华人民共和国成立初期，由于运河改道，露筋祠残存房屋被拆除，但尚有部分碑刻散落乡间。近年来，露筋村村民自筹资金，于河西堤原址重建露筋祠，并请民间画家依当年露筋娘娘的塑像描摹成图，供奉香火。当地渔民外出打鱼前，必到祠堂敬香。原先的集体祭祀已逐步转化为零散式、常态性祭祀。

基本内容 露筋娘娘传说经过千年传承和演变，因独特的地理位置和水乡环境，传说略有差异，但大体可归结为三类。

第一类故事，已经摒除唐段成式所写的关于路人醉卧被蚊虫叮咬而死，或因有小鹿路过被蚊虫咬死而名“露筋”的地名由来，肯定南宋祝穆《方舆胜览》记载的贞女故事。如清《高邮州志·人物·贞烈》载：“露筋女，不知何许人也。会有行役，与嫂俱抵高邮郭外三十里，值天暮暑雨，蚊甚厉，托宿无所，道旁有耕夫舍，嫂止宿焉。女曰嫌疑宜避，坚不就。竟以是夜吮死舍外，其筋露焉。后人哀之，为立庙貌，遂名露筋云。”这个故事与祝穆所述大同小异，只是细节更丰富。此后的故事基本保持其梗概，并被众多文人和官员写于诗词及碑刻之中。

第二类故事较多，将露筋女神化。最具代表性的故事是清代麟庆《鸿雪因缘图记》所载清嘉庆二十年（1815）两江总督陶澍“祷冰灵应”的故事。当年十一月，陶澍督催

露筋娘娘庙（2000 年）

明代露筋烈女碑

运漕粮的回空军船。到达露筋，正碰上恶劣气候，接连十日，北风怒号。到十七日，高邮、邵伯一带湖水冻结，漕船受阻。于是陶澍到露筋祠祈祷。十八日，天气忽然回暖，湖冰解冻。漕船渡完后，又冰冻封湖。嘉庆二十一年（1816），陶澍为此事作《漕河祷冰图八十韵》五言古诗，官员、文人、学者纷纷依韵唱和，编成《祷冰图诗录》《漕河祷冰图诗集》共十卷。

“保堤爱民”的故事。露筋祠北原来有个烧香港，方便湖西的群众来供香，与运河成丁字形。一次，河西五个坝被洪水冲成缺口，且把东岸外堤冲垮，大堤上住着渔民张爱华一家和其他几户渔民。张爱华夫妇烧香向露筋娘娘求救，结果东堤内出现几株不知从何处漂来的粗大柳树，横卧挡在东堤最薄弱处，任凭狂风恶浪冲击屹然不动，最终东堤没有倒塌，东堤渔民安然获救。事后，那几株柳树忽然不见，人们看到神庙后的几株柳树似有与风浪搏击的痕迹，就说这是露筋娘娘所为。

第三类为露筋娘娘与文人或官员有心灵感应的故事。这些故事大多具有浓厚的文学趣味。如清康熙三十六年（1697），露筋祠年久失修，即将倒塌。有一天夜里，扬州知府傅泽洪突然梦见露筋娘娘凤冠霞帔，前有灵旗引导，旁有青鸾白凤护送，请求扬州知府帮助修复露筋祠。后傅泽洪重修露筋祠。清代诗人王式丹用长达八十行的诗句写出这个故事，诗中有这样的句子："异哉烈女有神灵，灵旗夜下广陵城。駊騀冠帔俨天仙，青鸾白凤相逢迎，广陵太守梦中见，言承嘉命鸠工程。一修不已又增修，焕然复旧睹峥嵘。"诗歌全篇一气呵成，充满激情。

"露筋祠前咏白莲"的故事。清代诗人王士祯夜过露筋祠，因始终找不到咏露筋娘娘确切而新颖的比喻而苦恼万分，为此在大堤上驻足彷徨。此时已过夜半，忽闻一股来自湖中的清香，远处田田翠叶中浮出白莲一朵，独自俏放于绿叶之上。于是灵感突起，写出《再过露筋祠》诗："翠羽明珰尚俨然，湖云祠树碧于烟。行人系缆月初坠，门外野风开白莲。"这首咏露筋祠的绝唱，成为中国文学史上的名篇。

代表性传人 朱克俭，男，1952 年生。中共昭关镇党委原副书记。热心于露筋娘娘传说调研，长期以来，他走访当地老人，深入挖掘散落在民间的相关故事，收集大量有价值的资料。2005 年，牵头重建露筋娘娘庙，负责露筋娘娘庙的日常管理工作，每年牵头负责春社祭神活动，未有中断。

张允生，男，1934 年生。地方文史研究者。长期从事露筋娘娘传说的调查与研究。在《扬州史志》《扬州晚报》上发表多篇研究文章。多次在当地中小学校举办露筋娘娘故事会，为有意向投资露筋娘娘庙的投资者举办专题讲座，受到社会各界好评。

主要特征 露筋娘娘传说的形成与发展，是水乡人民在长期与自然相处的过程中，不断同自然灾害如蚊害、洪水等进行斗争的产物，具有独特的地方风情和艺术魅力。主要表现特征如下。

千年传承，脉络清晰。传说起源于唐代，扎根于民间，流传千年。在长期口碑和文字相传的过程中，虽然因时、因人有所异同，但脉络清晰、主线明确，彰显该传说经久不衰的魅力。

水乡风情，地方特色。故事有着独特的水乡风情，它与里运河和邵伯湖紧密相连，是原生态的自然景观和文化景观的完美结合，故传说具有浓重的江淮文化个性，为苏北水乡所独有。

形象典型。露筋娘娘是封建社会民间推出的典型贞烈形象，有着典型的时代烙印，她是封建时代道德的化身，从侧面反映出那个时代民众对于社会美德的良好祝愿。

民间艺术

舞龙 舞龙是邵伯民间传统娱乐项目。所舞的龙均是篾扎布裹，用彩铃装饰，所以被称为布龙。布龙分为龙头、龙身和龙尾3个部分，一般由13节组成，也有15节或17节，还有更长的。每节由龙筋相连，装有手柄，由1人控制。龙头是整个队伍的指挥，也是由竹篾扎制而成，装饰漂亮，镶有眼、口、须、角等。龙身多用白布，在白布上用彩笔勾画出龙鳞，一般有白龙、青龙、黄龙、黑龙、赤龙等。表演时，龙头前面有一人持龙球逗引，在龙球的引领下，龙头、龙身和龙尾密切配合表演，主要花式有穿龙门、过龙桥、滚地龙、九蟠九叠、回龙吐尾、双龙戏珠、懒龙翻身、老龙脱壳、螺丝结顶等精彩套路。

在舞龙表演时，有一班锣鼓伴奏，营造气氛，控制节奏。舞龙人员多为邻近村镇的老百姓，20世纪80年代以前，他们身穿彩色箭衣，腰束绶带，打着绑腿，脚穿黑色布鞋，头扎白毛巾，显得威武雄壮。90年代后，舞龙人员基本着金色灯笼裤、红色运动装，腰扎绿布带，头箍红色丝带，脚穿白球鞋；舞龙球者，全身上下着黄色运动装。

舞龙（2019年）

荡湖船（2010 年）

河蚌舞（2016 年）

舞狮 民间舞狮表演用的狮子多为一公一母。狮子分为狮头、狮身和狮尾。狮头用竹篾扎成，上面有两只活动的眼球，狮子的耳朵也能灵活掀动，嘴可以一张一合，活灵活现，狮身是布做的，上面植有彩色狮毛，狮尾由钢丝连着，能做出摇头摆尾动作。一般由两人表演，一前一后。开场后在锣鼓的配合下，狮子出场都要抖一抖身上的毛，然后上蹿下跳，就地打滚，亦有爬到大方桌上，表演多种惊险动作，最后从桌子上翻滚落地。

民间还有一种简易的“草皮狮子”，一个人头顶狮子头，身上披一条麻袋，上面饰有狮毛，后面也拖着一个尾巴。在铜锣的敲击声中，自由自在表演各种动作。

荡湖船 属于说唱节目。湖船用竹子扎成，用彩绸围裹缝合，由于装饰得非常靓丽，也叫花船。一般由四人表演：在花船中荡船的是个小姑娘，要能说会唱；站船头的是老艄公，手持竹篙，边撑船边发问；在船后艄的是男扮女装的老婆子，操舵自如；在船边游来逛去的是小丑，叫“小癞子”，化妆风格奇特，表演风趣，不时地打诨逗趣。四人有问有答，有说有唱。旁边有二胡、笛子等伴奏，多唱一些《虞美人》等民间小调。

唱麒麟 又叫“送麒麟”。麒麟是吉祥之兽，民间有麒麟送子之说，唱麒麟就是给人们送喜气、送安康，祝愿多子多福。唱麒麟常在春节期间表演。表演者肩上扛着用竹子扎成的花麒麟，沿村庄逐户表演。麒麟来到农户门前，先要在这家绕一圈，以示驱邪祈福，后在锣鼓的配合下唱麒麟调。领唱者先说吉利话，然后见物唱物，最后一句大都众人齐唱，多为吉祥话。一曲唱完，主家会拿出红包或者糖果、糕点、香烟等物品作为酬谢，如果主家还想继续听第二曲，酬谢物品也需相应增多。

河蚌舞　表演者为两人，一男子扮演老渔翁，一女子扮演河蚌精。在锣鼓敲打中，先是河蚌精翻舞一阵，接着老渔翁头戴草帽，身穿蓑衣，背一个鱼篓，拿一张渔网，翻滚上场。老渔翁见河蚌精，开始与她斗智斗勇。特别是老渔翁被河蚌精夹住头，抑或被夹住脚时，有一番嬉打，逗趣逼真，非常精彩。最后，老渔翁用渔网将河蚌精网住时，全场一片叫好。

冰炭不同炉　又称“黄蜂追癞子”。一小丑光着头，头上有很多用石灰涂的“白癞子”，有一对黄蜂在头上飞来飞去。表演者上身半边反穿皮马褂，半边露出膀子；下身左边穿棉裤，右边是短裤；左脚穿一只棉鞋，右脚套一只木拖板；左手拿一只铜火炉，右手拿一把芭蕉扇。挑一副担子，前放火盆，后置冰块。演员脸上也是红半边、白半边，十足一个阴阳脸。在观众的欢乐声中，与人们嬉戏逗趣，身后常跟着一大帮儿童追逐逗乐。

挑花担　挑花担一般由两个年轻的姑娘表演。两个姑娘身穿华丽的衣服，头插鲜花，手拿绢帕，一人挑担，一人相扶，表演者进三步，退三步，尽显曼妙腰肢，优雅大方。见有人家放鞭炮，或唱一段小曲，或在原地转一圈，博得人们的掌声。

花香鼓舞　花香鼓舞民间叫“跳娘娘神”。有上百年的历史，是花鼓、歌舞的有机结合，是一种邵伯水乡人民喜爱的文化艺术形式。人们为了祈求五谷丰登、国泰民安，请来香火客“跳娘娘神”。演“娘娘”的人是男扮女装，身披戏服，头戴珠花，脚穿彩

花香鼓舞（2008 年）

鞋。左手执鼓，右手拿棒。另一人身系彩带，左手拿锣，右手拿锤。两个舞者按节奏上下左右自然摆动，辅以旋转，一人打鼓，一人敲锣，边跳边唱。亦有艺高舞者躺在地上用身体摆出“天下太平”的字样。花香鼓舞曾在上海歌舞剧院演出的《小刀会》场景中表演。

踩高跷　踩高跷多见于春节和庙会。表演者多为男性，亦有儿童参加演出。高跷由2根木棍制成，有80厘米高的，也有150厘米的，表演者用长布条将木棍捆绑在两条腿上。一队踩高跷的人数根据主题需要而定，如扮《西游记》人物，就有唐僧师徒4人；扮《八仙过海》，就有8位“仙家”。他们一个个手持“法器”，边踩高跷边表演。儿童主要参与扮演《小放牛》《三打白骨精》中角色等。

站高肩　此为杂技演出。一名儿童站在成人肩上，边走边演，动作惊险，不失稳健。有化装成古装戏里的人物，如《武松杀嫂》，场面震撼，教化乡里。

抬阁　中华人民共和国成立前，有神像出巡时才表演的节目。由4人抬一个高架，上有秋千。演员在秋千上表演上下翻滚动作，技艺惊人，为巡游的队伍增加欢庆气氛。

闹花灯　邵伯逢年过节有闹花灯的习俗。人们用闹花灯来祈求来年的平安幸福，分享欢乐。花灯有纸扎的、绸布缝的、纱布罩的、琉璃装饰的。灯光多用蜡烛，也有用干电池的，大型的彩灯就用电瓶为电源。正月十三是闹花灯的开始，各村各户、各个商店都张灯结彩。农村的土地庙在旗杆上挂灯笼，大船船头点大灯，桅杆上挂桅灯，商店门口挂上宫灯、走马灯、花灯。人们集中起来游街，先由两面大锣开道，在两个大宫灯的引领下，随着邵伯锣鼓小牌子吹打的节奏，一队彩灯游行。有儿童拉的兔子灯、蛤蟆灯、狮子灯，有手上提的飞机灯、虫鸟灯、走兽灯、神仙灯等。农历三月二十八，东岳庙会晚上全镇闹龙灯，数条发光的龙灯游走在大街上，灯光闪亮，威武壮观。

邵伯在正月花灯节期间还有一个习俗叫“送灯”。在民乐细吹细打的热闹声中，一群小男孩簇拥着“灯宝子”，将从多子人家“偷”来的马桶盖子和盛饭用的钵子，用红布包好，送到新婚夫妇和多年不生育的人家，祈求早生贵子。

扬剧

历史渊源　扬剧是扬州的地方戏，是由香火戏和花鼓戏发展而来的。

乡域传统由在厅堂陈放香案，烧香敬神，逐渐发展为有表演娱乐成分的做香火会，人们把主持香火会活动的人叫作“香火”。随着时间推移，“香火”们的表演越来越精彩，发展到用唱、念、做、打等功夫来表演完整的故事，就成了戏剧，因它起源于“香火”，

扬剧《张福龙》(2008年)

人们就称之为“香火戏”。香火戏分为内坛和外坛两种。内坛主敬神祭祀，外坛则为戏文演出。邵伯一带在明末清初时就盛行香火会，有春耕谢神的开耕会、栽秧后谢神的青苗会、秋后谢神的丰收会、邵伯帮船祈求平安的大王会、渔民们的渔船会、保护人畜兴旺的都天会与牛栏会等。香火会以念、唱为主，常用的曲调有保调、斗法调、泼水调、点鼓调等，以锣鼓相伴奏。各个香火戏是有堂口的，也叫“方”，要受地域约束。香火会也称为“大开口”，因这种戏用大锣大鼓伴奏，唱腔高亢粗犷，其剧目大多数由神书改编，曲调有三四十种之多。

逢年过节，邵伯乡村都有打花鼓、荡湖船、舞龙灯、踩高跷、送麒麟等习俗，民间有不少精于此技的艺人，花鼓就是在这一基础上发展起来的。开始是“打对子”“踩双”，后演变为“二小”(小旦、小丑)、“三小”(小生、小旦、小丑)花鼓小戏。花鼓戏以丝弦乐器伴奏，唱腔细腻，人们称之为“小开口”。

清末邵伯当地要数香火艺人黄生波的“方”最大。邵伯镇向南至仙女庙，淮扬公路以西到泰安、芒稻，西南直至瓜州、世业洲。邵伯镇是吴永旺(别号吴大喜子)的

“方”，邵伯镇以北是周山隆的“方”，淮江公路以东是黄茂德的“方”。黄生波这一堂口可考的有一百六十多年历史，在邵伯很有声望。随着演出技艺的纯熟和百姓欣赏口味的变化，以黄生波为代表的一帮老艺人，他们从内坛走上外坛舞台。在舞台上改唱七字、串十字，中间配以锣鼓，演出效果大有提升，这就是扬剧的雏形。1941 年，黄生波之子黄小波闯荡上海，挂牌“维扬大班”；同一时期扬州花鼓戏、扬州清曲也跟进到上海，挂牌“维扬文戏”。为了立足生存，在上海的扬州各派艺人联合起来，互相学习，取长补短，“维扬大班”和“维扬文戏”在上海结合后，香火戏和花鼓戏互相渗透，日渐融合，其音乐结构与表现风格日益丰富，就形成了独具特色的地方剧种。中华人民共和国成立后，正名为扬剧。邵伯自然成了扬剧的重要发源地之一，涌现了不少著名的扬剧艺人。

代表人物 黄小波，他的班子在邵伯区域很受欢迎，多年来活跃在江苏省的江都、扬州、镇江、南京以及安徽一带。邵伯第二次解放后，黄小波在苏北扬剧实验剧团、江苏省扬剧团从事演艺事业。邵伯黄氏家族一家四代，从香火会到香火戏，再到扬剧，从内坛走上外坛舞台，对扬剧事业的发展贡献很大，其父黄生波和一批老艺人是现代扬剧的创始人。

殷华庭，艺名十龄童，擅长演猴戏，人称扬剧界的“美猴王”。

石玉芳，邵伯镇孙桥村人。童年学艺，青年成名，扬剧表演艺术家，中国戏曲家协会会员。在五十年的艺术生涯中，塑造出数十个光彩夺目的艺术形象。他的戏路宽广，可谓文武双全。他深受京剧艺术熏陶，逐步形成以京扬融汇一体的石派艺术，独步扬剧舞台，在上海、苏北一带赢得广大扬剧观众的喜爱。石玉芳表演质朴大方，性格鲜明。念白吐字如珠，抑扬顿挫，铿锵有力。唱腔浑厚豪迈，感情充沛，富有韵味，尤以独创的包公唱腔，似天风海涛，黄钟大吕，为扬剧净行声腔成功做出开拓性尝试。石玉芳演唱的《断太后》《双下山》《武松杀嫂》等数十部扬剧名品在扬州地区家喻户晓。

华素琴

华素琴，女，原籍江都县邵伯戚墅庙华家庄，出生于上海市，国家一级演员。华素琴 8 岁开始在上海师从李筱琴学习扬剧大开口，后又跟陈万生、唐锡奎学唱扬州清曲，15 岁满师随老艺人周伍保习武功，16 岁开始在上海、南京等地登台演出。1952 年参加苏北实验扬剧团（1953 年改建为江苏省扬剧团）。1974 年调入江苏省戏剧学校任教，先后任戏剧学校戏剧研究室副主任、中国剧协理事、扬剧研究会副会长等职。从艺50多年来，先后在《三请樊梨花》《壮汉王》《白蛇传》《209号》《恩仇记》《百岁挂帅》《耕耘初记》等剧目中担任主角。1954年，参加华东戏曲会演获优秀演员奖。1956年当选为省政协委员，被评为南京市先进工作者。1957年，获江苏省第一届戏曲会演演员一等奖。1959年，主演《百岁挂帅》中穆桂英。同年，此剧被上海海燕制片厂拍成电影。1960年，被选为全国文教群英会代表赴京参加群英会。1964年、1977年、1984年被选为江苏省第三届、第五届、第六届人民代表大会代表。生平业绩被收入《中国艺术家辞典》《江苏当代戏曲家》《中国戏曲曲艺词典》《中国当代名人录》《全国劳模辞典》《扬剧生涯50年》等书。

王瑞如，邵伯镇人。国家一级演员。是扬剧的后起之秀，是扬州市扬剧团的台柱子。多次获得演唱大奖，曾在上海扬剧广播电视大奖赛中获得“白玉兰”金奖。

传统技艺

打排斧 邵伯镇崔桥村李厦庄是远近闻名的木工专业村，全庄73户，均从事木工业。据传此庄原是李姓，清代由扬州迁徙而来，至今已繁衍生息8代，故全庄每户都姓李。李厦庄木工手艺皆为家传，分工细致，有旱木（造房子、打家具）、水木（造船）、圆木（箍盆桶）之分，打排斧是水木造船下水前的一道工序。

李厦庄人打排斧有传统的工艺和行业风俗。操作时，工匠一字排开，用锤凿填泥抹灰，“叮、笃、叮、笃、叮叮、笃笃、叮叮叮、笃笃笃……”操作声似节奏鲜明的音乐，有板有眼，或急如骤雨，或徐如檐滴，间有恰到好处的停顿，似在歇息又似若有所待，停后又起，转为另一种节奏。经他们创造和发展演变的锤凿点子有《凤凰三点头》《金鸡啄食》《乌鸦亮翅》三部曲等。原是繁重乏味的劳动，却成为集体参与的娱乐。随着船舶制造业的换代升级，木船制造业日渐式微，取而代之的是水泥船、钢质船舶，打排斧已经成为水乡人的一种记忆。

打坝头 大运河在汛期经常决堤，水灾危害地方百姓。在与自然灾害抗争的过程中，当地出现了一个新行当——打坝人。镇内原跃进大队（今镇南村）马家庄人在明末清初打坝就享有盛名，朝廷授予当地领头人（俗称坝头）官衔（相当于现在的水利部门施工队队长）。一旦兴修水利需要打坝，即通知坝头相商事宜、洽谈费用，并组织人员。

马家庄的马姓何时从事这个职业已无法考证，中华人民共和国成立后，马荣宏（俗名马四爷）名声最大，打坝技术最高。打坝的具体程序如下。洽谈事宜。兴修水利前先找坝头勘察地形，测量水位，观水流方向，定打坝地点；接着商谈打坝方案，根据要求核算造价；签订手续后，马家庄坝头组织人员，准备器材，分项施工。准备工作。准备施工用的篾缆、芦柴、石块等。篾缆由毛竹劈成宽条，编成缆绳，大小不一，像辫子一样呈圆扁形，粗过碗口。芦柴用小篾绳扎成捆，直径 40 ~ 60 厘米，长度 10 米左右。芦柴捆中间夹有土块、砖块、石块，便于下沉。同时，征集民船和有经验的船工、打桩人员及强壮劳力采购打坝工具。组织施工。打坝先打桩，基本顺序是先从河两边开始打桩，向河中间推进，然后往桩间空隙处填芦柴捆，最后闭龙口。先用船把篾缆拖到河对岸，扣在桩或地锚上，两头人工绞关收紧，四条船各用缆绳拴在篾缆上，呈井字形，中间搭打桩的阴架，桩有多高，阴架就有多高，阴架中间放木桩，用篾箍把桩头套好，以防桩受力后破裂。打坝人分别登船后，人爬到阴架上，放好桩，开始打桩。打桩用小磨子状的扁石硪，10 个人上阴架后，在阴架上抓紧硪辫子（即小绺子）。10 个人的腿，一个一个交叉搂起、扣紧。随着木桩下沉，阴架上的人一档一档下降，木桩沉到设计的高度，接着下另一根桩，这样依次打桩，错落成几排，以主篾缆为依托，从两头向中间合拢。排桩打好后，在上游从两头同时下芦柴捆，芦柴捆拦住水流，慢慢下灌土的草袋，从两头作业向中间靠拢，中间的距离越来越小，最后河中间留下一个龙口，龙口水流很急，需要最后闭塞，俗称“闭龙口”。闭龙口是一件非常危险的事，坝头必须挑选最好的船工和民工，用一条装满芦柴捆、四周绑有芦柴捆的船划向龙口，到龙口时，船一横，塞在龙口处，土块、石料、柴捆俱下，直至龙口断流，拦河坝筑成。

从清朝康熙年间直到 1931 年，很多重大水利工程和水患泄洪都有马家庄人的身影。

打锚链 邵伯过往船只众多。镇境船舶用油、麻、竹、铁四大类商品齐全，其中尤以邵伯锚链出名。邵伯船闸北闸口是原江西会馆，专门经营船用配件，包括邵伯锚链。邵伯锚链造型灵巧，锚齿弧度圆满，抛锚落地抓力强，锚齿不易折断，链无接头等，深受沿线船民青睐。

邵伯上河边沿线打制锚链商家众多，且多是祖传技艺，比较有名的有叶、王、李、韩、费、刘姓六家。锚链打制原料多为收购来的杂铁（马口铁），近代也从镇江等地收购工业产品边角料。打铁师傅通过眼看、锤敲识别原料质量，根据原料尺寸决定打制锚链的大小，因材加工，不会浪费。锚分海船锚和内河锚，锚齿一般有四个，亦有三齿、两齿，也有一个齿的旱地锚。

打制锚链的火炉称“锚炉”，区别打制农具的小火炉，大的锚链需要三四个人同时操作，一般工序有四道，即并铁、合火、撞火、分齿。并铁就是按照客户需要的锚的大小，将几块小的铁块融合锻打到适合的粗细；合火就是先分别锻打出单齿形状，然后按照需要把几根单齿用铁箍捆绑，放入锚炉加热，待锚齿发白熔化，由二人抬出，放在大铁砧上锤打合并；撞火就是将锚杆和锚齿同时加热，通过锻打融为一体；分齿是最后一步，对炉火和操作人员的熟练程度均有较高要求，首先为了锚齿四周加热均匀，炉火要“接篷”，也就是不仅炉底有火，炉顶也要有火，一般需有经验的师傅用炭在炉上部做成圆弧形，外面用火泥抹一层，随着炭的加热，上面的圆弧形越发坚硬，就像船篷，不会塌下，便于操作，分齿一般先锻打一根到理想的弧度，接着锻打对称的另一根，要按顺序锻打，同时手法要快，在四根齿未冷却之前锻打要到位。

锻打的锚如果体量较小，一炉碳可以做几副锚。如果锚的体量大，一炉碳就打制一副锚。打制好的锚顶部扁圆叫牌，牌上有孔穿环，便于连接，锚身呈棱柱状，上细下粗呈梯形，锚杆底部加宽加厚，加固锚齿根部，结实耐用。

随着科技的发展，老的打制锚链技艺逐渐退出市场，取而代之的是现代化的一次性浇注生产，但是邵伯上河边叮当的打铁声仍在人们的心头回荡。

摇麻绳 清晚期，邵伯有多家麻绳店，如许家、杨家、殷家、魏家等，运河南来北往的船只都在邵伯码头停靠，船家上岸选购麻绳、桐油等船用物资，邵伯店铺众多，货源正宗，价格公道，质量可靠。民国以后，商铺因战乱纷纷关闭，仅存规模较大的许家麻绳店支撑到中华人民共和国成立。1956 年公私合营，在许家麻绳店基础上，成立了集体性质的邵伯麻绳组。至 20 世纪 80 年代中期，船用麻绳被尼龙绳替代，邵伯麻绳组宣告解散，组内人员自谋职业。

许家麻绳店位于朱家巷码头上岸右第一家，创始人是许永忠，店号许寸半。取“半寸”之意，即制作一根数十米长的麻绳其误差不得超过半寸，足见其对质量要求之高。许永忠有三个儿子，大儿子许庆荣子承父业，诚信经营，注重质量，生意越做越大，遍

运河大堤上旧时的锚链和麻绳商铺

及安徽、浙江、江西、山东等多个省份，许家麻绳店在千里运河上闻名遐迩，店员最多时有一百多人。

许家麻绳店曾是运河上麻绳业的代表，以前的麻绳店不仅出售麻绳还有桐油，麻绳主要用于船上的缆绳，桐油涂于船的外面，用于防水防腐，相当于现在的油漆。制作麻绳的原料麻多产于安徽六安。麻运回后先泡在水中，第一道工序是剥皮，剥去麻里的枝条；其次将剥下的皮在一台类似纺车的木制机器上用手工做成细长的外形很圆的麻线；然后将麻线晒干，晒制时长根据天气、温度、湿度而定，留有少量水分；最后将多股麻线通过人工手摇的方式制作成麻绳，整个过程需要多人配合，技术含量很高。麻线也可通过一个多齿形的工具，以人工的方式制成细细的麻丝，和桐油、石灰拌成后作船上堵漏之用。

弹棉花 邵伯以镇区划分，习惯上把镇区以北称为北乡，镇区以南称为南乡。弹棉花以南乡人居多，因为是体力活，也是季节活，在南乡留下“姑娘不嫁南乡郎，一年空守半年房”的俗语，说的是南乡弹棉花的人较多，每年八月中旬以后，这些人陆陆续续外出弹棉花，直到春节才回来，过了年又外出要到三月底才回家，南乡长年在外弹棉花的超过千人。

弹棉花的人又被称为弹花匠，所用工具主要有弹花弓、弹花锤子、千斤（小实竹）、拾条、滚杠、操盘、案板。弓身要用杉木制作，弓嘴子和响板要用楝树制作，弦子用羊肠制作，弹花锤子用黄牙或檀树制作，背弓竹子必须用实竹制作，拾条用刺槐树条或毛竹制作。弹棉花的品种有线花（捻线用的）、卷花（做棉衣用的）、被胎。弹花步骤有称棉重（根据需要），拾棉花（初加工），开始弹花叫开生，铺花成形，提花（将好的颜色棉花提到表面），拾弹弓，压滚杠，包装卷棉花（被胎还需网纱），被胎翻身、裁边，二次提生，再拾弹弓，压滚杠，包边网纱，折叠被胎包装。线花，即捻线花，难度最大，选料要上等好棉花，弹花精细，要把脚花全部剔除，不能有杂质，否则捻线不匀易断。卷花选中等棉花，要求一般，弹熟就行。被胎选料要求不高，弹花要求一般，但表层要弹得好，更关键是网线要好，操盘打好。若棉花原料不好的，还要走盘，即人站在盘上挨着走，一般横竖走两遍。

弹棉花，特别是多人一起弹棉花，与邵伯的“打排斧”有异曲同工之妙，是“邵伯锣鼓小牌子”中劳作之声的来源之一。

艺文杂记

千百年来，钟灵毓秀的邵伯曾经吸引过许多文人墨客、名流高士驻足，并留下上百首吟咏邵伯的诗词篇章。北宋文坛领袖苏轼慕名而来，题诗斗野亭，与孙觉、秦观、黄庭坚、苏辙、张耒、张舜民唱和，成为诗坛佳话；孔尚任数次往返，诗咏邵伯；乾隆皇帝多次在此登岸吟咏，留下诗作3首。此外梅尧臣、文天祥、吴承恩、赵鹤、宗元鼎、王士祯、赵翼、阮元等都留下诗词佳作，这些诗文名篇是邵伯悠久历史文明长卷的颗颗明珠。

诗词撷英

邵伯埭下寄高邮陈郎中

〔宋〕徐铉

故人相别动经年，候馆相逢倍惨然。
顾我饮冰难辍棹，感君扶病为开筵。
河湾水浅翘秋鹭，柳岸风微噪暮蝉。
欲识洒醒魂断处，谢公祠畔客亭前。

召伯埭上斗野亭

〔宋〕苏辙

细雨添春色，微风净闸流。
徂年半今世，生计一扁舟。
饮食随鱼蟹，封疆入斗牛。
江波方在眼，转觉此生浮。

还自广陵

〔宋〕秦观

南北悠悠三十年，谢公遗埭故依然。
欲论旧事无人共，卧听钟鱼古寺边。

重登斗野亭二首

〔宋〕尤袤

（一）

野色涵空阔，平芜接渺瀰。
江淮天设险，星斗地分维。
乔木千年意，沧波万古悲。
老僧尤好事，见在索题诗。

（二）

豪杰旧游处，此亭名亦俱。
凄凉谢公堰，浩荡董家湖。
陈迹成兴废，遗篇今有无。
登临何限恨，搔首独长吁。

邵伯舟中

〔元〕萨都剌

惊鱼时出浪花雪，短鬓凉吹水面风。
远客行船秋色里，谁家吹笛月明中？

谢太傅祠

〔明〕施钧

晋室将倾不易支，先生出处系安危。
山间红袖从游日，天下苍生望起时。
风暖松亭春载酒，月明花墅夜围棋。
转头乐事无寻处，空拂青苔读古碑。

夜过邵伯湖

〔明〕李东阳

苍苍雾连空，冉冉月堕水。
飘飘双鬓风，恍惚无定止。
轻帆不用楫，惊浪长在耳。
江湖日浩荡，行役方未已。
羁栖正愁绝，况乃中夜起。

邵伯湖夜泊

〔明〕于慎行

日暮倚兰桡，秋江正寂寥。
驿门斜对雨，郡郭远通潮。
急橹看商舶，寒灯见市桥。
隋堤前路近，欲听月中箫。

邵伯埭

〔清〕宗元鼎

一村烟接众村平，湖岸荒荒水石声。
凫阵惯冲云脚过，渔舠能敌浪头行。
当年逸事东山兴，今日劳人故国情。
远近荻芦连暮雨，不知何处是芜城。

过邵伯湖

〔清〕彭孙遹

斜晖低驿路，马首怅何依。
晚渡潮争上，寒塘人独归。
溪鱼时自掷，水鸟惯卑飞。
愿逐垂纶者，高歌入钓矶。

邵伯舟中

〔清〕王士祯

一望遥天阔，茫茫泛夕槎。
树分甓湖水，月上楚人家。
野戍寒虫乱，回堤古庙斜。
芜城前路近，官柳欲栖鸦。

斗野亭

〔清〕王士祯

斗野亭前望平楚，依然远水碧连空。
群贤翰墨思元祐，六代风流续谢公。
蟹舍萧条枫桕外，渔蛮烟火荻芦中。
诗成吟望无人会，写寄黄州杜水东。

邵伯镇

〔清〕爱新觉罗·弘历

太傅堤存绿水浔，惠方召伯颂棠阴。
兰舟缓过思遗躅，绝胜东山丝竹音。

邵伯湖

〔清〕爱新觉罗·弘历

东西南北四湖通，谢傅遗休拟召公。
我适乘舟经泽国，修防宣蓄虑何穷。

舟泊湖上

〔清〕谢堃

亲朋话旧具盘餐，酒入愁肠强自宽。
一事伤心言不得，故乡今作异乡看。

夜赴邵伯镇

〔清〕宝鋆

棹歌声接大河湄，惊起红鸳白鹭鸶。
屈指路趋扬子驿，露筋名艳女郎祠。
一湾流水风千里，几点惨星月半规。
鹢首凉深仍小立，听渠窃笑个人痴。

文篇选粹

月是故乡明

陈捷先

我是一九三二年在邵伯镇出生的。小学念的是邵伯小学，毕业后到扬州读初中，我的童年确实是在邵伯老家里度过的。

由于国家的变故，一九四六年我离开了故乡，在上海、杭州等地住过一段时间，一九四八年只身渡海到了台湾，先在高雄念高中，后来到台北考进了台湾大学，并由本科到研究所，得到学士与硕士的学位。学校里的师长认为我的成绩不错，留我在文学院历史系教书，后来又以公费推荐我到美国最有名的哈佛大学进修，返校后即在台湾大学服务了将近四十个年头，由讲师升为教授，也当过历史系的主任与历史研究所的所长，事业可谓是一帆风顺的。一九九〇年春天，韩国圆光大学因为我在清史与“满洲”学方面的研究有成就，特别颁赠名誉文学博士学位给我。一九九三年我们家因移民加拿大，所以在台湾大学提前退休了。台湾大学为肯定我在校教学的成绩，聘任我为台大的终身名誉教授。以上就是我一生的简略学经履历。我现在居住在加拿大西部滨海名城温哥华。这个城市以风景秀丽、空气清新、人民多礼、生活富裕等因素闻名世界，被联合国等单位公认是人类最适合居住的第一号城市。确实我们一家住在西温哥华山腰的英属

陈捷先·侯友兰人文馆

产业区，环境清幽，非常舒适，不少人都说我们生活在人间仙境中；不过，在寂静的夜晚，在落雪的寒冬，在很多欢愉与落寞场合，我还是经常想到童年的往事，也想到远在太平洋彼岸的邵伯故乡。

我常想到旧日邵伯商业繁华区大马头，因为那里是我欢度童年的地方。我也常想到旧称苞亭与甘棠的邵伯小学，因为我在那里接受了最初的正规教育。我还想到镇守堤墩上的古铁牛与种植在原巡检衙门的甘棠树，那两件古物上不知留下多少我的手印。我更常想到与同学们去踏青的来鹤寺以及我们江西祖先修建的万寿宫……我想到的事情太多了，尽管童年的记忆不很完整了，但是模糊的印象仍是可以在脑海中搜索到的。

二十世纪的九十年代，我曾三次返乡祭祖，拜会亲友；但当寻访那些使我魂牵梦萦的老街、老屋、古刹、古物时，竟然发现不是荡然无存，就是残破不堪，真使我十分伤感。我多么羡慕清朝末年的董恂，他在“三千里路客初回”时，遂又见到“寒梅故里开”，并且他说“十二年来乡似旧”，显然他经过多年外出，返家时发现老家的人事风物改变得不多。当然我也能了解，现在不像古代，天灾人祸以及都市发展的新思维等，都是对史迹具有极大破坏力的，这也是无可奈何之事！尤延之来邵伯重登邵伯斗野亭时，在见到“陈迹成兴废”之时，不也发出“登临何限恨，搔首独长吁”吗？

最近我接到邵伯中心小学校友张允生先生的来信，知道家乡正在努力“发展旅游，富民强镇”，我心中感到十分快慰，也燃起希望的火花。我希望执事先生能先有周详的计划，也希望政府能拨发充足的发展经费，再由一批对历史文物在行的人参与工作，相信未来的成果必定是可观的。邵伯原是历史名镇，旅游资源是丰多美备的，只待努力恢复了。我个人以为恢复是复旧、复古，不是俗气、匠气的创新，否则家乡的古迹、古物、旧街、民居的往日风貌就不能重现了。我曾去苏州寒山寺游览，发现唐人张继、宋人孙觌诗中的景象，到今天还能使游客感到“青山不改旧时容”，还能想象“倚枕犹闻半夜钟”，苏州的成功经验，我相信值得学习。希望我下次返乡时，见到的是一个新的，但极富古意的邵伯！

（《芦柴花》2002 年第 3 期）

邵伯的三月二十八

任天石

春三月，艳阳天，三月二十八会期越来越近了。老人们说，这一天是五岳之首东岳大帝的生日，旧时是要出会的，那时人们高抬着东岳大帝的神像巡游全镇，前有高举旗幡的仪仗队鸣锣开道，百业众工按行业以形制各异的彩亭为先导尾随其后，浩浩荡荡，绵延数里。东岳大帝的黄呢神辇金碧辉煌，羊角纱灯引蹅，五色伞翠掩映，文武判官左右护卫，无数信众一路跪拜，祈求风调雨顺，国泰民安。入夜，彩灯如练，光焰璀璨，火树银花，万人空巷，全城无眠，直至次日凌晨。五彩缤纷的出会行列里，不仅有香客、百工，更有一年一度尽情展示才艺的民间艺人。他们或边走边奏邵伯民乐“小牌子”如痴如醉，或是边行边演站高肩、荡湖船、挑花担等民间歌舞与众同乐，三里长街花团锦簇美不胜收，丝竹歌吹不绝于耳。也有众多摊贩客商借势摆摊设点促销交易，一时竟货摊密布，商贾云集，购销两旺，盛况空前。这缘于祭神仪俗的庙会，实际上成了旧时邵伯人的狂欢节、艺术节、交易节！如今七十岁以上的老人每念及此事仍津津乐道。幼时的我听人说起也颇为自己迟到人间未能躬逢其盛而深以为憾。在我少年时的五十年代，中华人民共和国崭新的意识形态荡涤了一切污泥浊水，古镇邵伯原有的十余种祭神集会理所当然被废止，独此东岳庙会以“物资交流大会”的形式得以保留与革新，可能也与三月二十八庙会的多重功能多种色彩有关吧。五十年代的庙会尽管远远没有旧时那么隆盛奢华，但也以其清新的时代风气，深蕴的文化内涵，与农耕和市井生活的密切联系，令人耳目一新，亲和贴近，成了古镇一道独特的风景线。

会前几天全镇就一片忙碌。大街小巷到处贴出五颜六色的标语，写着“发展经济保障供给”以及各种应时口号；上河边、大街上几十家大小客栈里，外来客商闹哄哄地进进出出；大马头、竹巷口、公路边的饭店酒馆里，更是人气蒸腾，酒菜香味四溢；轮船码头上客流更旺，有的还挑着、扛着各种货物，一看便知是来赶会的客商。交流会主会场设在后来大浴室前的开阔地上，这里早已打扫干净，周围房顶上彩旗飘扬，四面山墙上贴着划分区域的“农资”“畜禽”“百货”等红纸条，有时会场北首还搭起临时戏台，姹紫嫣红一片，格外招眼夺目。交流大会尚未开台，但从人们匆匆的步履中，从扶老携幼到现场看新鲜的喜色中，从漫溢全城的浓浓节庆氛围中，就猜想得到今年的三月二十八又要大热闹了。

会期一般三天。二十八晨曦初露时，就有人进入交易广场摆设货摊，而四乡八镇通往邵伯的大道上，更是人流滚滚络绎不绝。有挎着篮子步行的，有赶着牲口不紧不慢走着的，有吱吱嘎嘎推着独轮小木车的，也有极少数时髦青年骑脚踏车穿身而过的……看得出四乡的人们出门前都已收拾一番，讲究的穿上了存放箱底的人民装或洋布衬衫，妇女们身着合身的阴丹士林布上装，很是鲜亮俏正，即使是旧衣服也精心浆洗过，显得齐齐整整，间或也有水乡村姑身着中式花褂子，拦腰用新染织的玫瑰红色的带子系上一条蓝布小裙兜，一路雀跃戏闹欢声笑语，用她们的飒爽俏丽把古镇装点得青春焕发。可见，三月二十八逢集对当时邵伯地区的父老乡亲，特别是终年忙于田稼的农民们来说，是多么重要的远远超出贸易购物意义的社会活动！其动员之广泛，参与之积极，准备之认真，比春节有过之而无不及。

条条人流在这里汇成了滔滔人海。这里万头攒动熙熙攘攘，密如蚁群的摊位从中心会场铺向南部的菜场，又通过东街、前街、大街以及史家大坟滩北端再经公路向四面八方展延。大会工作人员用铁皮土喇叭不断地大声喊话，维持秩序，发布信息，宣传政府法令。虽人山人海，五行八作，三教九流，但秩序井然，买卖兴旺，假冒伪劣坑蒙拐骗的事似乎不像当今这么容易能碰上。商品充足琳琅满目，我们随大人边走边看边问，转一圈至少要半天，无异于上了一堂农技操作课，各式犁、耙、推耙、扫把等不用说了，其他场上用的簸箕、木掀、筛子、翻耙、笆斗，碾米用的风车，套牲口用的扼头、蒙眼……应有尽有；竹木柳制品更是五花八门，秧凳子、小亮子、大水桶、粪勺子、竹塌子直到各种厨具、筐篮，林林总总目不暇接。牲口市上，成群的牛羊尽管面临着即将易主甚至被宰杀的厄运，但此时也似乎颇感新鲜，此起彼伏地叫个不停。谷类市场上，有关人员正指着墙上的图表与手上的谷种热情地宣传改良品种，挂图上醒目地写着“国以农为本，农以种为先”。邵伯镇上的商店大多也来设点，他们集中在菜场的棚屋里，这里顾客最多购销最旺。妈妈带着孩子度身量布，算了又算，就是不下剪；姑娘们试戴发夹换了一个又一个，总不满意，满头大汗的营业员虽等得心焦，但只是看着直乐，没有一丝愠色。我们放学后也挤在这里，为的是供销社柜台上摆着的一台收音机，这在当时集上是绝无仅有的，我们不仅来听歌听故事，还反复打量这个木匣子何以这么神奇？

赶早集的人们为一年两熟农作备齐了各种器具，还添置了不少价廉物美的居家用品，肩挑人抬着，一脸的心满意足，已准备返回；更有人牵着相中的牛羊，背着精心挑选的粉嘟嘟的猪秧、毛茸茸的鸡鹅鸭崽，乐滋滋地吆喝着。时过中午，乡里人舍不得多花钱，站在烧饼炉前，一张张数出角票，买几个烧饼或火烧至多下一碗饺面给孩子充饥，自己则取出自带的“酥头令”赍（一种以麦面烙成的较厚的饼，形似圆盘，较硬实且耐饥），家境好一点的则取出摊得黄亮亮的葱花饼，在茶摊上就一杯热茶津津有味地吃起来。茶摊常常是居委会组织工闲人员摆设的，有的免费，有的只收一分钱管喝。一只只盛满茶水的玻璃杯上盖着一块块方玻璃，洁净卫生。邵伯的居民以清茶待客，“雪中送炭”，茶淡情真。本镇的市民们几乎户户倾家出动巡游大集，一面看热闹，也顺便买得一些搓衣板、小竹椅、草席、柳篮之类的时令小商品，眼下已一天天变热，这些用品过夏是少不了的。那些平素在街头巷口吹糖人、炸麻花、卖凉粉糖粥洋花萝卜的，这三

保留原风貌的店铺

天把生意做到集市上，客流如注，应接不暇，着实红火了几天。

成千上万人聚集古镇，这也是文化科技宣传普及的良机。文化站不失时机地在集市上挂出一排排图片，那是诸如婚姻法、选举法、和平签名，抗美援朝捐献活动以及新中国建设成就的专题展览；农技、卫生部门则适时推出合理密植、防治病虫害以及预防血吸虫病的挂图，鲜亮醒目，惹来四乡的农民们阵阵围观，崭新的时代，外面的世界深深吸引着他们。各色艺人也入市大显身手。耍猴的、玩杂耍的，吆喝几声，人就围成一圈，锣鼓声阵阵，叫好声连连；更有外地来的马戏团、木偶戏，还有西洋镜等等，支起篷幕就开演。逢节期间，大会堂扬剧场场爆满，戏报子扛着写着当天剧目的红纸木牌招摇过市，锣敲得比平时更响亮；大街南头书场里听客如云，地上的瓜子壳积了一层又一层。五十年代初老庙会遗韵尚存，乡间也有好事者上街“故技重演”的，他们身着戏装，涂脂抹粉，男扮女装，有的舞着两片白底杂花的大河蚌壳，唱着不知什么戏文；有的摆荡着张灯结彩用彩绸流苏扎成的花湖船边舞边歌；有的脚蹬高跷，装扮成戏中角色，搔首弄姿，风情百出。后来这类传统民间演出只在国庆游行时见到，再往后就越来越少了。而当时方兴未艾的新式话剧却深深吸引着我。夜间广场戏台下，我们入神地观看当时邵伯文化站一班热心的青年人演出的话剧与歌剧，剧名与剧情早无印象，但强烈的艺术魅力与台上台下的热烈呼应至今难忘。新的时代正赋予古老庙会的文化艺术传统以新的内涵与形式。那几天县第三电影放映队在治淮总队部夜夜放映电影《智取华山》《鸡毛信》《牧鹅少年马季》等新片，五分钱一张票，板凳自带，观众如潮，天未黑就把大院坐满了。逢集的日子，常有民间传统演出，这里处处翻滚着城乡交流发展产生的热浪，同时也在人们心中涌动着追求先进文化艺术的春潮。

邵伯的三月二十八，离我已经很远了，我回乡多次，但总没赶上逢集。庙会的功能与形式必然与时俱进不断更新，不管文化与经济谁搭台谁唱戏，文化与经济作为古镇发展的双翼正在并驾齐飞，这是邵伯的历史传统，也是我们的现实优势。愿故乡邵伯这座古镇水域经济发达，文化昌盛，源远流长。

（《芦柴花》2002 年第 3 期）

邵伯行（选二）

凌鼎年

别有情趣的邵伯湖

江都文联的文友听说我到了扬州，盛情邀请我再去江都，并说陪我去品赏邵伯龙虾。我早听说邵伯龙虾一点不亚于盱眙龙虾，但不想做饕餮之徒，连忙说：免了免了。友人马上说：还有游邵伯湖呢！

因了邵伯湖的诱惑，我欣然前往。

邵伯如今已被列为扬州十大风景区之一。早年，对邵伯最大的印象，无非就是这块苏中大地上有过七战七捷的壮举。其实，壮怀激烈只是邵伯一个小小的侧面，邵伯更多的是它源远流长的历史，以及文人的儒雅风流。如果从东晋太傅谢安在此筑埭得名算起，就有1600多年历史了，一个千年以上的小镇，该是多么的古老，在它沧桑的岁月中，该有多少丰蕴的历史遗存啊，我对邵伯肃然起敬，另眼相看。

邵伯与我家乡太仓一样，也属水乡泽国，但邵伯湖气势阔大，与“小桥流水人家”的江南水乡风情不可同日而语。邵伯湖以其水域广大，水势浩渺，水渚众多，物产丰富而著名。

也许是交通的关系，也许是宣传还未到位，总之，邵伯湖的旅游还未真正热起来。不过，那份恬静，那份野趣就颇难得了，这可是千金难买的。或许我们到湖边的时候有点尴尬，正是吃中饭时，偌大的湖面上没有一只游艇，没有一个游人，静啊，静得只有

邵伯湖游艇

风儿穿过芦叶的声音，静得只有鸟儿喁喁私语的声音，静得只有鱼儿跃出水面的声音，静得唯闻天籁之声。

当汽艇像箭一样射向湖心时，领略邵伯湖的神韵风姿才算真正开始。汽艇劈风斩浪，如脱缰之马，一个爽字了得。站在船头，风掠发梢，一派潇洒，那船工，知是采风的作家，也就拿出看家本领，转弯时，那艇似乎只一侧贴着水面，像是要飞起来，胆小的自然要惊呼起来，胆大的直喊："过瘾过瘾！"此时的我，注意力已被那些小鸟吸引了。看呀看呀，那长满水菱的浅滩上，突然出现了一只仙鹤般大小的鸟儿，只是此鸟羽色白中带灰，头部与颈部有如金羽，可惜叫不出名，我怀疑是池鹭，但不敢确认。那个小的翠鸟与苇莺，或栖于芦梢，或漫步菱叶，或嬉戏水中，或翔于低空，自由自在，无拘无束。

当快艇驶向水上迷宫时，突然一奇特的景象出现了。水面上出现了一群又一群的水鸟，那水鸟我叫不上名，鸽子般大小，有的通体雪白，有的腹部灰黑，有的白羽中带黑点，而特多的是头部呈黑色，其喙尖尖，其翅长长，那长长的翅膀一定有助于滑翔，所以这些水鸟多半在离水面尺把的低空滑行，一旦发现鱼儿，一个猛扎下去，十拿九稳。只有累了，他们才会浮在水面，悠闲地小憩。我猜想这儿水浅，鱼虾比较集中，成了水鸟捕食的理想天堂，所以水鸟都不约而同地到此处表演他们的绝技来了。汽艇的驶过，水鸟们见惯不惊，见惯不怪，该逗留的依然逗留，该觅食的依然觅食，颇有点天人合一的味道，我不禁为之叫好。

我还注意到，与此相对应的是空有空中的主儿，那些个大的白鹭苍鹭往往飞翔在湖的上空，慢慢地飞着，转着，瞅准了才会向湖面作一搏击，不搏则已，一搏则中。与其相伴的还有紫燕，紫燕翻飞，忽上忽下，像个快乐的精灵。大大小小，或翔或栖的鸟儿使邵伯湖野趣无限，生机无限，也使我们游兴无限，乐趣无限。

当快艇回程时，我突发奇想，要是驾一叶小舟，让船娘唱着有地方风味的《纱囊子撩在外》《拔根芦柴花》《茉莉花》《小兰花儿开》《清江小妹子》《一根丝线牵过河》等民歌，那一定韵味十足；或者放些《八段锦》《青阳扇子》《鹦鹉歌》《二六》等邵伯独创的民乐，那一定会让游人如醉如痴、流连忘返的。假如时近黄昏，夕阳西坠，晚霞烧红了半边天幕，染亮了一湖金波，船儿慢慢往回摇，远处的船儿与近处的船儿互相唱和，那岂不成了典型的渔舟唱晚，岂不风情万种。

邵伯湖是个好地方，堪称天然氧吧，久居都市的来此换换环境，换换脑子，远离红尘，远离喧嚣，也就远离烦恼，远离俗虑。多好啊。邵伯湖可供旅游开发的项目还很多很多，诸如观鸟、赏鱼、采菱、听歌、尝鲜、狩猎、垂钓、写生、摄影、野营等等等等。古人曰“三十六陂帆落尽，只留一片好湖光”。我谓之：棠湖风光别一景，放棹泛舟不虚行。

文气诗意的斗野亭

邵伯，小镇也；邵伯，古镇也。邵伯曾经有过辉煌，邵伯正在发掘历史的底蕴，以发扬光大它的文化传承。

京杭运河线上的千年古镇邵伯，曾为漕运、盐运作出贡献，有“大码头”之誉。

说出来也许读者难以相信，小小的邵伯，唐以来，名人名流光临者不胜枚举。如唐代大书法家颜真卿；宋代大文豪欧阳修、苏东坡、苏辙，大词人秦观，大书法家黄庭坚，著名诗人张耒，民族英雄文天祥；元代大诗人萨都剌；明代著名散文家李东阳；清代的康熙、乾隆皇帝，大学者谈迁、王士祯，剧作家孔尚任,《聊斋》的作者蒲松龄等等，挂一漏万，未写进去的还有很多很多呢。

这一代一代的文化名流自然给邵伯留下了诗文，留下了墨宝，留下了佳话，留下了轶闻。其中最值得邵伯后人骄傲，最值得书上一笔的当数斗野亭。

斗野亭

斗野亭始建于北宋熙宁二年，即1069年，距今已有九百多年历史了。游人一定会奇怪，一座近千年历史的古亭，为何取名为斗野亭呢？其实这斗，非战斗、角斗、斗争、斗法、斗嘴、斗气、斗智、小心眼之斗，这野，也非野蛮、野心、野性、野兽、粗野、撒野之野，而是因为扬州地属天文中斗、牛星宿分野而名之。

历史上，景因人著名，人因景留名的现象比比皆是。斗野亭之所以在千百年间能毁了再建，湮了又修，几经兴衰，景依然，名依然。重要的不是当年的亭子是否建得豪华、气派，也不是选址选得有多好，而是亭子的文化含量。只因了北宋名士孙觉、苏轼、苏辙、秦观、黄庭坚、张耒、张舜民七位名人有过《题斗野亭》的唱和诗篇，这斗野亭再小再土也身价百倍。这就是文化积淀呀。打个不一定恰当的譬喻，假如有一座小亭，貌不惊人，但巴金、冰心、郭沫若、茅盾、曹禺、老舍、沈从文等七位文化巨人相聚于那亭——吟诗作赋，那日后该亭必青史有载了。

苏东坡等名流的《题斗野亭》被后人称为七贤诗。我仔细阅读了孙觉的原诗，以及苏东坡等人的和诗，大都是借景抒怀，以露真情，以表心意。如苏东坡的“孤亭得小憩”，苏辙的“野寺为我清”，秦观的“积水寒更清”，黄庭坚的“籁箫吹木末”，张耒的“危亭下瞰野”等等，多少透露了这些文人的境遇与心态，于是张舜民在诗末用“寄言怀士士，慎勿慕官荣”作结。景与情相吻合了，诗言志，更吐感叹啊。

重温重读这些诗篇，依然堪可回味，得益匪浅呐。

如今的斗野亭是邵伯镇政府于2001年秋斥资重建的。已非宋代时镇西梵行寺侧，而是选址在京杭运河与古邗沟交汇处，从风水、景观之角度而言，新址择于此，确系慧眼独具。流连于此，伫立于此，既可饱览大运河风光，又可欣赏名家之墨宝。如欲摄影留念者，挺拔的白杨树，流淌的运河水，亭台楼阁，假山花草，无不入诗入画，皆可取景。更有300多年前的镇水铁牛，高卧于运河边，乃绝佳背景也。如果喜好文学的，可能还会想起一代散文名家朱自清的回忆文章，他儿时曾在邵伯住过两年，当年他常来运河边骑在铁牛上玩耍呢。

小镇的书法家华续先在《再建斗野亭感赋》中有“七贤诗勒石，翰墨羡书生”，道出了小镇文化人的欣喜之情。其实，真像王鸿在《再建斗野亭记》中写的“应时代之需，顺民心所向，择地再建斗野亭，既为江淮名邑重现历史名胜，亦使千年古镇长添文化氤氲；既供游客观瞻，里人休闲，亦可告慰先贤，造福后人，实乃一盛举也”。

概括得精当，好！

我建议为续斗野亭的文气诗意，可邀请书画家、摄影家、作家、诗人来个斗野亭笔会，绘之、摄之、书之、咏之，以壮其知名度，因为斗野亭目前乃邵伯第一景啊。

（《芦柴花》2002 年第 3 期）

诗意的清风渌洋

叶辛

车到渌洋湖，映入眼帘的，是一派充满诗情画意的风光。

高远明净的蓝天之下，万顷湖面水平如镜，水光潋滟，一群群雪白的肥鹅，有的在林茂草丰的湖岸上栖息拍翅，有的在清澈的水面上嬉戏觅食。放眼远眺，只见滩荡连绵，水网纵横，一片秀丽迷人的景色。正如古人诗中所道："波平鸥鸟适，滩远荻花稠。"

说渌洋湖充满诗意，不仅仅赞的是它如诗如画的风光，还因为这一片土地蕴含着悠久的历史文化。半个多世纪之前的 1955 年，渌洋湖围垦造田时，竟从湖底挖掘到了春秋时期吴国的青铜兵器。于是考古专家们来了，从学术上证实了两千多年前吴王北伐和邗沟古道是从如今的这一片渌洋水中穿行而过。至今，江都博物馆中仍珍藏着那些青铜兵器。

说渌洋湖充满诗意，光是有悠久的历史和美丽的景致，仍旧是不够的。就像我插队落户在贵州砂锅寨时，老乡对我说的，我们这寨子有文字记载的历史，就有 700 多年，可是年成再久，风光再好，也不能当饭吃。散发着苏中地区浓郁水乡风情的渌洋湖，更因为这里的农民们经过辛勤劳动，生活富裕，人人有事做，个个有分红，过上了自食其力而又有尊严的生活。

瞧吧，这里生长着数千亩连缀成片的池杉，其间丰润的湿地上套种着四季常青的牧草，长达 16.5 公里的圩堤上，耸立着茂密的竹海杉林，中间的洼地则是透出碧波神韵的湖面。这么好的生态，使草鸡蛋、双黄蛋、咸鸭蛋、松花蛋、盐水鹅、草鸡源源不断地从这扬州唯一的自然保护区内提供出来。

徜徉在这诗画一般的渌洋湖畔，我做梦也想不到这里曾经是远近闻名的荒滩野荡，解放前土匪出没是不用说了，就是解放以后，也是江都有名的"北大荒"。自然条件恶劣，杂草丛生，高低错落绵延到无边无际的野地里。由于地势低洼，下个两三天雨，四面一片水汪汪；天晴个三四天呢，大风一刮，尘土飞扬，又积不起水来。老乡们说，这里的泥土难侍候，干硬起来像砂礓，潮湿的时候又似膏药。哪里有诗情画意可言？

渌洋湖水上森林

说渌洋湖充满诗意，不得不说到这柳色如烟的悠悠大运河畔走出的一个人。他就是张福龙，全国劳动模范，江苏省优秀共产党员，江苏省勤政廉政好干部，渌洋湖村党总支书记。

我在走进渌洋湖的一路上，就听同车的文人、干部和老乡在夸他，在林茂鸟喧、鱼塘棋布的自然保护区内参观了半天，及至近中午时分，才真正看见他，同行的作家提出要采访他，他连连摆手说："不要采访，不要采访，都过 12 点了。吃饭、吃饭。"于是提起随身带的小包，带头进食堂要我们一起尝尝渌洋湖村里的农家菜。

我认定了这是个实在人，要不然回良玉同志不会在接见他时表扬他。

他的事迹很感人，他的事迹也很动人，农民们可以随口复述他的话。

比如他说："穷不生根，富不天生，致富只有靠自己的双手。"

这是一位农民的大实话。

又比如他说："这份家产仅靠我们自家创造不了，主要依靠的是厂里的村民。"

这是他富裕起来之后保持清醒的话。

他还说："做人要硬气，要求别人的事一定要自己先做到。"

这是他作为干部以身作则的表示，更是一位共产党员的不变本色。

他常说："苦与甜只是一种感受，让乡亲们过上好日子，再苦也是甜的。"

在我看来，这就是他作为一个有追求的当代新型农民的境界了。

他把昔日十年九荒的江都"北大荒"建成了小康村，有许许多多故事。提起笔来写这篇小文的时候，我只想截取两个镜头。

其一，创立初始，为了给厂里找销路，他孤身一人闯关东，天寒地冻的一天，他来到人生地不熟的丹东，脚上穿的是单鞋，身上穿的是夹衣，连天吃的是随身带的焦面和干馒头，寒风凛冽啊，天冷得要命，下了汽车，他一头栽倒在雪地里。不是遇上了好心人，他这条命难保。

第二个镜头：仍是严冬腊月，又是大雪天，那是 1994 年。他带着产品，冒着风雪赶往苏北盐城。大雪封路，车子停开了。他挑着 100 多斤重的产品，走了 7 公里，两肩磨出了血。当他汗津津地出现在客户面前时，客户被他深深地感动了……

仅此两个镜头，我想读者也会像我一样由衷地道出一句：这是个实在的带头人！

碧波荡漾的湖滩美景，历史悠久的运河两岸，勤劳致富的渌洋湖村人，还有一个好带头人，这就是我目睹的"诗意的清风渌洋"。

（《芦柴花》特刊《上海作家笔下的江都》2011 年 8 月）

一个别致的名字

许少飞

很多年前的一个夏天，第一次从扬州经仙女庙沿运河北行，当汽车驶上运河大堤之前经过一个镇子时，同行的人指着窗外说，这里叫邵伯。此前，虽然从一些书籍报刊上见过这一地名，但都未多想。可现在，它却展现于车窗之外，鳞次栉比的房舍，放着音响的店铺，竹竿上晾晒的各色衣裳，以及绿树、行人等等，一切都变得鲜活、具体起来了。“这里叫邵伯”，我也从未这么近距离地听人称呼它，听起来不像说一个地名，仿佛在路上遇见邻里长辈，称呼吴伯、秦伯那样，自然而又亲切。然而，它恰恰正是一千六百年前，这里的百姓为了纪念谢安的恩德，借用西周召伯的名字来作地名的。一个地方，一座市镇，称叔叫伯的似乎极少极少，甚至绝无仅有。这多么新颖别致，又多么富有历史感和人情味啊！从此，我记住了这个地方。

自那以后，我常沿着运河北去南来，也常会想到它的名字，且带着深深的敬意。去年，读了两本关于邵伯的书，并于五月的一天，专程前去探访，看了不少地方，多了许多认识。尤其是我第一次行经之后至今五十年来的巨大变化，令人惊异。而它那别致的名字，仍然强烈地吸引着我。当初听到它时的那种亲切感、新鲜感又飞了回来，萦绕于心间。

其实，谢公筑埭的故事，人人耳熟能详。《甘棠小志》上也记得清清楚楚，史籍上还说，谢安处大事，决大疑，当大难，成大功，咸不动声色。他在官时，无当时誉。去后，则为人所思。可见，谢公筑埭之时，只是在于治水，在于利民，并未大事张扬，告示各方，利用机会，搞个形象工程。但百姓受其利，享其惠，又必然在他“去后”会思念他。人民像土地一样淳朴，投下一粒惠政的种子，就会长出许多感恩的果实。而这里的百姓将谢公的惠政，比之为召伯甘棠，就再自然不过的了。这其中蕴含了怎样深厚的情愫啊！而在这种情愫浸染的土地上，到了宋代又出现了与召、谢并传不朽的罗适，又有了罗适生祠的建造，有了秦观那篇内容平实具体又凝聚了百姓感恩之情的《罗适生祠记》。在我国封建社会里，生祠大致有两类：一为大贤，有大恩德于民者；一为大恶，其生祠多由为虎作伥的爪牙所造。罗适生祠则属前者。在百姓眼里、心里，凡能为官一任、造福一方如谢、如罗者，都是可以比之为召伯的。

邵伯之名，来之于历史，得之于黎民。谢安等前贤的政绩，已凝聚于其中了，百姓的思念，也融入于其中了。“邵伯”，说起来、听起来，虽只有两个字，可它却是令人肃然起敬的口碑，是语词极短、情义深长的两字口碑。政绩早已成为历史，在前进的生活中，人们在承传这一口碑的时候，大概也还包含着一种殷殷的期待，因而这内容丰富、分量极重，犹如青铜的两个字，在百姓口中、心上，也早已被岁月磨洗成了可以映照为政者的一面明镜。

（《扬州文艺》2007年第1期）

邵伯记三则

丁家桐

闲言碎语

1966年，是个难忘的年代。那一年秋天，妻在宝应社教队，我带着七岁的女儿去看她，车过邵伯时，抛锚了。

同车的人便闲谈。一个说，邵伯这名字该改了。据说，当年一个姓谢的大官在这里治水，后人纪念他，把他比作一个叫邵伯的古人，这不是封资修吗？那个姓谢的动动嘴而已，当年修堤的还是老百姓。功劳归在一个人身上，观念有问题！又一个戴眼镜的，一说话便激动，听话音是有点学问的：当年谢安与皇帝不睦，他在这里讨好群众，要百姓纪念他，是他篡党夺权捞政治资本的一部分……后座一个冷冷地问：那时候有党吗？

我没有发言。当年我是一名待罪的人。我高兴的是，多年来，邵伯的地名终究没有改，历时一千余年终究没有改，邵伯这地方的人，能以君子之心度君子之腹。老百姓崇敬谢安，感谢谢安，不是权力崇拜，是知恩图报。谢安治水，利在一方，这里的男女老少，按照事物的本来面目认识事物，始终认可地名为邵伯。这里的土地是宽厚的，这里的老百姓是宽厚的，记忆中经历过一个刻薄的时代，所幸的是，那个时代终究是很短暂的。

寂寞的风景

每次去邵伯，都要拜访一棵树：甘棠。20年前，见到这棵树是在文化馆里。现在文化馆迁居了，树是搬不走的，便成了深巷居院中的一道寂寞的风景。

树为数百年物，清代所植，不比太原晋柏，也不比泰山五大夫松。以为是附会的景观，不怎么重视，我在品茶时对主人说：可惜不是原物，意义便有限了。

主人清瘦，四十多岁年纪，皱纹满面，苍老，但自信。他不以为意地笑笑：不是原物，更有意义。这就说明，邵伯人情深谊厚，不是人走茶凉。铭记一个好人，记住他遮阴的一株树，一代代栽下去，始终不断，这便是道德传承。召公可敬，谢安可敬，子孙不忘，这就是文化传统，怎么能说意义有限呢？

我脸红，点头。

主人缓过气来，感慨地说：你以为邵伯人种甘棠只是给过路人看的吗？错了。这棵树，也是给有权的人看的。召公官不小吧，与周公平分陕地，分封燕国，但是他架子不大，到了民间，便倚在大树下休息，也不嫌弃。这种官风，老百姓很盼望啊，你说，意义怎么样？

我笑了：听君一席话，真是胜读十年书了。

羊角青

农历八月十六，是女儿回门的日子。幼年随母回到邵伯，日出时东关下船，太阳偏西，便见婆婆立在邵伯大码头，远远地便举手喊："今年水大，当心伢子！"她说"水"，不是 shui，而是"许"，明显的邵伯土音。孩时调皮，踏上码头，便苦着脸喊："婆婆，我要许许！"

晚上，婆婆烧了一锅菱。月光下，几个孩子围着外婆，要外婆说故事。

古树名木——甘棠树

开讲故事，婆婆便来神。她一边剥菱，一边问：这菱谁送的，晓得吗？这菱为什么长了四只角，晓得吗？

其实都知道。故事老掉牙了，只是调皮，一条声地说：不晓得！

婆婆便说开了：菱是湖神送的。谢安当了湖神，要有见面礼。他送给扬州一座庙，送给邵伯一箱翡翠。见了翡翠，老祖宗说：邵伯人苦哇，青黄不接，要翡翠有什么用呢？湖神听了，觉得有理，于是派人改送一车黄金。见了黄金，老祖宗又叹气说：黄金虽好，可惜填不了肚皮。这回谢安懂了，便派人带来菱种，洒了满湖，生菱像翡翠，熟菱像黄金，从此便有了邵伯菱。

还有水猴子呢？

外婆拍拍脑袋，叹气说：到底老了，忘了，忘了。起先这菱双角，水猴摘菱咬菱肚子，老百姓只见菱壳，吃不到菱肉，告诉湖神，做了好事，可好事没有做到位。第二年湖神想法子，让菱肚子上再长两只角，水猴子再偷菱，便扎它的嘴巴。邵伯人聪明，吃菱从菱背下口，整个菱肉便出来了。伢子知道，这菱叫什么名字吗？

一条声地说：羊角青！

（《扬州文学》2006 年第 2 期）

碑记文献

谢太傅祠碑文

沈珠

扬州郡城东北四十五里甘棠庙，祀晋太傅谢公安。史述公淮淝捷后，权奸煽构，出镇广陵，筑垒曰新城。相视步邱地势西高，湖水泄，尝苦旱，东渐下，湖涨没农田，为筑埭以界之，民享其利，立庙祀之，称曰甘棠。盖比之召公，斯镇与湖皆以名。岁久庙坏，镇民戴纪辈饰像置五圣前堂。隆庆改元，夏五月，督学使耿公试士海陵，珠追随及镇，馆于庙，睹太傅像，肃然曰：先贤奚置是？务正位于堂，始称。乃檄扬州郡守卫侯，侯下之江都尹方侯，亟迁后殿。遂以公命问记于珠，珠考之晋书，太傅处大事，决大疑，当大难，成大功，咸不动声色，寻常谈说施措一一曲中。其在官无当时誉，去后为人所思，邵伯埭其一端也。礼有功德于民者毋废祀，督学公特为定其位，夫固洽埭人之心，而爱戴太傅于无穷也。

罗君生祠记

秦观

罗君之为江都，以诚心为主，耻言钩距惠文之事。凡民有讼，曲直径决于前，不以属吏诖误。若小过，辄诲谕遣去。视鳏寡孤独之有失其所者，如己致焉。黎明视事，入夜犹不已。或讥其太劳，君曰：“与其委成于吏，民有不尽之情，孰若劳己之耳目哉？”居数月，政化大行，民知其长者，不忍欺绐之，讼者益少。君乃出行诸郊，所过召其耆老，问以疾苦及所愿，欲而不得者，为罢行之。始复大石湖，改名元丰。广袤数百步，溉田千有余顷。是岁大穰，亩收皆倍。于是远近自陈，愿复陂塘沟渠之利者相属，君一切听许，亲至其地与之经始。筑大堤以却潮之患，疏潦水而注之江。凡水利之兴复者五十有五，溉田六千顷，而桑之以课种者亦八十五万有奇。徙其治于东南爽垲之地，为屋数百楹，以其赢材新驿、堠、亭、馆之在境者。又颇出私钱营致药剂，以给疾病之民，所愈至不可胜计。岁或干溢，有祷群祠，雨旸辄应如响。世益谓神其享之。岁满代去，其民思之不置。乃聚而谋曰：“我民之德罗君至矣，顾无以自效。闻古有召伯者善治民，民追思之，至不忍伐其所憩之棠。又有谢公者亦其流也，尝于斯城北筑埭，后人因名其埭曰召埭。今埭实在江都之北境，盍即其地堂画罗君之像而祠之，以慰吾民。”且曰：“使罗君之名与召、谢共传而不朽，不亦可乎？”众曰：“善”。于是即召伯之东法华佛寺置生祠焉。罗君名适，字正之，台州海宁人。学术有本末，通于世务，风节凛然，国士也。尝再被召见，皆以不合罢归。其莅官行己，所可书者甚多。书在江都者以为生祠记云。

建斗野亭记

〔清〕姚文田

扬州在星野为斗牛之分，昔人因于邵伯镇西梵行院侧创建斗野亭，郡志但云熙宁时建，而不知果谁之为也。惟孙莘老、苏子瞻、子由及秦太虚、黄鲁直、张文潜诸人皆尝觞咏于此，则以是为一邑之胜。盖镇上承高宝诸湖，积水涵虚，菰蒲掩映，朝烟夕霏，顷刻变态，既足以供游览，而又得孙、苏诸贤以为重，似此亭遂为必不可废。绍兴时，郑忠肃来知是州，始移建于郡城迎恩桥南，而亭之地遂改。嘉定时，崔清献抚淮，复改题曰江淮要津，而亭之名且就堙矣。元明以来，五百余年未有能复之者。兹徐司马元惠偕其族弟元桐议重建之，而镇西地当水冲，旧址不可复用，因择地于镇东之法华寺侧而缔构焉。于其成也，复镌孙、苏诸贤诗于壁，非直为游憩而已，盖前贤之流风遗韵借是以不坠，亦足令至此亭者之兴起也。会余客游邗上，司马之弟中翰侍御两君皆余同年生，来属为之记。盖经始于嘉庆己巳四月朔日至八月乃毕功云。

乾隆南巡过邵伯书事

乾隆二十七年（1762）第三次南巡，视察邵伯六闸水情，书事记载：湖西下河东，行潦患必逮。运河挟以南，归江路宜议。岂尝无闸坝，尺寸未详计，譬如受以尺，泄丈斯得济。受丈而泄尺，弗壅定致溃。昨过金湾时，切切虑莫置。重臣命踏勘（昨以高宝湖河入江之路未畅，命大学士刘统勋先行相度，议以金湾加宽引河中闸改建石坝，西湾落低滚坝，各条分立标识，今舟次按阅悉协机宜），果如所言弊。相商事解更，一一建标记。湾头泄水畅，壁虎无多地。凤凰两岸陡，宜皆姑舍是。所重金湾坝，坝宽河窄奥。宣达实罕畅，应与疏展暨。东湾既落低（事在乾隆二十二年），西湾当并治（亦应落低三尺，今亲临视，犹以为高，命再落一尺）。引河更拓宽，俾有建瓴势。我欲步履视，细雨风帆利。阛阓历揽全，进止授次第。即今东湾低，河水流未洎。云以待涨时，春时涨弗至。何不先抽薪，扬汤劳止沸。是宜重审度，亦宁执已意（欲使常时湖水入运，运水入江，庶湖虚得容夏潦，然其有无碍运道，则俟再商）。然此犹治标，根源吾熟思。在洪湖五坝，其故曾屡示。苟其清口畅，是皆可勿虑。其如蓄清言，深中督河惎。蓄而鲜致害，愿从吾无悔。清口靳勿拓，小小烦从事。信其功难成，犹将患屡试。

乾隆三十年（1765）第四次南巡，过金湾六闸，书事：

西湾接东湾，落低所向命（上次南巡，亲临金湾相度，以东湾滚坝前已落低，命将西湾亦落四尺，俾湖河入江之路益畅，而其键要尤在视高堰水志，展拓清口，为釜底抽薪之计，五坝始无溢漏，下河田庐颇资赖）。常泻运水余，入江斯捷径。挈要实清口，尺寸为亲定。五坝无漏卮，下河屡丰庆。凭舟观局势，幸矣筹偶应。更张亦奚必，多言徒启竞。顾语司河臣，守之仍在敬。

乾隆四十五年（1780）第五次南巡，过金湾六闸，书事：

车逻及南关，金湾之上首。泻涨仍恐弱，筹及六闸口。然皆治标计，治本计则否。清口定水志，此事在壬午。釜底诚抽薪，水河获利久。戊戌河决秋，洪湖不能受。无已开五坝，盛涨由是走。高堰幸无害，为以渐非陡。下河灾虽轻，对民心自咎。即今庆河复，此事或希有。底绩无良材，救弊惟增丑。

乾隆四十九年（1784）第六次南巡，过邵伯六闸，仍惦记水情，书事记载：

书事已详庚子诗，总因民瘼剔疏施。定其水志于清口，免以潦浸及下陂。戊戌竟仍开五坝，其秋幸早获如茨，虽然可一不可再，虔祝安澜后莫为。

甘泉县严禁混封邵伯民船碑文

加十级纪录十次，杨为道恩。

升任府宪马批。据船户高天相、孙佩坚等禀称，窃甘邑邵伯乃米麦豆谷广聚之地也，□流下行过江，必用船带，水浅尚帮起剥。所装杂粮济民食，裕课通商。乾隆五十二、三两年，督抚二宪札饬，淮宿钱粮豆买为大宗，近年各州县拿船实为关税之害。饬查邵镇空船如系示禁藉剥漕之名，以及采买料物，混封船只。因时江邑差埠封拿豆船剥漕，禀奉□□宪批饬，雇剥船送□剥漕，乃差埠复蹈前辙，封拿身等船只，禀奉大宪批县验放在□□□□，议详勒石永禁，则商贾不能流通，船户不能安业等缘由，蒙批仰甘泉县查议详奉。今又据高天相等禀称，江湖黄河各有水性，往来舟楫必须合式，庶无贻误。历□□□□于装运不用邵伯船只，因邵船站高、舱深、底窄、腹阔，只能顺流，不能逆上。前奉□□□□道宪委员验明身等，邵船天合剥粮之用，俱经释放，奉恩分别示禁。未免风雨摧□，□□难除。与其临事求恩，不若吁苏此日。为此连袂公叩恩赏勒石永禁。据此，查邵□□□□诚恐风雨损坏，而差埠人等仍行遇差封拿，藉端滋扰，均未可定，除饬取埠保遵□□□坊保办差人等知悉，嗣后凡遇雇备漕剥，以及装运料物北上，需用船只毋许混运，□□□不遵，藉端滋扰，许即船户指名禀县，以凭从重究办，各宜永远禀遵毋违，特示。

印

乾隆六十年十二月□日示

民国二十年大水复堤碑文

陈延晔撰并书

民国二十年八月，江淮并涨。二十五、六日，高邮及江都之邵伯镇大堤，同时漫决二十七处，计八百八十丈，堤东荡为泽国。而鲁南沂、泗暴涨，运河亦告漫溢八十六处，于是淮扬徐海咸被其灾，群情惶然，虑旧观必不可复。何则？凡兴大役，必三者具，曰工，曰财，曰人。无财则工无以兴，无人则财虽有而事不办。当是时省府创设江北灾赈委员会，前主席叶公为委员长，泰县韩公为委员，旋推为副委员长。韩公者，昔长江苏省所设江北运河兼运局者也。省议分堵决口、复堤为二：其堵口工事，前水利局长茅以升及段长等与焉。邵伯堵决属之前段长邵副宸，高邮西堤属之俞亨。东堤挡军楼等诸决口，以资西堤保障，故未及塞。是年十二月报工成，而副宸工多渗漏，其来圣庵决口下，积淤惊人，工基不固，再三决，卒归复堤大工而后葳事，凡费银三十一万余元。其复堤大工则由委员会四处：曰工赈处、曰工款处，曰工程处，材料所附焉，曰验收材料处。筹工筹购办物料，悉于会受其成。以委员会隔江在省，去工次还为不便，乃设驻扬办事处，韩公主之，全工通受指导进退。于是析全工为两部：下游高邵部分三区：一曰高宝东堤工务所，王委员宝槐长之，下分六决口及高宝平工务段；二曰高宝江都西堤工务所，仍以堵口主任俞亨主之，自北而南分一、二、三、四段；三曰江都东堤工务所，鲁之熙主之。其下复分三段，中以露筋来圣庵工为最难，以陈觐文佐之。尚有西堤平工，其承修为国府工赈局胡品之，疏通海港道工程，凡下游之部署如此。上游淮邳部分，自所长赵履祺斥退，代以陈岳中，兼任工赈局第四工程段，中运数百里间，邳淮两汛六决口，邳运宿四汛土工俱属之，岳中分督各汛段负责堵修。又接近洪湖之清平堰徐四汛土石工，则万立珏主其事。上游多漫溢而少溃决，是以工较轻，而其部署亦较简焉。初省议分堵口与复堤大工，然堵口时，率用麻袋贮土夹叠砌成之，石角有隙，则其间过水，不能断流，于是复堤必先去其草土碎石，又必清除堤根稀淤，故糜款巨而费时久。大工以还堤为最需要，决加厢险工，又次加修平插坡，加高率全堤高至二丈。先经王宝槐、周历勘估，凡需工料银四百四十余万元。嗣以原估砖石物料，非仓卒所能备，乃定议先以土工还堤，后改核减工，需三百五十二万余元。原限二十一年六月底完工，以来圣庵一处矬垫变化，乃延期三月而后全工完竣。呈报验收，较其成绩，大工以高邮六决口为优，而江都荷花塘、黑鱼塘差可与比，于是江北运河大堤复工事毕，方事之殷也。韩公于催攒巡阅无不躬亲，时乘叶舟，御小赞，或继徒步，其勤劳非人所能及，而公年七十余矣。夫成事者人也，集事者财也。王宝槐明晰河务，尤老于工程。华洋义赈会饫闻之，但言非主办，高邮六决口则不与助款。顾王自好甚，鲁之煦、陈觐文辈廉朴，其自好同于王，数人者，皆不易致而卒致焉。至于财，则由省府，虽有规划而库空如洗，指拨难从，赖先主席叶公肩其责，韩公躬其劳，主席顾公协其力，而后公私之如云而集，积用告成。通计复堤工程总支银三百四十万余元，计则江都东堤四十五万四千余元，高宝东堤四十三万五千余元，六大缺口三十二万元，高宝江都西堤四十二万余元，材料八十一万三千余元，工二十九万四千余元，事务费十三万二千余元，国府十四区工赈局办理连工赈五十四万一千余元，合符前数。其款所从来，则省府二百三十万元，国府七十四万一千余元，华洋义赈会三十五万元，亦符前总数。凡工程、人材、款项三者之难如此，卒能会合而成一大工，又如此，皆人事也，天幸也。我民人出昏垫而登衽席，反呼号而为欢欣，中心藏之，何日忘之，敢直书事实，以示后世子孙，俾复堤之工，委诸千秋，永永无极。

民国二十二年暮春之日

淮扬士绅立　江都王纯泉镌

皇清诰授光禄大夫户部尚书甘泉董公神道碑铭

光绪十有八年壬辰闰六月十五日师原任户部尚书甘泉董公以疾薨于京师之正寝，遗疏奏闻谕。赐祭葬如礼。越明年秋月，公孙诚谨将奉公柩归葬，以埏道之文为属。文蔚受知门下十七年，追随函丈，久而愈亲，生平嘉言懿行，得之为详，其敢以不文辞。谨按：公讳恂，字忱甫，号醖卿。先世于前明洪武间，自苏州府迁扬州府江都县之邵伯镇，国朝雍正十年析江都。地置甘泉县，镇隶甘泉，遂为甘泉县人。曾祖启章，祖锡五，父万元，三世并以公贵，累赠光禄大夫、户部尚书。曾祖妣熊氏、祖妣薛氏、妣丁氏，并累赠一品夫人。赠公生两子，公其长也，体貌丰硕，举止异常儿八岁丧父，哀毁如成人。与弟桂茹苦劬学，饘粥时不继，丁太夫人脱簪珥、力针黹，命就外傅，既成童，设塾训蒙籍。修脯以供菽水。年二十五补县学生，三十一登道光丁酉贤书，庚子成进士，观政户部。二十八年补福建司主事，历主云南司。及捐纳房稿，充漕运全书馆、则例馆提调。于时河运道阻，当事者议改折漕，公偕同司具禀，力争不得，因作驳折漕议。其略云：国家漕东南粟，岁四百万石达京师，长江为咽喉，黄河为胸膈，在在可虞，而行之不废，繄岂不知变计，盖其意甚深远也。各直省州县常平谷数载，在则例试廉，其地不独无粟，甚且无仓畿辅重地，万万不宜有此。检京通仓十有七为廒，凡千二百有奇，廒受万石，岁进糯粳稜粟麦豆，断不至无仓；二十四旗，百二十一甲喇，千三百八十五佐领，合村官技击斯养羡卒十七万人，计口月给旗仓，递推如转环，虽有侵耗，断不至无粟，是何也？州县仅积贮之虚名，京通有出纳之实事也。挨年而放，有推陈出新之义；无月不支，有以放代盘之义；若改折收、折放，别采买以实储备，势不至如州县之无粟无仓不止，万一有警军无见粮转输不及，谁执其咎？窃以为仍征本色便。议上当事者，无以难之。咸丰元年升广东司员外郎，二年升浙江司郎中，京察一等，记名以道府用，八月拜湖南粮储道之□命，乞假回籍修墓。甫抵里门，寇氛渐逼，乃奉丁太夫人板舆，避居郡城东大桥镇。明年春，单舸入湘履任，适奉部定漕折新章。公顿足叹曰：湖南自此不复漕矣。亟思挽救，苦未得策。八月，丁太夫人在籍弃养。公闻讣，博膺恸绝，太府拟奏，留襄办防剿，公泣辞；即日星犇，祭葬以礼。六年，起复入都管理户部，大学士文公奏留郎中上行走，综司派办事件□旨允所请，汉员得此，盖异数也。旋授直隶清河道，莅任后，命分稽北路灾赈，躬亲周历，全活无算。七年，顺德、广平两府属与豫东接壤处游□勾结土匪滋事，制府檄公督办。公驻营顺德，分遣弁兵，扼要屯扎防剿，以次擒获首犯张三黑、贾洛洸、大德和尚等寘诸法，畿南安堵，以功□赏戴花翎。是年十月，擢顺天府府尹，两充文闱，盖临场规严整。十年秋，海氛不靖，车驾巡幸木兰都城，一夕数惊，亟手示慰谕居民，有乘机抢掠者，立寘重辟，并徧告属吏，非奉差遣，毋得擅出都门一步。当洋人之入安定门也，顺属大小官员，无一走避者，和议既成，恩加二品顶戴。十一年，升户部右侍郎，仍兼属顺天府府尹。并□命在总理各国事务衙门行走。同治元年，兼署兵部左侍郎、吏部左侍郎、礼部左侍郎。□命往天津，署理三口通商大臣。四年，升都察院左都御史。五年，升兵部尚书。□赐紫禁城骑马。七年，兼署户部尚书。八年，调补户部尚书。十年，兼署工部尚书，管理户部三库事务。光绪元年，兼署吏部尚书。充□实录馆总裁。八年，京察，自陈年力就衰，恩准开缺，公自通籍以迄致仕，先后在农部几三十年，综覈度支，了如指掌，当穆宗皇帝御极之初，部库如洗，仅存银七万余两。自公任事后，酌盈剂虚，逐年撙节；迨去位之日，内库积储银一百一十万两有奇，部库积存银七百三十六万两有奇，京通各仓实储米粟三百四万石有奇，用不虚糜，有备无患；而旁观不察，或谓敛外藏以实京师，有似唐之中叶者；云南报销案发，公去任已半载，犹以教诫不豫，深自引咎。总署之设，创于咸丰季年，交涉既繁，应接不暇，遇有事须稍自贬损，国难始纾者，公辄任之，而局外人或未能尽谅也。生平宽以待人，未尝扬人过，人有片善，必称道之。尤精于衡鉴，历充辛亥顺天乡试同考官，戊辰丙子会试总裁，乙丑甲戌庚辰□殿试读卷官，考试中书拔贡，所得皆知名士。事四朝，无纤芥之过，□宸眷优渥，公六十生辰，□恩赐寿物，其他□□御书书籍珍器□赉予稠叠，不胜殚纪。呜呼，清名荣仕，耆年令终，史册所垂如公者，讵数觏哉？公自少学至老不倦，公暇辄手一编，六旬后犹分年披读二十四史、十三经注疏，旁及诸子百家，每读一书，皆随手摘录。晚年潜心玩易，裒集诸家著述，蝇头细书，积录至三十八帙，颜所居曰：还读我书室。著书数十卷，曰：度陇记、俪白妃黄册、荻芬书屋诗赋文集、甘棠小志、楚漕江程、江北运程、凤台祇谒笔记、永宁祇谒笔记、毡底零笺。转漕衡湘，奉讳归里，□魏阙重瞻，观察畿南，保釐京兆，佐理司农，职掌戎枢，权衡金粟，各笔记。尤工汉隶，尝摹刻华山庙碑，人争宝贵。易箦之前，自撰书挽联曰：不惠不夷渺沧海之一粟，而今而后听史论于千秋。公之心可想见矣。公生于嘉庆十二年丁卯八月初四日，享年八十有六。□两遇覃恩，□诰授光禄大夫，元配谈氏，诰赠一品夫人，继室叶氏，诰封一品夫人，曾氏□貤封恭人。子五，蓉，年十七，以痛母毁，卒。莲，荫生刑部员外郎，出嗣公弟，先公一年卒；莒、蒉俱幼殇。苌，荫生兵部主事，蚤卒。女六，谈恩锡、孙光爕、何锡侃、齐长鸿、彭诒孙、王翰书，其壻也。孙六，诏、让候选主事，谐、谦并早逝，诚、谨孙女。三系以铭曰：

汉有大儒，辅相江都，天人三策，翊赞皇谟。笃生我公，洪延世胄，为邦之桢，食德惟旧，搢笏登朝，辟立清标，权衡金粟，国富民饶，业炳中兴，来王重译，东鲽西鹣，信孚蛮貊。天子畴咨，百僚是师，曰猷为守，尔咸有之。周历六官，入践台斗，晚节益坚，荷恩弥久，帝谓古贤，七十悬车，卿年已迈，可以归欤，公拜稽首，圣明优老，许臣乞身，咏歌天保，解组十载，简编怡神，胡不百年，遽返其真，丰碑峨峨，冈陵郁郁，刻辞垂声，永□□□。

日讲起居注官四品顶戴翰林院侍读门下乌程冯文蔚谨譔拜书

再建斗野亭

王　鸿

斗野亭始建于北宋熙宁二年，迄今已近千载。宋代七贤因登临斯亭而兴怀唱和，后世文人为仰慕前贤而即景挥毫，佳作纷呈，翰墨留香。白驹过隙，斗转星移，斗野亭几经徙建，终淹没于历史长河之中。值兹盛世，政通人和。邵伯镇人民政府应时代之需，顺民心所向，择地再建斗野亭，既为江淮名邑重现历史名胜，亦使千年古镇长添文化氤氲；既供游客观瞻，里人休闲，亦可告慰先贤，造福后人，实一盛举也。乃为之赞：

茫茫广宇，昊昊苍穹。星斗分野，光耀太空。天宝地灵，江淮要冲。古名甘棠，缅怀谢公。哲人留步，骚客动容。七贤唱和，勒石亭中。墨林瑰宝，诗坛黄钟。韶光流世，难觅遗踪。欣逢盛世，文运亨通。碑亭再建，众心偕同。名胜重现，造化天工。近睹桥闸，凌波彩虹。远眺楼阁，霞映艨艟。运河两岸，吐翠摇红。湖畔水园，泽国游宫。棠埭巍巍，势若卧龙。碧波粼粼，水云交融。芙蓉片片，鱼翔花丛。垂柳依依，芦荻鲜荣。白帆翩翩，落雁飞鸿。渔歌阵阵，韵美情浓。观亭赏景，陶冶心胸。为民立业，受益无穷。抚今追昔，百感由衷。诗人兴会，共赋新风。

公元二〇〇二年四月　王鸿撰

江都市邵伯镇人民政府立

历史遗踪

邵伯菱的传说　相传在很古的时候，邵伯十年九涝，老百姓生活十分艰难。不久，这里出生两个有志气的小孩。大的男孩叫里儿，小的女孩叫艾儿，他们发誓要找到一种生长在水里既好吃又充饥的东西，让家乡人不受饥饿。他们跋山涉水，终于找到一种像珍珠一样滚圆的果子，把果子摘下来放到邵伯湖里，果然长出满湖的果子，果香飘出几百里。可惜，几天后，果子被水里的怪物“水猴子”偷吃光了。里儿、艾儿非常伤心，又离家去寻宝。一天晚上，只见天上有一颗明亮的星星向他们飞来，到他们面前忽然变成一个身穿绿衣裳，戴着金项圈儿的小男孩，名叫星儿。星儿知道他俩寻宝的事，答应过几天给他们送样东西来。八月十五晚上，星儿果然给他们送来一个金光闪闪的“四角灵宝”，说把它种到邵伯湖里，“水猴子”就不敢吃了。星儿说完，又变成一颗星星，在邵伯湖上空飞了三圈，慢慢向月亮飞去。里儿、艾儿高兴极了，回家后把“四角灵宝”种到邵伯湖里。转眼，湖面上像铺了一层翡翠，全是翠绿的叶子。秋天一到，满湖都结出一种与四角灵宝一模一样又香又甜的果实，而且水猴子真的不敢再来吃它了。里儿、艾儿为了纪念星儿，就把这无名果叫作“灵”（菱），菱从此在邵伯生根。每到八月十五日晚上，他们就用煮熟的菱来祭拜月亮，其实是祭拜月亮的邻居——那颗给邵伯湖送来四角灵宝的星儿。

牌坊故事 邵伯曾有几座贞节牌坊，因年代久远，已无从查证。但牌坊故事，却流传至今。

邵伯街北，过奶奶庙桥，有一户人家，姓符，是个书香门第。符家公子娶妻华氏，华氏娇美贤淑、知书识礼。符公子不幸身患肺痨，新婚不久便去世。华氏刚二十出头，怀孕三个多月。后来，生下遗腹子，男孩聪敏俊秀。华氏一心守护这个孩子，教他读书识字。二十多年后，孩子长大成人，功成名就，一举中进士。地方官想起她年轻守节、教子有方，于是，申报旌表，要为她立块贞节牌坊。从此，符家庄前、奶奶庙旁，矗起一座高大的石头牌坊，两旁刻有一副楹联：抚孤男于百日，旌孀妇以千秋。凡文武官员途经邵伯，往往都去拜见。可令人奇怪的是，牌坊上那块叠角斩方石头“圣旨”，无论远看近瞧，总是又歪又斜，无论如何摆放，就是不正，人们不免议论纷纷。符进士也觉得蹊跷，一日，他跪在母亲面前禀告。华夫人望着儿子，忍不住一声长叹说，摆不正就把它卸掉吧。于是，石头“圣旨”被请入奶奶庙供奉。那座贞节牌坊成为一座没有“圣旨”的牌坊。

邵伯还有一座没有“圣旨”的牌坊，史称“名人坊”。“名人坊”坐落在上河边馆驿前南侧，“官码头”至小坝巷码头之间，高大壮阔。上刻“谢傅甘棠坊”五个大字。牌坊不仅镌刻着一代伟人的丰功伟绩，更凝聚着邵伯人对谢安的仰慕敬重之情。

颜鲁公碑与《蔡明远帖》 据古籍记载，继谢安之后，在邵伯留下足迹的历史名人，当推颜真卿。

颜真卿不止一次游历邵伯。当他踏上这块土地，就被谢安的伟业壮举深深震撼。他漫步邵伯埭，瞻仰谢公祠，奋笔写下震古烁今的“甘棠庙碑”。邵伯“甘棠庙碑”出自颜鲁公之手，在宋代文学家黄庭坚的《山谷集》中有明确记载：“《蔡明远帖》乃鲁公晚

颜真卿《蔡明远帖》书法碑

年书，与邵伯埭谢安石庙中题碑傍字相类，极力追之不能得其仿佛。”现碑已流失。

如果说颜真卿写下“甘棠庙碑”，给邵伯留下的是一段美好的回忆。那么，他写下《蔡明远帖》，给人们留下的却是一段流传千古的书坛佳话。

唐乾元二年（759），颜真卿决意再次远游邵伯。安史之乱余波未息，社会动荡不安。一位老人独自远行，其风险自不待言。他的得意门生蔡明远得知，忙找到师弟夏镇，两人决定暗中护送恩师。一路跋山涉水，风餐露宿，不离左右。直至现南京秦淮河畔，颜真卿才发现尾随而来的学生，得知他们的一片好意后，不禁大为感动。到了邵伯，为表谢意，颜真卿写下《蔡明远帖》相赠，至今传为美谈。《蔡明远帖》又名《与蔡明远书》，该帖行书 18 行，104 个字，笔韵流畅，纵横洒脱，睹帖思人，真挚的师生情谊跃然纸上。

甲仗楼咏 唐朝著名诗人张籍，字文昌。他的乐府诗，与王建齐名，并称“张王乐府”。有一年，张籍从都城长安来到扬州，随之奔赴古镇邵伯寻幽探胜。他登临百尺高楼，凭栏远眺，思古之情奔涌而出，挥笔作诗《新城甲仗楼》：“谢氏起新楼，西临城角头。图功百尺丽，藏器五兵修。结缔榱甍固，虚明户槛幽。鱼龙卷旗帜，霜雪积戈矛。暑雨熇烝隔，凉风宴位留。地高形出没，山静气清优。睥睨斜光彻，阑干宿霭浮。芊芊粳稻色，脉脉苑溪流。郡化黄丞相，诗成沈隐侯。居兹良得景，殊胜岘山游。”这位晚唐诗人面对四百年前的甲仗楼，借对谢安这位大政治家的吟咏，表现出动乱年代一个文人对富国强兵的渴望。

后周世宗驻跸法华寺 五代十国时，后周世宗柴荣伐南唐，于显德五年（958）春，

古法华寺碑

率百艘战舰从淮河经邗沟入江。世宗驻跸邵伯法华寺，置院为法华禅院。

帝王驻跸法华寺，使这座苏北名刹名声大振，引来历代名人关注。宋太祖赵匡胤敕赐“古法华寺”匾额。北宋文学家苏东坡为之撰《铜钟铭》。明代里人彭汝寔重修寺院，竣工之日，有双鹤绕梁，因名来鹤寺。此后，来鹤寺不仅成为当地人的游览胜地，而且吸引诸多文人墨客来此观景赋诗。

苏东坡游梵行寺　梵行寺周围的山茶花叶碧欲滴，花开香飘十里。苏东坡常来扬州，对邵伯梵行寺山茶花有所耳闻。北宋元丰七年（1084），他在前往常州途中路经邵伯，于是放舟停楫，在孙觉、秦观等文人雅士陪同下游梵行寺。他自觉对山茶花意犹未尽，便抛开友人，独自又回到梵行寺，领略山茶花娇姿。

苏东坡题诗雕塑

时值春寒，天上又细雨霏霏。苏东坡沉醉于万紫千红的山茶花丛中，触景生情，诗兴大发，作《邵伯梵行寺山茶》：山茶相对阿谁栽，细雨无人我独来。说似与君君不会，烂红如火雪中开。苏轼一生写过三首茶花诗。除此之外还有《赵昌四季山茶》《和子由柳湖久涸忽有水开元寺山茶旧无花今岁盛开二首》。

奇井轶闻 南宋年间，邵伯梵行寺大兴土木，木料奇缺，老方丈一筹莫展。云游至此的济公安慰他说，今夜三更，木料必到。子夜时分，济公来到梵行寺古井旁，他手持破芭蕉扇，轻轻一扇。忽然，平静的古井，翻江倒海，一片轰鸣，只见一根根巨木源源不断地跃出井口。

乾隆皇帝轶事 初夏的一天，时近黄昏，一条官船悄悄地驶入邵伯大马头。乾隆皇帝着青衣马褂，站立船头。只见河面樯桅林立，岸上旅店、商行生意兴隆。乾隆皇帝沿台阶而下，独自闲逛。从大马头向东走，不远便到街头。他又沿街向北漫步，只见街市繁荣，各业兴旺。他信步跨进一家吃食店坐下，店堂里热气腾腾，跑堂的送来三只汤圆，乾隆皇帝吃后大为赞赏，连声说好。接着他又尝了一碗饺面，出了店门，到街上闲逛。

这时，店门口来了两名京城御林军打扮的差官，慌张地向店主询问：“店家，可曾见一位身材高大，京城口音的人来此小吃？”店主答道：“刚走一会。请问那位客官是谁呢？”差官四望无人，凑过去轻声言道：“他就是当今皇上。”店主惊喜交加，飞跑到邵伯司署禀报，巡检当即赶到大马头跪送，但已迟一步。随行官员为了安全起见，早已起锚开航。

原邵伯南街小学内古井

前街巷邵伯大马头

事后，店主特地请人写了金字招牌“天升馆”，意思是天子升座的地方。又把乾隆皇帝坐过的桌凳、用过的碗筷都珍藏起来。街坊邻居也倍感荣幸，把吃食店旁边的一条小巷定名为“天升馆巷”。

张赐宁神笔画济颠 张赐宁（1743—1817），清代画家，字坤一。号桂岩、十三峰老人、富春山樵、北海外史，沧州人，张逢尧侄孙。初游幕于江南，后官南通州管河州判，晚年侨寓维扬（今江苏扬州）。能诗善画，善山水、人物、花鸟、墨竹，无所不工。

清嘉庆年间，张赐宁住在邵伯神路北侧中段玉皇阁的九松山房。有一天，张赐宁去神路东头银庵时，遇见坛中住持。住持早就听说画师的本领，于是恳求他为斗坛画济公像。虽没有旧本临摹，但面对住持的请求，他又不忍拒绝，于是勉强答应了。回来后，他想了又想，却终究无从下笔。一天清早，他漫步经过玉皇阁门前石桥，刚踏上玉皇阁南边神路时，忽然抬起头看见一位衣衫褴褛的僧人坐在松树下，左手拿酒壶，正昂着头，喝得津津有味，右手还举着破芭蕉扇，不停地扇着，悠闲自得。恍惚间，他似乎又站起身，仿佛正向画师迎面走来。张赐宁暗想：这个和尚多像传说中的济公啊，不正是我想要画的模样吗？当他再凝神细看时，竟不见僧人踪影，但这却激发了画师的灵感。

张赐宁赶紧返回九松山房，铺绢磨墨，一会儿工夫，绢纸上已留下以松柏为衬托的栩栩如生的济公像了。这幅济公像长三丈六尺，宽五尺，画上的济公无论从什么角度看，都似乎正向你走来。住持爱不释手，将此画挂到画室珍藏，只有重大节日才挂出来供人欣赏。现九松山房、斗坛已不复存在，济公像也不知流落何处，但是，张赐宁神笔画济颠的传说却成为人们街头巷尾津津乐道的趣谈。

名人与邵伯

邵伯历来是人文荟萃之地，历代名家辈出。谢氏、蒋氏、邱氏、徐氏等名门望族孕育出不同层次的人才，延续着邵伯千百年的文脉。众多仁人志士在政治、军事、经济、教育、文化等领域，作出重要贡献。晚清重臣董恂、民国国会众议院议员张鹤第、光绪皇帝御医杜仲骏、冶春后社名士周湘亭、中国科学院院士徐芝纶、扬剧艺术家华素琴、国画大师刘力上等名垂史册。邵伯的历史人文精神，激励邵伯人自强不息。

还有很多的邵伯名人，辉映他乡，在各自的领域建功立业，造福百姓，他们是邵伯的代表，也是邵伯的骄傲。

名人传略

邵伯最早的一部镇志《甘棠小志》成书于清晚期，且无人物记载。邵伯籍名人，清代以前无处查考。现记载的名人代表以清代进士、举人、秀才、宫廷御医为主，以及民国时期活跃的政客，革命时期的烈士，邵伯籍的教育家、艺术家、高僧等。

徐寅亮（生卒年不详） 原名元亮，字直生，号云淙，邵伯望族徐氏第四代。嘉庆四年（1799）与兄徐元方共举进士，仁宗皇帝特赐“花萼联辉，堂棣竞秀”匾额。徐寅亮出任山东道御史，与兄同居京师，友爱日笃，后其兄因病辞官归乡，徐寅亮便也休假返回邵伯，回乡后居镇北，兄弟二人建云川阁别墅，作为子弟读书之地。徐氏乐善好施。道光年间，徐寅亮与董恂等共襄创设邵伯恤嫠会。与族弟徐元惠等先后捐资疏浚玉带河，建斗野亭，创留养所。

徐寅亮生二子，长子徐玉华，附贡生；次子徐玉丰，道光十七年（1837）举人，二十一年（1841）进士，授翰林院编修、詹事府右赞善，道光二十九年（1849）任顺天乡试考官。

董恂（1807—1892） 初名椿，小字长春，字寿卿。后更名醇，避同治帝讳改名恂，字忱甫，号醖卿，江都人。道光二十年（1840）进士，历道光、咸丰、同治、光绪四朝，先后任户部主事、湖南储运道、直隶清河道、顺天府尹、都察院左都御史及兵部、户部侍郎。后兼署工部、吏部、兵部尚书。曾充殿试读卷、会试正副主考官，文宗、穆宗二帝实录馆总裁及总理各国事务衙门全权大臣。

董恂任职期间，奉派与比利时、英国、俄国、美国等国签订通商条约。为维护国家利益，据理力争，不辱使命。同治十一年（1872）十一月镇江关查获漏税洋船更名易主一案，董恂照会英使，指出“商船犯章，商人走私”，责令“严行驱逐，不准在口贸易”。英使气急语塞，只好按章办理。董恂任户部尚书时，以金粟为重，提出“地丁宜

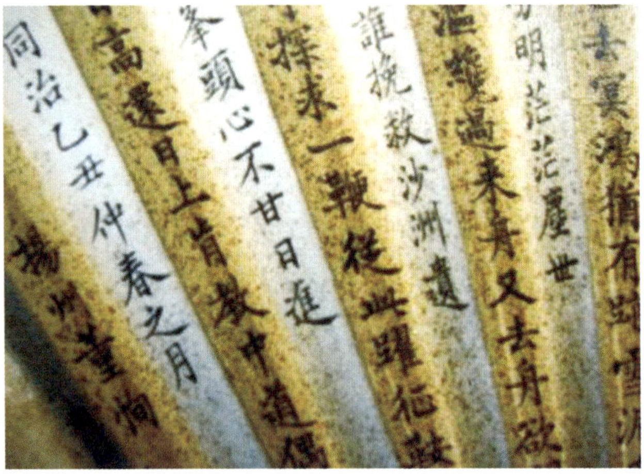

董恂书法作品

求复额，漕船粮宜筹全运，盐课宜改积习，关税宜期核实，厘金宜防侵蚀，州县宜严交待，营伍宜极整顿，运用宜归撙节”的度支八条。同治元年（1862）户部库存银只有7万余两，光绪八年（1882）董恂离任之日，内库存银110万两，部库存银736万两，京通各仓库存粮304万石。清廷赏赐董恂紫禁城骑马、戴花翎等。董恂热心乡里慈善事业，邵伯镇博爱堂创恤嫠会，董恂捐养廉金2000两，捐资嘱托亲戚齐氏修筑河西大街。

董恂爱读书，为官数十年，手不释卷。留居京师时，将其书室命名为“还读我书”。八十二岁高龄，不能久坐，仍坚持卧读不辍。董恂先后撰《随轺载笔七种》《楚漕江程》《江北运程》《甘棠小志》《荻芬书屋文稿》《手订年谱》等近百卷。《甘棠小志》即邵伯镇志，是一部极具史料价值的乡镇名志。他翻译美国诗人朗费罗《人生颂》(《长友诗》)，是中国近代传播西洋文学的先驱者。董恂擅隶书，邵伯《重修万寿宫记》、扬州《重修平山堂记》、北京有声画楼楹联及《增修甘泉县志》序，都留有他铁画银钩的隶书。

光绪十八年（1892）闰六月十八日，董恂逝世，光绪帝亲赐祭文，称其“性行纯良，才能称职”，清末大臣崇厚挽云：“硕德云亡，记当年综合度支，主持国计，文星遽陨，痛今日人琴俱邈，谁振宗风？”

邱育卿（生卒年不详） 字广生，咸丰贡生。邱育卿自幼聪慧，才华出众，未及弱冠，已文名远扬，人称“邵伯才子”。清道光年间，邵伯条石街南端，新建文昌楼，又名青云楼。内祀文昌帝君，掌一方文运、人间福禄。楼建成后，久未立碑，后众人推荐邱育卿书写碑文。然而邱育卿生性嗜酒，行文必饮，每饮必醉，当日伏案挥毫，一篇文清辞丽、意幽情笃的《新建文昌楼记》一挥而就。邱育卿于清咸丰十一年（1861）以拔

邱家巷旧址

贡身份选入京师国子监。后邱育卿被官居漕运总督的吴棠赏识，收为智囊。此后，官至直隶州知府衔，从四品。

清光绪年间，邱育卿的两个儿子邱正襄、邱正夔双双中举，一时传为佳话。长子邱正襄，清光绪五年（1879）举人，字赞思，重品节，善辞赋，工书法。邵伯著名的“大马头”三字，就出自邱正襄之手。邱正襄曾任上海县学教谕，他独具慧眼，亲点黄炎培为解元。黄炎培成名后，终生不忘老师邱正襄的知遇之恩，数十年间，书信问候从未间断，谱写一曲杏坛佳话。次子邱正夔在东北做法官。清朝末年，曾不惜性命，护送辛亥烈士熊成基的灵柩回故乡扬州安葬。

杜仲骏（1852—1922） 字子良，邵伯镇人，住庙巷口，出生于医学世家。杜仲骏幼年天资聪颖、学业超群。学完各类经书后，又精研《黄帝内经》《难经》《伤寒杂病论》《金匮要略》诸书。20 岁悬壶于扬州弥勒庵桥，在扬州颇有声望。后经棋友推荐至浙江，再由宁绍道台引荐赴淳安、诸暨等县任职。

清光绪三十四年（1908），杜仲骏经浙江巡抚冯汝骙推荐，进京为光绪皇帝诊病，历时 3 月有余，光绪皇帝去世后，杜仲骏离京居住上海，后至奉天任巡按使署财政顾问，曾为袁世凯治愈胃痛。后出任淮关监督一年多，因受排挤离去。杜仲骏再入北京，延请他治病的人甚多。杜仲骏治病立方绝不泥古，多有药到病除、立竿见影之效。所制“黑虎丹蟾香散”，一直被奉为外科上品。杜仲骏晚年客居杭州，寄情诗酒自娱。著有《德宗请脉记》《白喉问答》《扶瘾刍言》《管窥一得》《药园医案》《药园诗集》等书。

张朝辅（1855—1922） 字佐廷，世居邵伯镇。其父张厚培早逝，张朝辅乃是遗腹所生。他自幼聪慧，勤于学习，家贫，常常借书以读，20 岁补诸生，由官府发给膳食津贴，屡应布政司试。清光绪二十八年（1902）举于乡，光绪三十年（1904）成进士。先后任安徽凤台、怀远知县，一生居官以清慎著称。

清宣统三年（1911），辛亥革命事起，张朝辅返乡。次年，江苏都督程德全重其才能，调其任阜宁知事。任职一年，当地民风大变，舆论翕然。1914年，调浙江任职。翌年，署平阳知事。张朝辅白天坐堂，受理词讼，夜晚秉烛治书，一切不假吏手。后因绍兴厘税积弊卸任。离开之时，沿路焚香跪送者达数千人。1921年，委办吴淞塘工，次年卒于工地。

张鹤第（1867—1922） 字云门，世居邵伯镇东街（原邵伯小学）。张鹤第幼年家境贫寒，依靠母亲替人帮工度日，但他聪颖好学，母亲设法让他为富户子弟伴读。秀才出身的老师对张鹤第颇为赏识，精心教读，使他学业长进，少负才名。清光绪十四年（1888）举顺天乡试，被冯国璋咨使征召入都掌书记，曾做袁世凯、冯国璋家的西席。宣统二年（1910）为两淮中学堂监督。后任第一届国会众议院议员，在袁世凯任总统时任总统府顾问。张鹤第豪迈有辩才，谈及时事，听者动色。由于公务操劳，30岁就满头白发，人称"铁嘴白头翁"。在政界善于交往，京师诸贵及南北大员争相交之，与康有为、梁启超等维新派过从甚密，亦颇得孙中山器重。

张鹤第乐善好施，每年腊月必回里省亲，总向纸号、当铺、盐站筹措资金，周济贫民及残疾人。张鹤第从21岁踏上仕途，到55岁归里省亲病故，卒后家无余财，唯存书画满屋。

丁文莹（1880—1932） 字石安，邵伯镇人。16岁乡试第一，补诸生。中华民国成立后，当选为省议会议员，详言地方利弊，颇负时望。当时袁世凯称帝的阴谋败露，丁文莹义愤填膺，经常在大庭广众下发表反袁言论。袁世凯死后，江苏省议会刚恢复时，同仁打算推荐丁文莹为议长，但丁文莹坚决推辞不就。后又去湖南，湖南当局拟让丁文莹担任某县知事，他也推辞不就。1917年，孙中山护法岭南，召集国会，丁文莹以参议员资格赴会。1921年，邵伯洪水暴涨，河堤欲决口，相邻各县人士商议开启昭关坝，丁文莹极力反对。并电报约兴化、东台、盐城、阜宁等县有威信人士辩论利弊，开启昭关坝的事情遂作罢。丁文莹工辞章，尝集古诗句及李白诗句若干，分部成章，自然贴切。

杨士香（1889—1970） 号佳如，邵伯人。杨士香为杨家独子，从小家境殷实，其父望子成龙，举家搬至扬州城里，先租住马家巷，后置房产于贤良街。杨士香六七岁时，进盐商创办的笃才学堂读书，16岁留学日本，初读东京第一高等学校预科班，毕业后考入东京政法大学读法学，与宋教仁同学，与友人一同参加孙中山领导的中国同盟会。杨士香回国后，任宋教仁秘书，辛亥革命胜利后，协助宋教仁积极筹组临时政府，从事革命活动。中华民国成立后，杨士香被聘为临时总统府顾问。成立议会时，任江苏省议会议员。

1912 年 9 月下旬，杨士香与同盟会特派员辛梓等人将辛亥革命烈士熊成基灵柩运抵扬州安葬，并积极建造熊园，协助修建五亭桥、小金山和平山堂。1931 年，苏北发生特大水灾，杨士香主持红卍字会和红十字会 2 个慈善团体，亲赴上海，呼吁各界募捐，募得大批面粉，用小火轮运回扬州，救济灾民。

20 世纪 30 年代初期，杨士香出任省财政厅专员，直至抗日战争爆发，他才回到扬州。扬州沦陷前夕，伪县长方小亭留他参加维持会，杨士香不从，遂携家眷逃至东乡丁沟。李明扬驻军泰州，邀杨士香任苏鲁边区第四游击指挥部咨议。抗战胜利后，他又回到扬州，恢复红十字会，并创办医院。

扬州解放前夕，杨士香协助做好上层人士的稳定工作，积极宣传。1948 年年底，扬州成立地下商会，杨士香将有影响的商家召集起来，进行秘密活动，迎接扬州解放。1949 年 1 月，扬州召开第一次各界人民代表大会，杨士香被选为大会代表，随后又任扬州市第一届政协委员，主要从事城市建设方面的工作，如经办扬州贤良街的拓宽工程。1956 年，杨士香选任民革扬州市支部委员会副主任委员。1970 年，杨士香病逝于扬州，终年 81 岁。

周湘亭（1897—1953） 名钰，以字行，邵伯人。自幼文思敏捷，博闻强记，年轻时跟随举人严绍曾游学。二十岁不到，父母双亡，家里负债累累，几乎上不起学，幸好得其岳父季耐庵的资助与鼓励，才可以继续读书，周湘亭也更加地刻苦学习，并以优异成绩考入省立第四师范。毕业后，先后执教于瓜洲小学、江都县立初级中学及扬州国学专修学校，历任邵伯第八小学校长、城东小学校长、江都图书馆馆长等职。参与编纂《江都县新志》，后从佛学大师欧阳渐研究佛典，深得其奥妙，欧阳渐称赞其为有宿慧者。1932 年 4 月 8 日，周湘亭执弟子礼陪同欧阳渐及友人游览平山堂、法净寺（大明寺），书苏东坡《西江月 · 三过平山堂下》词并勒石纪念。现此碑嵌于平山堂走廊西侧墙壁上。

周湘亭很有名士风度。任扬州琼花观城东小学校长期间，经常勉励、帮助喜爱文学和上进有志的困难师生，被大家称为“好好先生”。他十分重视乡邦文献的搜集。在为

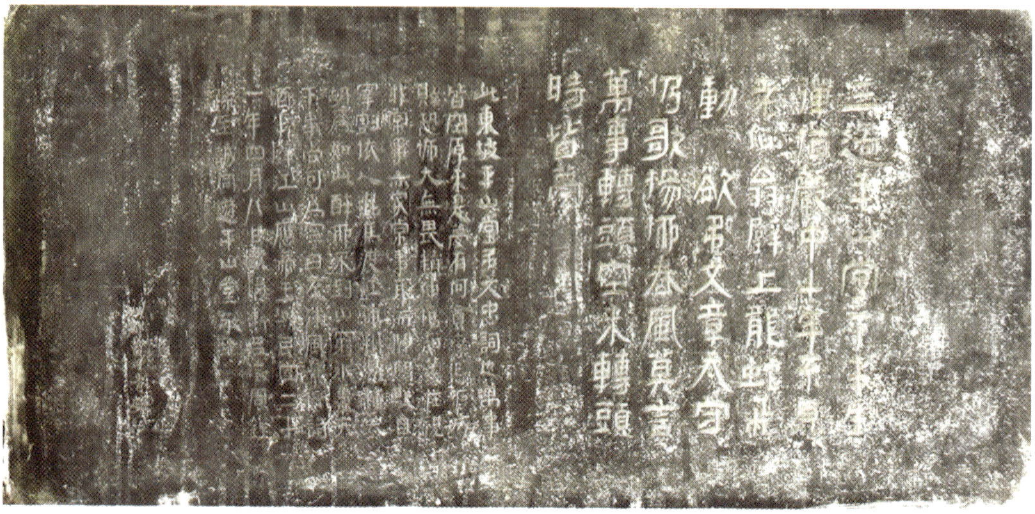

三过平山堂下碑文——周湘亭书

邵伯举人范用宾《小岁寒堂诗存》所作序中说，尽管自己藏书甚富，可 20 多年中仅得乡贤诗集三五种，以为邵埭诗人虽多，著述虽富，而殆半不传，原因有四：其一，先正典型，规行矩步，每有创作，不轻易发表；其二，木刻工匠，所费不赀，非经贵显，无法流通；其三，子孙式微，漠视手泽，稿以覆瓿，版以代薪；其四，地濒运河，易罹水患，搬迁无定，散失随之。为此，他庆幸《小岁寒堂诗存》得以保存流传，并写序。可惜此书未能出版，仅见残存诗稿。

周湘亭著有诗文集《兰馨诗文汇稿》，共有数册，可惜悉付一炬。经过多方收集仅得诗 19 首、词 1 阕、联 2 副、文 4 篇。其中,《郑学川传》是研究妙空大师的重要文献。他还写有《董尚书传》，却未留传于后人。1953 年，周湘亭卒于台湾，时年 57 岁。

朱物华（1902—1998） 又名佩韦，原籍浙江绍兴，出生于邵伯镇，系朱自清胞弟，无线电子学家、水声工程专家。

朱物华 5 岁进私塾，学习经籍、古文，1923 年于上海交通大学毕业后，以第一名的成绩考取清华大学庚子赔款赴美留学生，1924 年获美国麻省理工学院硕士学位，1926 年获美国哈佛大学博士学位，1952 年加入九三学社，1955 年当选为中国科学院院士，先后任哈尔滨工业大学教务长兼副校长，上海交通大学副校长、校长，全国政协委员，中国电子学会副理事长，国务院科学规划委员会委员。

朱物华自 1927 年学成回国后，六十八年如一日，呕心沥血，辛勤耕耘在大学教学第一线。先后在中山大学、唐山交通大学、北京大学、西南联合大学、上海交通大学、哈尔滨工业大学等6所院校任教。他开设和讲授过无线电原理、电视、信息论等21门课程，重视基础理论和实验研究，关注新技术。开创性地编写了电信网络、无线电原理、电视学、电力传输、电力系统自动化、电气自动化、电力系统中的频率自动调整、信息论、水声工程原理和声全息技术等教材，不仅跨越了众多学科，而且有许多前沿课程开当时国内先河。朱物华在重教的同时，还培养了大批科技人才，被誉称为“一代师范”。

冷荣泉（1907—1980） 世居邵伯镇殷家庄。幼时以种菜为生，只读过几年私塾。稍长，赴上海谦泰银行做学徒，期满后自设永泰钱庄。

1937年，在家乡创办私立在宏小学，兴建校舍、添置教学设备，学生书籍簿本费用均由冷荣泉支付。校内设施诊室，为贫民和学生应诊施药。1939年，捐资20万圆，疏浚谈家口河道及兴造涵洞工程，使万亩农田受益。1940年3月，冷荣泉资助家乡水利建设，援助现金3万圆，合大米1000石。后又多次运送药品给苏北新四军。1941年，原永泰钱庄改为永泰商业银行。1945年投资5万圆创办中国通用化学有限公司。后又在英商电车公司、英商祥泰木行投资，建沪光电影院，继又创立通用制药厂。兼任上海谦泰银行、和泰银行董事。冷荣泉在上海金融界有较高声望。

毛如升（1911—1940） 原名毛如杰，生于江都邵伯一个书香门第，父亲是私塾老师。他在邵伯读完小学后考入扬州中学读初中，毕业后辍学在家，自修两年后考入南京中央大学外文系。因为成绩优异，毕业后留校，在中美文化交流中心供职。第二次世界大战期间，毛如升一面勤奋工作，一面致力于译文。

他把抗日烈士邵伯人华椿诗篇《纪念之歌——奉献给奴隶们》及徐志摩、卞之琳、邵洵美等人新作译为英文发表，促进中外文化交流。南京沦陷后，南京中央大学撤离到后方，毛如升因家累未随校撤离，便前往上海肇光中学教授英文。其间，他主编《长风》英语半月刊，并将朱自清编选的《中国新文学大系·诗集》全部译成英文，拟在美国出版，译稿后因战争遗失。

1940年，毛如升英译的《扬州十日记》由上海西风社出版。同年暑假，毛如升回邵伯探亲时，突患伤寒去世，年仅29岁。

徐芝纶（1911—1999） 邵伯镇人。1934年毕业于清华大学土木工程系。1936年在美国麻省理工学院获土木工程硕士学位。1937年获美国哈佛大学工程科学硕士学位。1939年起，先后在浙江大学、上海交通大学任教。1952年任华东水利学院（后称河海

中国科学院院士——徐芝纶

大学）教授，1954 年兼任教务长，1956 年兼任副院长。1980 年当选为中国科学院院士，先后任第三届全国人大代表，第五届、第六届、第七届全国政协委员，中国力学学会理事，江苏省力学学会理事长、名誉理事长等。

20 世纪 50 年代，根据当时大规模水利建设的需要，徐芝纶致力于基础梁板计算方法的研究，其中多项成果对解决水利、土木等工程的基础结构问题作出重大贡献。60 年代末，他研究出在水压作用下双曲扁壳的内力计算方法，收集于专著《双曲扁壳闸门的计算与设计》一书中，为工程技术人员广泛使用。1974 年，编著出版中国第一部有限单元法的专著《弹性力学问题的有限单元法》。他是中国著名力学教育家，编著出版教材 11 种 15 册，翻译出版教材 4 种 7 册，其中,《工程力学教程》《弹性理论》等 5 部专著被中国工程院校广泛采用。《弹性力学》一书荣获 1987 年全国优秀教材特等奖。他的英文版专著《应用弹性力学》于 1991 年在印度由 Wiley 东方出版社出版发行，相继在新加坡出版，这是中国向国外推荐的第一本英文版工科教材。

张秀英（1911—2004） 邵伯镇张桥村人。1933 年年初与仙女镇陈甸村张常礼结婚。张常礼生前为地下工作者，早年参加革命，1937 年遇害牺牲，1957 年被认定为革命烈士。张常礼牺牲后，张秀英独自抚养烈士遗孤，历尽艰辛。

1960 年春，张秀英被安置在县福利院当保育员，照顾那些曾经为新中国的成立而浴血奋战的伤残军人。重残军人丁增民下肢瘫痪，身体大面积溃烂，生活不能自理。张秀英主动要求护理这位伤残军人，坚持每天为他清洗上药，鼓励他树立起生活的信心。1966 年，福利院解散，丁增民的父母已年迈，无力抚养他。张秀英再次要求把丁增民带回家抚养。她家无房，就租房给丁增民住。盖了新房后，她又把家里采光最好的房间给丁增民住，把家中最好的细粮省给丁增民吃。

1995 年 7 月，张秀英被扬州市政府、扬州军分区授予“爱国拥军好烈属”荣誉称号；同年 11 月被省政府、省军区授予“模范烈属”荣誉称号。

华椿（1915—1943） 邵伯人。因为家境贫寒，小学读到六年级，便到一家绸布店学做生意。华椿做学徒期间，唯一的乐趣就是读报。每天读报，提高阅读能力，也拓宽视野，他对文学渐渐产生兴趣。他的处女作——小小说《小萍死了》，在《醒阜商报》上发表。在此期间，受当地进步青年的引导，华椿有机会阅读进步书刊，开始关注国家大事。

1938 年的一天，华椿所在的布店被日本飞机投掷的炸弹击中，布店顿时一片火海，失去饭碗的华椿决意投奔抗日部队，投奔在扬州公道桥和高邮湖一带活跃的抗日武装“江都抗日自卫支队”支队长陈文。后“江都抗日自卫支队”接受国民党苏鲁皖边区游击总指挥部的改编，华椿被派在苏鲁皖三路军二团第一支队政治处工作。

1939 年 6 月，中共苏北特委应陈文之请，特派遣共产党员吕镇中、陈淦到陈文部队协助工作。吕镇中、陈淦建议陈文建立教导大队，训练部队骨干，教材选用毛泽东的《论持久战》。华椿当时奉命在教导大队学习，不久华椿便加入中国共产党。后华椿与一些共产党员脱离国民党江苏省政府主席韩德勤的控制，辗转找到中共苏北特委。在苏北特委的安排下，华椿进入党员训练班学习。

10 月初，党员训练班结业，苏北特委任命华椿为仪征地区工委书记，华椿领导的工委在仪征活动 2 个多月后，1940 年 1 月，华椿奉命任新四军江北游击队指导员。是年春天，新四军江北游击队在队长谢中光的率领下，在江都县三官殿与日军交战。战斗很激烈，日军溃不成军，狼狈而逃。在追击日军途中，华椿被一颗子弹击中右面颊，血流如注，仰面倒下。战斗结束后，卫生员发现子弹穿透右颊，击碎两颗牙齿，弹头留在嘴里面，组织上决定让他到上海求医，经过治疗，他的伤口逐渐愈合，却留下说话不关风（某些读音口齿不清）的毛病。

华椿

华椿从上海看好病再返回苏北时，黄桥战役刚刚结束。苏北特委根据华椿的伤势，安排他到地方政府工作，可他坚决要留在部队，后得到批准。1941 年 1 月，华椿被任命为新四军军部直属特务团宣传股股长，后改任特务团营教导员。1942 年，华椿奉调至华中抗日军政大学学习。这年冬天，华中抗日军政大学的学员全部转移至新四军二师和七师工作，华椿被分配在新四军七师。新四军七师师部当时在淮南路西皖中地区，华椿奉命担任安徽省桐城县东乡区委书记，不久后仍回新四军七师，任沿江支队桐东大队教导员。

1943 年 11 月某日的黄昏，桐东大队在桐东（现安徽纵阳）与国民党 176 师 527 团遭遇，双方随即展开一场恶仗。527 团有 700 多人，装备精良，而桐东大队人少，且弹药不多。战役从日暮一直打到第二天近中午时分，战况惨烈。连长傅培元和指导员杨雨环先后在战斗中牺牲。华椿率领战士们顽强抵抗，直至倒下。

李文瑾（1915—1985） 原名杨祖彤，女，回族，祖籍安徽寿县。1937 年参加革命。1939 年入党。1946 年任邵伯市市长。1942 年改名李文瑾。

1945 年 12 月 19 日晚，华中野战军第 7 纵队向邵伯日据点发起总攻。李文瑾带领干部和民工将弹药等作战物资送到前线，冒着枪林弹雨从火线上用担架抬下伤员。在华中野战军部队的猛攻下，日军溃退。21 日，邵伯胜利解放。1946 年，为加强城镇工作，上级决定改邵伯区为市。顾维衡任市委书记，李文瑾任市长。市委、市政府成立后，运用多种形式，揭露国民党破坏停战协定，妄图挑起内战，破坏和平的真相，发动群众开展反霸斗争，处决罪大恶极的恶霸，并将斗争中获得的“浮财”分给市乡群

李文瑾

刘力上（前排左三）参观邵伯湖（2012 年）

众。时值国民党军队进攻邵伯前夕，群众纷纷要求参加保卫邵伯的战斗，市政府适时组织和发展民兵和工青妇群众组织。市公安局也成立纠察队，维护社会治安，开展锄奸斗争。

1946 年 8 月 23 日，国民党整编第 25 师进犯邵伯，战斗十分激烈。担架队在硝烟中将弹药等作战物资源源不断地送上阵地，又把伤员抬下来。前线伤员增多，而抬担架的人员来不及补充，有些伤员就忍着剧痛艰难地走下来，沿路都留下鲜血。李文瑾果断带一个警卫员到镇上，动员四五十人，把重伤员抬下前线。国民党的飞机在邵伯镇上空狂轰滥炸，防空洞也被堵住了出口。顾维衡和李文瑾研究决定，必须迅速将机关家属及老弱病残撤到安全地带，轻装上阵。顾维衡考虑到李文瑾已有身孕，为安全起见，让她到司令部去，但李文瑾表示要坚守阵地。

邵伯保卫战后，上级为照顾李文瑾身体，调她到地委机关工作。曾任扬州市军管会副秘书长、扬州市副市长。中华人民共和国成立后，任扬州市市长、江苏省妇委书记兼省妇联主任等职，被选为江苏省政协第四届委员、省人大五届常委、中共八大代表。1985 年病故。

刘力上（1916—2011） 原名刘永明，邵伯镇人，国画大师。早年在家乡上私塾，后到上海拜张大千为师，跟随张大千学习碑帖，临摹画稿。1934 年，随张大千移居苏州网师园，习画人物、山水、花卉。抗日战争爆发后，赴武汉投笔从戎，参加抗日大军，转战陕西、河南、湖北、湖南、广西，在南宁会战时部队被打散。经历 4 年军旅生涯后，刘力上与老师张大千重逢，又随师辗转至敦煌莫高窟、陕西千佛洞、西安榆林窟、天水麦积山等地临摹壁画，孜孜不倦地研究古代绘画艺术，继承祖国优秀艺术传统，画技迅速提高。

20 世纪 40 年代中期初露画坛，擅长山水、人物、花卉，对重彩技艺有较深研究。中华人民共和国成立后，任川西文联美术协会国画组组长。1953 年，调北京中国美术研究学院任教，教授中国传统技法——重彩。1956 年，任中央工艺美术学院教授。1957 年，与其他 10 名画家合作的《岱宗旭日》巨幅山水画，作为国礼赠给苏共中央。1983 年，刘力上与夫人俞致贞合作的巨幅景屏《荷塘清趣》被陈列于中南海紫光阁接待厅。刘力上多次参加国际画展，许多作品在日本、印度、法国、荷兰、美国、加拿大等国及中国香港、澳门地区展出。1986 年，朝花美术出版社出版《美术技法画库》的第一部分“花卉”为刘力上与俞致贞的共同绘画。2001 年，刘力上将夫妇二人的 246 幅画作捐赠给江都博物馆。江都博物馆为此设立“俞致贞、刘力上艺术馆”。

俞致贞、刘力上合作的《荷塘清趣》

演培法师（1917—1996） 俗姓李，号谛观，出生于邵伯镇管家庄的贫农家庭。12岁时，依高邮临泽福田庵常善和尚披剃，18岁于宝应福寿院受具足戒。初就观宗讲寺受天台教观，后游闽南、觉津、汉藏诸学院，研习性、相二宗之旨，兼闻西藏所传中观之学。先后亲近谛闲、太虚、慈航、印顺等当代高僧，主讲于华西佛学院、厦门大觉讲舍等。后移居香港，协助编印太虚大师全书。后又去中国台湾，从事著述、弘法，并学习日文及日本学者之说。数度赴泰国、越南、柬埔寨、新加坡、马来西亚、菲律宾等地弘法。历任中国佛教协会理事，中国台北善导寺、中国台北玄奘寺、新加坡灵峰般若讲堂、越南妙法精舍等住持，以及太虚佛学院院长、慈航中学常务董事等职。

1957—1991年，先后任中国台北首刹善导寺、新竹青草湖福严精舍等寺住持。1981年，演培法师获得新加坡公民权，同年，他创设社会福利机构，按月发放救助金及救济品给贫困无依老人及不幸家庭。1982年春，在榜鹅地购得约8111平方米土地兴建福慧讲堂，1986 年 3 月 16 日在福慧讲堂举行开幕大典。之后又成立了慈恩林安老院、慈恩托儿发展中心，创立设备现代化的洗肾中心、戒毒中心及颇具规模的文化中心。演培法师热心社会福利事业，被委任为新加坡宗教和谐理事会的佛教代表。新加坡共和国总统于 1986 年及 1992 年先后两次授予其公共服务勋章。

演培法师著有《谛观全集》三十四册、《谛观续集》十二册，洋洋八百万言。演培法师 1996 年 11 月 10 日示寂，世寿 80 岁。

万国林（1918—1985） 生于泰县白米乡，幼年时到邵伯镇孙桥定居，后参加民兵队伍，任孙桥乡民兵队长，1943 年任丁伙区民兵队长，1945 年任江都独立团特务连副连长，1985 年病故。

万国林

1944 年 8 月 3 日，万国林率民兵 9 人，夜袭扬（州）仙（女庙）公路中段伪军交通要道上的二道桥据点。晚上，区队民兵们渡过二道桥的河，登岸后匍匐前进，埋伏在敌人据点附近几十米处。待伪军睡熟，民兵分成 2 组，万国林带领 4 名民兵负责桥口正面袭击，另一组则在西边狙击。万国林持一支只有五发子弹的枪在前面爬行，后面的民兵紧随。距离伪军哨兵几米的地方，被伪军发觉，双方开始射击。民兵们随即将手榴弹甩进据点，伪军纷纷缴械投降，十多分钟结束战斗。击毙伪军排长以下 6 名，缴获轻机枪 1 挺、步枪 8 支、手榴弹 10 多枚、子弹 1 箱。天亮时万国林带领民兵到达孙桥乡将军庙驻地。丁伙区队创造军分区民兵缴获机枪的范例，受到上级表扬。

1944 年冬，丁伙区队配合江都独立团一部在小涵河上进行一次伏击伪军 24 师 94 团的战斗。伪军遭遇伏击后，损失惨重，宜陵日军一部奉命增援。江都独立团一部受命阻击日军，区队长万国林见伪军一条小船停在北岸，向民兵布置任务后，就带上 4 枚手榴弹，驾上小船向南岸疾驶。敌人发觉后，火力猛增，在北岸民兵火力支援下，小船驶到南岸，万国林用一枚手榴弹将船舱炸开，趁乱跑上船头，夺取敌人的机枪，敌军投降，小涵河伏击战胜利结束。

陆素娴

陆素娴（1924—2014）女，出生于扬州。1948年6月，中共华中二地委社会部在邵伯镇设立交通站。站址在庙巷口一家铁匠店，地下交通员是铁匠店主人的儿媳陆素娴。是年年底，秘密交通员蒋进丞和高家秀从扬州到邵伯，任务是将扬州地下工作者绘制的一张标有重要单位驻地的扬州地图和密写的一叠草纸（重要资料）送给社会部，这些情报对解放扬州至关重要。陆素娴不惧危险，出门了解敌情，帮助2名交通员通过南边轮船码头。其后，在扬州解放前的十多天里，蒋进丞、高家秀、陆勤等秘密交通员来往于扬州城区和杨家庄之间，陆素娴护送他们进出邵伯。邵伯交通站工作人员按照党的指示，秘密组织商会，发动工人、学生护厂护校，迎接扬州解放。

1949年1月25日，扬州城区解放。当晚，陆素娴接到最后一项任务——在26日配合地下组织派来的向导，在邵伯镇上迎候进城的工作团。26日早晨，陆素娴接到扬州城内地下组织派来的向导后，向他介绍有关路线情况。直至1949年4月，解放大军胜利渡过长江，陆素娴身份才被公开。

中华人民共和国成立后，陆素娴被安排进入扬州绣品厂，她专攻绣花工艺，绣出了不少优秀作品，成为高级技师。2014年去世，是扬州“水墨写意绣”的创始人和开拓者。

名人履痕

邵伯是南来北往必经的港埠，是很多名人奇士登岸、访友、凭吊的佳地。帝王巡游更是常事，才子名流留下多少趣话轶事，代不乏人。

米芾与《露筋之碑》 北宋绍圣元年（1094），米芾东归，经过露筋祠下，濡墨染翰，以行草书写《露筋之碑》，并刻石勒铭，赞颂封建时代妇女忠贞自守的节操。《露筋之碑》，碑长 66.5 厘米，高 37 厘米，书字 17 行，计 217 字，行径 3 分。

《露筋之碑》打破常见碑碣用正书书写的传统，以行书入碑。采用小字行书，行疏字密。较之米芾的其他鸿篇巨制，无奔放豪逸之形却有安详静穆之势，无颠怪之狂却有士大夫谦恭礼让之态。《露筋之碑》的文字内容与分行布白相统一，米芾的学识修养与娴熟的书写技艺相结合，天真自然的秉性与潇洒脱俗的书风相统一，因此全碑显得自然从容，翰逸神飞。

米芾《露筋之碑》

《露筋之碑》已先后被翻刻7次，现存最精版的《露筋之碑》为明代苏州文徵明学生章表，依米芾原刻拓本勒石而成。此碑刻成后，因椎拓者多，曾被人“弄诸河中”。清康熙九年（1670）疏浚运河，从河中捞起，现藏于泰州博物馆。

文天祥画像

文天祥过邵伯镇 文天祥，江西吉安人。南宋宝祐四年（1256）中进士第一名。后任刑部郎官、知瑞赣等州。德祐元年（1275），元军东下，文天祥捐家产，率义军自江西吉安临时拒敌。翌年临危受命，任右丞相兼枢密使，赴元营去谈判，后被元军扣留，强行押送北上。德祐二年（1276）二月末的一个深夜，被看守人私下释放。文天祥等11人于镇江脱险，到真州（今仪征），再大举，被误认为元奸细，两天后逃亡，经扬州于同年三月初四逃至邵伯镇。

看到昔日繁华的古镇历经征战，已是人烟稀少，田园荒芜，文天祥禁不住感慨万千，诗如潮涌，写下《过邵伯镇》：“今朝车马地，昔日战争场。我有扬州鹤，谁存邵伯棠。一湾流水小，数亩故城荒。回首江南路，青山断夕阳。”表达他面对危亡残局，誓死抗争到底的决心。

孔尚任访蒋继轼 孔尚任是孔子六十四代孙，清初诗人、戏曲家。清康熙二十三年（1684），康熙皇帝南巡北归，特到曲阜祭孔，孔尚任御前讲经，颇得赏识，破格授为国子监博士，康熙二十四年（1685）赴京就任，七月初，黄河决口，灾情严重，奉命随刑部侍郎孙在丰赴江南治水，历时四载。在淮扬四年期间，孔尚任驻足于江北河防之地，结识江南一带名士及前朝遗老，邵伯蒋继轼便是其中之一。蒋继轼是邵伯人，字淑瞻。康熙四十七年（1708）举人，康熙五十二年（1713）进士，授翰林院编修，纂修明史及百姓统谱，著有《韵绿堂集》，两人在京都多有往来，常有诗词唱和。

初夏的一天，孔尚任舟过邵伯，在大河东拜访蒋继轼。蒋继轼热情款待，孔尚任酒过两巡，即兴赋诗《邵伯镇访蒋淑瞻，留尝樱笋》：“不寄新诗隔岁年，寻君宅第大湖边。朱樱未见衔山鸟，翠笋才惊进野田。厨里洗盘谋下酒，柳边系缆待尝鲜。匆匆一饱乡心乱，又过江南四月天。”然而，与此同时，他想到流离失所的百姓，又赋诗《食秦邮董酥》：“下河尚洪荒，儿女一舟载。呱呱索饭啼，举火哪能再？”想到与友人同登高邮文

孔尚任访蒋继轼雕像

游台所见，满目荒凉，“但见流亡庐，荒础无人扫。何处问游踪，枯骨引鸦噪。登台复登楼，千村哭水涝”，不禁发出了“禹迹底有时，涕泪谁人告”的悲叹（《登文游台》），可见其忧国忧民之心。两人促膝长谈，寄情于诗，不舍分离。

曾国藩两过邵伯镇　曾国藩，字伯涵，号涤生。湖南湘乡人，道光年间进士。先后任吏部侍郎、团练大臣、两江总督、直隶总督等职。因平乱太平天国有功，十年内连升十级，官至一品。在晚年时候，因公务停舟，两次路过邵伯。

清同治九年（1870）六月，曾国藩接到上谕，调他回任两江总督。他领命于十月十一日南下。当船行至邵伯露筋时，他突然想起关于露筋祠的故事来，便离船登岸。曾国藩上岸后，先是凭吊露筋贞女，继又细细品味康熙皇帝的墨宝、米芾的书法和名家题咏，后又登上三十六湖楼，极目远眺临水而叹，决定到邵伯停泊。

回任一年后，同治十年（1871）八月十三日，曾国藩秉承旨意，出省巡视大阅。他

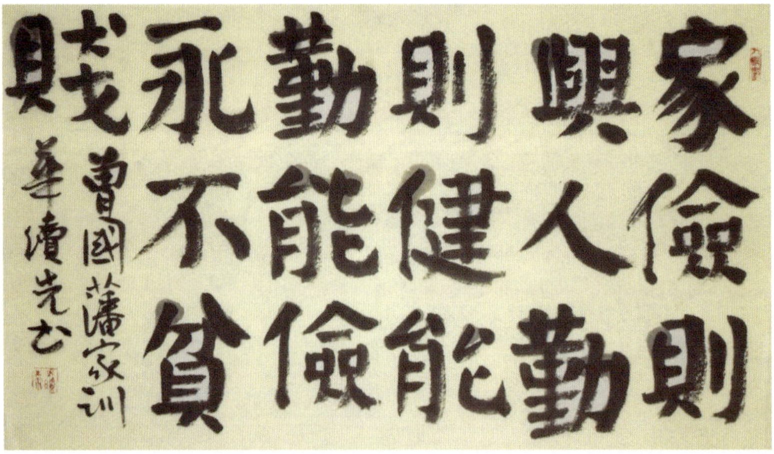

曾国藩家训一则（华续先书）

从南京燕子矶登船逆风而行，直至十八日才抵扬州。至八月二十三日到邵伯泊宿。这次邵伯停留，本有心饱览一下邵伯风光，却又因双腿浮肿，迈不开步。他放眼水天一色、烟波浩渺的邵伯湖水，搜寻邵伯“大马头”，移视邵伯沿河鳞次栉比的房舍和高耸的圈门，心里稍许有些慰藉。回到舱内，给两个儿子写信，在信的末尾少有地写下“涤生手示邵伯书，八月二十三日申正”的落款，以示对邵伯镇的留念。

张恨水浪迹邵伯 张恨水（1895—1967），原名张心远，祖籍安徽潜山，中国现代著名的社会小说作家。从 20 世纪 30 年代到 50 年代，张恨水共创作出中长篇小说 120 余部。他早期创作小说《春明外史》《金粉世家》《啼笑因缘》等，曾名噪一时，在广大市民中有过广泛影响。抗日战争中，他的著名小说《八十一梦》曲折地讽刺国民党腐朽统治，给众多读者留下深刻的印象。

张恨水在中华人民共和国成立前夕，写过一本自传体回忆录《我的写作生涯》，记述自己颠沛流离的一生，其中《一节流浪小史》，记述他在邵伯的一段旅程。1918 年春，23 岁的张恨水和时任芜湖《皖江报》编辑的好友郝耕仁约定，在安庆会面一同出游东下。郝耕仁说要学老残，一路卖药，走乡间小路，由运河北上，入山东，过济南，再浪迹燕赵。他俩收拾了两箱药品，由镇江渡江循大路北上到仙女庙，第二天从仙女庙步行到邵伯。晚上他俩在一家旅馆歇下，旅馆经理是个小官，看到他俩布衫布履，情形尴尬，劝他俩不必远行，最好回去为妙。由于前方战事吃紧，人心惶惶。他俩把带来的成药卖给一家西药店。醉饱之余，到运河堤踏月，临流赋诗。次日傍晚，他俩搭一只运鸭的木船前往湖口，好天亮搭小轮去上海。木船上腥臭难闻，蚊虫如雨。他俩只好站店门外过夜。但郝耕仁毫不在乎，小轮来到后，郝耕仁竟唱着谭派《当铜卖马》，提个小包袱，含笑拉着张恨水上了船。回到上海，张恨水写就一篇沉痛又幽默的长篇游记《半途记》。邵伯流浪境遇后，张恨水从此走上新闻记者的写作生涯。

朱自清童年在邵伯 朱自清原名朱自华，祖籍浙江绍兴，出生于江苏东海县，他的童年有一段时间是在邵伯度过的。清光绪二十七年（1901），他的父亲朱鸿钧从东海到高邮的邵伯镇任职，他和母亲被父亲接到住所，住在万寿宫。在那里，他先从父母启蒙识字，后到一家私塾读书。

朱自清在《我是扬州人》一文中曾写道：“门口就是运河，河坎很高，我常向河里扔瓦片玩儿。邵伯有个铁牛湾，那儿有一条铁牛镇压着。父亲的当差常抱着我去看它，骑它，抚摩它。”那就是他最开心的日子。朱自清在小镇上结识了一个好朋友，他在文中曾写道：“镇里的情形，我也差不多忘记了。只记住在镇里一家人家的私塾里读过书，在那里认识了一个好朋友叫江家振，我常到他家玩儿，傍晚和他坐在他家花园里的一根横倒的枯树干上说着话，依依不舍，不想回家。”由于江家振身体衰弱，未成年就病逝。40 年后当他回忆起孩童生活时，对这平生“第一个好朋友”还寄予深深的怀念。

光绪二十九年（1903），朱鸿钧将家搬到扬州，朱自清就此离开邵伯。邵伯，给朱自清最初的人生阶段留下过美好的记忆，使他对金色的童年产生无限的眷恋。

运河生态园朱自清雕塑

名人简介

徐兰如 1918年3月生，江都邵伯人，研究员，中国运载火箭技术研究院科技委员会顾问委员。1930年，进江都县立初级中学读书，毕业后进入省立扬州中学高中预备班，并以优良成绩直升高中。1941年毕业于重庆兵工学校大学部。1944年在美国兵工学校学轻兵器，回国后先后在重庆、南京工作。1949年5月参加革命，在第二野战军工械部工作。20世纪50年代初，获中央兵工总局一等奖。1957年始从事航天工作，先后参加导弹东风型号的方案探索、研制和技术组织工作。1980年任四川七机局副局长、总工程师。1988年获国防科工委颁发的“献身国防科技事业”荣誉证章。1989年离休。1990年起享受国务院政府特殊津贴。1991年被航空航天部批准为有突出贡献的老专家。

毛凤山 1921年生于邵伯镇南渡村。1936年在上海参加地下党工作，1938年赴延安抗大学习，结业后先后任抗大四大队支队书记、政治处技术书记、组织干事。1943年任太行军区区队参谋、团作战参谋。1946年后，任晋冀鲁豫四纵队队务股长、豫皖苏军区作战科副科长。1949年任安徽省军区队务科科长。南京解放，任南京市军事管制委员会军政科科长。1958年任军委总政治部干部部副处长。1969年任武汉军区司令部管理局局长，1973年任湖北省军区副参谋长，1981年离休，享受副军职待遇。毛凤山长期从军，为抗日战争、解放战争和部队建设作出积极贡献，先后获三级独立自由勋章、三级解放勋章、二级红军勋章、集团军一等奖章和军委二等功，两次获评二等模范干部。

郑国伟 1931年7月生，邵伯人。1951年至1952年12月在华东工业部工作。1952年12月调第一机械工业部任科长、副处长、处长。1982年6月任机械工业部处长、总工程师。1986年起任国务院关贸总协定谈判委员会成员助手。1987年1月任国家机械委生产司总工程师、高级工程师。1988年6月任国家机械电子部生产司总工程师、教授级高级工程师、江苏工学院兼职教授。1991年6月任机械电子部、机械工业部机电产品进口办公室主任、江苏理工大学兼职教授。1995 年 8 月任国家机械工业局科技委员会委员。

长期在国家机械工业管理部门从事机械工业的基建规划、生产管理、技术管理、进口审查、外贸政策和利用外资工作。先后参加第一汽车厂、洛阳第一拖拉机厂、洛阳矿山机器厂、沈阳市第一机床厂、太原重型机械厂等国家重大建设项目的有关工作。多次赴美国、德国、日本、瑞士、英国、意大利、瑞典、荷兰、新加坡等国考察，开展国际合作、利用外资等工作。

主编出版《设备管理与维修工作手册》和《机修手册（第 3 版）》。从 1992 年起，先后 3 次录制《关贸总协定对我国机电工业发展的影响及我们的对策》演讲声像带，供培训企业干部用。著有《设备管理与设备技术改造》《关贸总协定及对我国机电工业发展的影响与对策》。论文《论机械工业现有设备的技术改造》获中国机械工程学会论文成果奖。

马长贵 1933 年 1 月生，邵伯镇人。1955 年，毕业于山东工学院（现山东工业大学电机系），1963 年于苏联科学院电工研究所毕业，并获副博士学位。回国后，历任山东工业大学电机系助教、讲师、副教授、教授、研究室主任、教研室主任，山东省副省长，山东省人民政府特邀顾问，教育部总督学顾问等职，第五届、第六届、第七届、第八届全国政协委员。

他研究成功的“半导体距离保护装置”获 1978 年全国科学大会奖。在电力系统继电保护技术领域取得“半导体零序方向电流保护”“半导体高频闭锁距离、零序方向电流保护及综合自动重合闸装置”“500 千伏输电线路快速继电保护装置”等 27 项研究成果。在国内外学术期刊发表《稳定输入电压的霍尔效应相位比较机构》等 21 篇学术论文。主编过《继电保护基础》《高压电网继电保护原理》两部全国高等学校教材。马长贵为电力系统继电保护及自动化技术领域作出了重要贡献，是中国电子型继电保护及自动化技术的奠基者和开拓者之一。

陈捷先 1933 年出生在邵伯镇，抗战胜利后，先后就读于扬州中学、杭州三中。1948 年赴台湾，3 年后考入台湾大学政治系，后转入历史系。1959 年获硕士学位，并留校任教，其间，一度赴美国哈佛大学进修。后历任台南成功大学历史系主任、台湾大学历史系主任、历史研究所所长、联合报国学文献馆馆长、《历史月刊》杂志总编辑、加拿大梵香投资有限公司董事长等职，兼任台湾大学名誉教授、南开大学历史系客座教授、北京满学研究所客座教授。

1981 年，陈捷先出任联合报国学文献馆馆长后，为收集流落海外的中华典籍孤本、善本而奔走。为寻根，激励所有的人不忘祖先，陈捷先 10 次主持召开亚洲族谱会。1992 年，他主持的第 35 届世界阿尔泰学研究会议在中国台北举行，这是该学术会议首次在东方举行。同年，他在台北举办海峡两岸清代档案学研讨会。1996 年，把两岸学者族谱学研讨会开到扬州，并邀请 23 位知名学者各撰写一篇以扬州为主题的学术论文，汇集成《扬州研究》。

陈捷先因战乱背井离乡，他盼望着祖国统一、两岸亲人团聚。1993 年提前辞去供职近 40 年的台大职务，定居温哥华。撰有《历史是一面镜子吗》一书。著有《满洲丛考》、《满文清实录研究》、《清史杂笔》（一至八辑）、《明清史》、《清代台湾方志研究》等。

阎立诚 1935 年 10 月生，邵伯镇人。早年就读于邵伯小学、南京信府河小学，1947 年就读于江都县中学，后毕业于南京第三中学。1955 年考入复旦大学化学系，1958 年年底留复旦大学原子能系任助教。1960 年 9 月，调入上海科学技术大学，历任助教、讲师、副教授、教授，现为上海大学教授。1980 年起为研究生导师。1987 年至 1992 年任化学系主任，嘉定县人民代表大会代表，并一直担任金属学会融盐物理化学学术委员会学术委员兼秘书长。曾多次组织全国相图会议、融盐化学会议及中日双边融盐会议和国际融盐会议，并为上海市分子科学研究会理事。多次获“上海科技大学优秀教师”“上海市优秀教育工作者”称号，教书育人优秀奖及国家自然科学奖，享受国务院政府特殊津贴。在国内外核心刊物上发表论文 60 余篇。

毛如柏 1938 年 5 月生，邵伯镇人。1959 年 11 月加入中国共产党。1961 年，从南京大学气象系毕业后，积极响应党的号召，23 岁的毛如柏就到西藏自治区气象局科研所预报组工作，直到 1993 年 55 岁时离开西藏，在西藏工作整整 32 年，为西藏经济发展和藏民生活水平的提高作出巨大贡献。其间，担任过拉萨气象台台长、西藏自治区党委副书记、西藏自治区人民政府常务副主席。此后，调任建设部任副部长。1997 年任宁夏回族自治区党委书记，同年当选自治区人大常委会主任。2003 年 3 月出任第十届全国人民代表大会环境与资源保护委员会主任委员，此后公务繁忙，总是在去往各地考察环境保护工作的路上。特别是对青藏铁路建设和运行中生态环保的督察工作十分严谨，使其真正建成一条风景秀丽的“天路”。

2006 年 3 月，毛如柏与 40 多位代表联名提出《关于构建西藏高原国家生态安全屏障的建议》，被列为全国人大常委会的重点建议，由全国人民代表大会环境与资源保护委员会负责督办。毛如柏先后当选中共第十五届中央委员、第九届全国人大代表。

吴迪忠　1943 年 2 月生，邵伯镇人。1965 年 9 月，从华东师范大学地理系毕业。后到江西省地质局地质队工作，从事固体矿产普查勘探及研究工作。1971 年至 1978 年吴迪忠主持江西省赣北彭山地区大型萤石矿床及中型锑金矿床的普查勘探和研究工作，参加的“江西省赣北彭山地区地质找矿”项目成果获 1978 年全国科学大会奖。1978 年 10 月至 1981 年 10 月在中国科学院研究生院地震地质专业学习并获理学硕士。1981 年 10 月被分配到国家地震局地质研究所，从事大型工程建设场地断裂活动性鉴定的研究工作。1981 年起他先后参加广东大亚湾核电站、广东岭澳核电站、山东海阳核电厂等的选址工作，并协助业主单位主持江苏田湾核电厂、江西彭泽核电厂和山东海阳核电厂选址的地震地质工作，其中“广东核电厂地表活动断裂鉴定及地震转换波测量结果”获 1983 年度国家地震局科技进步三等奖。吴迪忠还独立承担广东大亚湾核电站初步安全分析报告和最终安全分析报告中由中方负责的章节（地震地质部分）的编定与答辩工作。1982 年在四川省二滩水电站工区断裂活动性研究工作中，在国内首次将宏观与微观相结合的脉状矿床构造分析方法引入断裂活动性鉴定工作，解决工程关键难题之一——坝肩 F20 断层的活动性鉴定工作，该项研究成果获国家地震局 1986 年度科技进步二等奖和 1987 年度国家科技进步三等奖。1985 年 2 月后任国家电力公司苏州热工研究所科技办公室主任、副总工程师、副所长、教授级高级工程师。他还历任国家核安全局核安全专家委员会厂址结构组委员、江苏省注册咨询专家。1992 年经国务院批准享受政府特殊津贴。

吴迪忠在《核动力工程》《地质论评》等期刊发表论文 20 余篇，主要论文有《安宁河活动断裂带与强震关系的探讨》《四川西昌邛海第四纪盆地的成因的探讨》《利用矿田构造方法研究工程场地断层的活动性》《能动断层对核电厂选址的影响》《核电厂选址中的地震工作》等。

任天石　1944 年 3 月生，邵伯人。1962 年，从江都县中学毕业考入南京大学中文系，1967 年大学毕业。1968 年，被分配到广西贺州市工作，劳动锻炼一年后任半年中学教师。1970 年起，在贺州市革委会政工组办公室工作。1978 年，回南京大学中文系攻读中国现代文学硕士学位研究生。1981 年，获中国首批文学硕士学位，并留校任教。1984 年，任南京大学中文系副主任。1986 年晋升副教授。1991 年任南京大学党委宣传部部长，

1992 年任南京大学出版社总编辑。1994 年晋升教授、编审。1998 年任社长，兼总编辑。

长期从事中国现代文学教学、研究及宣传、文化出版工作，有 50 多篇文章在《南京大学学报》、《群众论丛》、《光明日报》、《人民日报》(海外版)等报刊发表。出版的专著有《叶圣陶小说论》《叶圣陶编辑出版思想及理论研究》《20 世纪中国社会思潮论》。先后主持过“当代中国精神文明建设研究”和国家教委博士基金会重点项目“中国现代文学史学史”等多项国家级重点科研项目。获江苏首届文学研究奖、江苏省高校社会科学研究优秀成果奖各 1 项。

许永淮　1945 年 10 月生，邵伯昭关人。1959 年至 1961 年在邵伯中学读书。1965 年应征入伍，1966 年 3 月加入中国共产党，历任战士、副班长、文书、副排长、排长、宣传干事、政治指导员、组织股长。1978 年 9 月起，任运输技术学校政治部组织干事、学员，大队副政委，运输工程学院政治部副主任、主任。1992 年至 1994 年任总后勤部政治部组织部副部长、总后科学研究所政委。1994 年任第二军医大学政治部主任。1999 年任第二军医大学副政委。2001 年 10 月任军事经济学院政委(正军职)，少将军衔。

先后在军内外报刊发表论文 60 多篇。参编和主编专著 5 本,《邓小平论后勤建设与后勤管理》《党委书记论坛》获军队二等奖。自学法律，获总政治部颁发的律师证书，并成为中国法学会军事法学会会员。爱好书法，为中国书法协会会员、高校书法教育学会理事。因工作、学习成绩突出，曾荣立三等功 1 次，多次被评为先进工作者、模范党务工作者、优秀共产党员。

王定庆　1947 年 3 月生，邵伯昭关人。1964 年 12 月参加中国人民解放军，先后在某团任战士、班长、技术员、作训参谋、连长、副参谋长、参谋长等职。因工作成绩突出，6 次立功受奖。1978 年 3 月，被组织作为特别优秀干部选送中国人民解放军军事学院培养。1979 年 10 月起任某军作训处副处长、处长、师参谋长等职。1985 年 7 月起，任石家庄陆军学院训练部副部长、部长、副院长，主抓教学、学术科研和教学改革工作。1995 年 3 月入国防大学深造，主攻高级指挥员研修课程。曾随中国人民解放军军事代表团出访英法等国，进行学术交流和军事考察。1997 年 7 月任某集团军副军长，分管作战训练，在组织领导部队开展科技练兵等方面有诸多建树，多项优秀成果在全军推广。

他在全军院校首次提出以“优化教学内容、优化教学过程”为主要内容的“双优”教改方案和“三分一合”能力培训实验方案，首创“3324”教学管理法，均获全军教学成果一等奖。主抓的军事高技术课程建设、分队战术课教改、学员全程筛选管理等科研课题分获军队优秀教学成果二、三等奖，学院政治理论教学被评为全军先进。

人物表录

进士名录 据史料记载，明成化四年（1468）邵伯镇吴杰中进士。清康熙四十七年（1708）、四十八年（1709），邵伯镇仇氏武科联捷，在坝巷南立旗杆4根。嘉庆四年（1799），徐元亮、徐元方同举京兆进士，仁宗皇帝赐匾“棠棣竞秀，花萼联辉”。至清末，全镇有进士23人。

明清邵伯镇进士一览表

表6

序号	姓名	科第	年份	主要官职
1	吴 杰	进 士	明成化四年	河南通判
2	彭汝实	进 士	明代	吏科给事中
3	史启元	进 士	明万历二十三年	按察副使
4	谢家玉	武进士	清顺治十一年	
5	汪懋麟	进 士	清康熙六年	内阁中书
6	许盛功	进 士	清康熙二十二年	
7	仇之苞	武进士	清康熙四十七年	守备
8	蒋继轼	进 士	清康熙五十二年	翰林院编修
9	方 觐	进 士	清康熙年间	翰林院编修西安布政使
10	蒋之兰	进 士	清雍正五年	山东高密知县
11	徐玉兰	进 士	清乾隆十年	
12	秦 簧	进 士	清康熙年间	湖南按察使
13	徐元亮	进 士	清嘉庆四年	山东道御史
14	徐元方	进 士	清嘉庆四年	
15	李周南	进 士	清嘉庆十九年	
16	赵小山	进 士	清康熙年间	

续表 6

序号	姓名	科第	年份	主要官职
17	谢 坤	进 士	清康熙年间	国子监
18	董 恂	进 士	清道光二十年	户工吏兵四部尚书
19	徐玉丰	进 士	清道光二十一年	詹事府右赞善
20	薛斯来	进 士	清同治元年	山东道监察御史
21	赵增瑞	进 士	清同治十三年	
22	蒋 禄	进 士	清光绪十八年	
23	张朝辅	进 士	清光绪三十年	阜宁知县

革命烈士名录 邵伯镇经上级机关批准追认革命烈士 52 人，其中在革命战争中牺牲的 43 人，邵伯第二次解放后因公牺牲的 9 人。邵伯保卫战中牺牲的客籍烈士有名可查的 259 人（本志所录 90 人）。

邵伯镇革命烈士名录

表 7

序号	姓名	性别	出生年月	参加革命时间	牺牲时所在单位及职务	牺牲时间、地点、原因
1	黄永泉	男	1890	1944	江都团炊事员	1946 年被敌杀害
2	张龙喜	男	1904	1945	新四军某部炊事员	1945 年失踪，1953 年被追认烈士
3	季松清	男	1913	1944	江都团战士	1944 年在樊川因战牺牲
4	沈春堂	男	1914	1942	新四军某部战士	1942 年在安徽沙河因战牺牲
5	华板喜	男	1914.3	1945.3	真武区游击连战士	1947 年在高邮三垛因战牺牲
6	王修才	男	1915	1943	江都团排长	1946 年在山东尖山因战牺牲
7	华 椿	男	1915	1938	新四军七师桐东大队指导员	1943 年 11 月在安徽因战牺牲
8	华业湖	男	1915	1942	江都团战士	1946 年 5 月在如皋因战牺牲
9	孙来杰	男	1917	1943	真武区短枪班班长	1946 年在福善乡被捕牺牲
10	吴同富	男	1918	1942	江都团战士	1946 年在宦家码头被捕牺牲
11	王继玉	男	1919	1942	江都团战士	1943 年在郭村因战牺牲
12	徐维根	男	1920	1944	新四军某部战士	1946 年在黄桥战斗牺牲
13	谢春元	男	1921	1945	志愿军某部通讯员	1951 年在朝鲜战场失踪，1959 年被追认烈士
14	孙德仓	男	1921	1942	江都团战士	1943 年在郭村因战牺牲
15	朱广法	男	1921.8	1938	露筋区游击连副连长	1952 年病故，1957 年被追认烈士
16	杜文海	男	1922	1942	真武区通讯员	1942 年在八区因公牺牲
17	王继奎	男	1922	1942	真武区宣传科长	1945 年在真武因公牺牲

续表 7

序号	姓名	性别	出生年月	参加革命时间	牺牲时所在单位及职务	牺牲时间、地点、原因
18	顾道法	男	1922	1942	志愿军 20 军 59 师 175 团副团长	1950 年在朝鲜因战牺牲
19	张少有	男	1922	1946	解放军某部副教导员	1959 年在淮阴病故，同年被追认烈士
20	华 樟	男	1923.11	1939	新四军挺进纵队战士	1941 年在苏北如西地区季家市被日军杀害牺牲
21	孙德山	男	1923	1942	江都团班长	1942 年在郭村因战牺牲
22	马以（煜）海	男	1923	1942	新四军 1 师 2 团 3 营战士	1943 年在杨庄因战牺牲
23	王定元	男	1923	1943	江都团战士	1943 年在高邮三垛因战牺牲
24	黄松绿	男	1924	1942	新四军某部战士	1946 年在山东兖州因战牺牲
25	李永权	男	1924	1944	江都团战士	1945 年在郭村因战牺牲
26	居思江	男	1924	1942	真武区游击连战士	1944 年在杨庄因战牺牲
27	杨鹤同	男	1924.4		露筋乡民兵大队副队长	1945 年在露筋娘娘庙因公牺牲
28	屠有福	男	1924	1942	江都团战士	1946 年在兴化安丰草店因战牺牲
29	王汉余	男	1925	1942	江都团战士	1944 年在三垛因战牺牲
30	马可朝	男	1925	1944.3	江都团战士	1945 年 9 月在邵伯失踪，1952 年被追认烈士
31	戚红恩	男	1926	1942	新四军某部副班长	1945 年在兴化周庄因战牺牲
32	华玉兔	男	1926	1944	真武区游击战士	1944 年在樊川因战牺牲
33	曹华山	男	1926	1944.8	新四军某团五连战士	1946 年在涟水战斗牺牲
34	黄尧政	男	1926	1943	邵伯区秘书	1946 年在邵伯战斗牺牲
35	华板海	男	1926	1942	江都团战士	1946 年在兴化安丰草店因战牺牲
36	缪宏发	男	1927	1944.1	新四军某团八连战士	1945 年在淮北孙河集战斗牺牲
37	李先福	男	1927	1943	新四军某战士	1945 年在高邮因战牺牲
38	张兴新	男	1928	1949	解放军某部战士	1951 年在上海浦东因公牺牲
39	吴广清	男	1928.1	1944.4	新四军某部战士	1944 年在邗江黄珏战斗牺牲
40	耿庆波	男	1928.3	1946.8	武汉军区工作	1979 年病故
41	徐茂桃	男	1929.8	1946.5	解放军某部战士	1946 年在江都孔庄战斗牺牲
42	尹文学	男	1929	1948.8	四十六军战士	1949 年 8 月因战牺牲
43	杨梅刚	男	1930	1946	新四军某部战士	1947 年在兴化钓鱼庙战斗牺牲
44	黄善同	男	1931.9	1950	2074 部队分队长	1950 年在长沙因公牺牲
45	夏善良	男	1933.12	1950	志愿军某部战士	1951 年在朝鲜战场牺牲
46	徐永清	男	1942.4	1965	36131 部队司务长	1978 年在新疆新源县因公牺牲
47	杜治贤	男	1946	1964	解放军某部班长	1969 年 5 月在北戴河因公牺牲
48	刘松平	男	1954.5	1973	80593 部队战士	1978 年在湖南邵阳因公牺牲
49	耿江声	女	1954.8	1971.2	陆军 1906 部队战士	1971 年 8 月在武汉因公牺牲
50	刘岭梅	女	1954.11	1971	海军 9225 部队卫生员	1972 年在浙江病故，3 月被追认烈士

续表 7

序号	姓名	性别	出生年月	参加革命时间	牺牲时所在单位及职务	牺牲时间、地点、原因
51	吴以明	男	1958	1978.4	35112 部队副站长	1979 年在中越边境因公牺牲
52	邵　峰	男	1979.10	1999.9	江苏省警官学院学员	2001 年 8 月执行任务时因公牺牲，2002 年 1 月被追认烈士

邵伯保卫战中部分客籍烈士英名录

表 8

序号	姓名	出生年月	籍贯	参加革命时间	政治面貌	牺牲时职务
1	朱炳桂	1911	武进	1944		战士
2	巢戴成	1912	武进	1944		战士
3	刘荣良	1912	丹阳	1945		班长
4	周庆大	1913	武进	1945		战士
5	蒋银生	1913	武进	1945.1		四连战士
6	商旺度	1916	武进	1943.8		一营战士
7	刘五小	1916	丹徒	1939	党员	排长
8	王志明	1917	泰兴	1940	党员（1945 年入党）	连长
9	施先银	1917	扬中	1943		战士
10	蔡达金	1918	武进	1945.8		四连战士
11	朱　坚	1918	丹阳	1946	党员	四团通讯参谋
12	戎和尚	1918	丹阳	1944.7		战士
13	殷培金	1918	丹徒	1944		战士
14	周荣生	1918.12	丹阳	1943.4		一连战士
15	蔡纪保	1919	扬中	1944		战士
16	池金斗	1919	丹徒	1943	党员	战士
17	胡九子	1919	丹徒	1945		战士
18	陈金保	1919	丹徒	1941	党员	排长
19	王荣（永）宽	1919	扬中	1945		战士
20	冯福喜	1920	高邮	1944.4	党员（1945 年入党）	二营班长
21	朱元禄	1920	丹阳	1944	党员	副指导员
22	金桂才	1920	扬中	1945		战士
23	邱文炳	1920.4	丹阳	1945.6		七连战士
24	薛和孝	1921	丹阳	1941		班长
25	秦云波	1921	丹阳	1944.7		班长
26	童荣山	1921	扬中	1942.5		战士
27	徐五保	1921	江阴	1941	党员	连长
28	张　干	1921.1	宝应	1945.3		排长
29	张天寿	1921.2	扬中	1942		战士

续表 8

序号	姓名	出生年月	籍贯	参加革命时间	政治面貌	牺牲时职务
30	姚凤书	1922	兴化	1945		战士
31	章阿仁	1922	武进	1945.9		班长
32	蒋克清（勤）	1922	武进	1945		七连战士
33	柏正贵	1922	扬中	1942		战士
34	刘林火	1923	武进	1944.8		班长
35	方三元	1923	武进	1945		九连战士
36	赵桂宝	1923	丹徒	1944		战士
37	王恩本	1923	丹徒	1944		战士
38	赵书柏	1923.3	扬中	1947	党员	战士
39	李铁珊	1924	丹徒	1944		副班长
40	商华福（善坤）	1924	武进	1945.2		战士
41	翁玉海	1924	武进	1945.6		副班长
42	朱立贤	1924.7	扬中	1945.7		战士
43	陈国卫（谓）	1925	武进	1945		战士
44	吴国全	1925.3	丹阳	1945.1		六连班长
45	王道银	1925.5	扬中	1944		战士
46	王纪庚	1925.6	扬中	1945.3		战士
47	王元祥	1925.8	扬中	1945		二营通讯员
48	邹金其	1926	武进	1945.4		通讯员
49	蒋银海	1926	武进	1943.4		四连班长
50	郝名清	1926	宝应	1946.3		一连战士
51	戴宏林	1926	高邮	1944.1		战士
52	张才同	1926	高邮	1946		四连通讯员
53	刘金树	1926	丹阳	1945.7		四连战士
54	黄振金	1926	扬中	1943	党员	副班长
55	朱庆年	1926	扬中	1945.6		五连战士
56	陈（蒋）纪度	1926.1	武进	1942		侦察班长
57	王光连	1926.2	邗江	1945.7		九连班长
58	高瑞银	1926.7	邗江	1945.7		九连战士
59	陈太林	1926.9	扬中	1945.8		六连通讯员
60	严礼云	1927	丹徒	1944		五连班长
61	包德胜	1927	武进	1944		战士
62	郑根士	1927	武进	1945		战士
63	朱福全（金）	1927	丹徒	1945.7	党员	二连通讯员

续表 8

序号	姓名	出生年月	籍贯	参加革命时间	政治面貌	牺牲时职务
64	余良度	1927.4	武进	1945		司务长
65	郝德才	1928	兴化	1945	党员	副排长
66	吴永成	1928	宝应	1944		战士
67	袁春荣	1928	宝应	1945		战士
68	何加才	1928	扬中	1945.3		副班长
69	王国生	1928	江阴	1945		班长
70	曾永昌	1928	广东	1945.3		三连医助
71	杨荣生	1928.5	丹阳	1945.9		五连战士
72	许殿祥	1928.6	宝应	1945.9		战士
73	朱盘生	1929	武进	1945.8	党员	战士
74	袁连干	1929	泰兴		党员	战士
75	李金岳	1930	武进	1945.5		通讯员
76	陈兴龙	1931	扬中	1945.7		二营司号员
77	戴顺志		丹阳			机枪手
78	丁照和		丹徒	1945	党员（1946 年入党）	战士
79	刘如友		扬中			战士
80	董远山		扬中			指导员
81	冷祥顺		扬中	1942		战士
82	张祥田		扬中			战士
83	周福生		无锡			排长
84	吴正富（曾夫）		安徽			五连连长
85	吉苏宝（定）		常州			五连连长
86	徐后发		浙江			四团二营教导员
87	费克和（寿）		兴化			战士
88	曹选荣（水龙）		兴化			排长
89	叶金（井）春		兴化			战士
90	蒋庆美		兴化			排长

说明：邵伯保卫战中部分客籍烈士英名录参照江都县委党史办 1986 年 8 月编印的《邵伯保卫战》；江都市委党史办、江都烈士陵园管理处 2001 年编印的《永恒的怀念》；邵伯镇党委、政府 1996 年 1 月编印的《邵伯镇志》；邵伯镇党委、政府 1997 年 12 月编印的《风云赤子》

大事纪略

翻阅邵伯的历史，由于其独特的地理位置，其记载的大事以水害、战争居多。这里辑入的大事有一定代表性：汉墓的发现，表明邵伯历史悠久；扬州地区较早的教育机构之一——东山书院，以示邵伯人文之风的兴举和延续；水灾、防汛、水利设施等的记载，是邵伯人民守卫家园的奋斗史；战争是留在邵伯大地上的伤疤，只有警钟长鸣，英勇的邵伯志士们的鲜血才不会白流。

扬州最早的高等学府——东山书院

明嘉靖六年（1527），告老还乡的明正德年间进士、官居吏科给事中的乡贤彭汝实题写“东山书院”横匾，该匾高悬于谢公祠门楣上，邵伯东山书院由此创设。

邵伯东山书院首开扬州书院教育之先河，是扬州地区历史上最早创办的高等学府。明隆庆元年（1567），国子监监丞沈珠随学使耿定向视察东山书院。沈珠撰文，勒石于碑，并迁谢安像于后殿。

东山书院创办后，邵伯人无论贫富，读书蔚然成风。涌现出徐家、邱家、毛家等书香门第以及蒋继轼、董恂、邱育卿父子等一批功成名就的读书人。

东山书院旧址

邵伯更楼决口

清康熙三十八年（1699）六月，“黄、淮交涨，邵伯更楼（即今南塘）决口，陆地成渊，尸盈满河”。南大街被洪水冲断，成为断头街，行人要南去小街必须以舟为渡，时常有翻覆溺水之患。冲开的口子长达56. 5丈（约180米），水深4丈（13米），阔近1里。邵伯更楼是人口稠密、商业繁华之地，损失惨重。向北的重载漕船，到决口附近，多被冲毁沉没。七月三日，康熙皇帝传谕河道总督于成龙，令其“紧急挑宽（芒稻河、人字河）五六十丈”。于成龙决定在更楼决口两岸，开越河一道，让漕船绕行。但决口水流湍急，只能架木桥，挂铁链索，数百人拉一艘船，每天只能通过三五艘。积压在京口、

今日南塘（2014年）

瓜洲、仪征的漕船多达4000余艘。决口10个月，堤坝未堵塞，延误漕运。康熙三十九年（1700），于成龙卒于任上。同年，张鹏翮接任河道总督后，阅视河工，令人将私卖工程材料者送往扬州关押，又追悼死者，老百姓感激涕零。他亲自督工，堵塞决口，使漕船顺利通过。康熙四十年（1701），铸铁犀镇水。

邵伯更楼被洪水冲决后，宝公寺僧人四处募缘，建造小舟数十艘，满载泥土，沉入水底，两边以木桩夹实，中间填入柴草，历经数年河堤始成，名宝公堤（俗称柴坝），并重建宝公桥于堤上，立“重修宝公堤碑”。

太平军在邵伯的反清斗争

清咸丰八年（1858）九月，太平军陈玉成、李秀成部第二次攻克扬州，打垮德兴阿的扬州清军大营，进至邵伯湖西槐泗桥、黄珏桥、公道桥一带，拟东渡进邵伯。德兴阿遣毛三元、马德昭分驻邵伯镇，南至湾头，北至露筋，配备巨炮，分兵扼守。九月三日，太平军自黄珏桥出发，将领李侍贤身披黄衣，立高屋指挥，众军奋勇涉水进攻。德兴阿命部属用炮阻击，因“对方犹远，炮不获及，虚掷弹药，于已无益”，遂用铅礦喷射，从清晨至午刻，喷射7发铅礦。太平军继续猛进，正当太平军猛冲之际，雷雨阻碍行进，被迫撤至石洋沟。

咸丰十年（1860）四月，太平军至公道桥筑土垒，于邵伯湖西杨寿坝、黄珏桥、公道桥至菱塘桥一线，备筏集舟，准备渡湖进攻邵伯镇。因湖水汪洋，加之清水师总镇黄开榜督兵“围剿”，渡湖受阻。五月，清军将领薛成良率众起义，过邵伯时，与围堵、追击的清军激战，后败走。

同治元年（1862）二月，太平军再次进攻扬州被阻，转入邵伯湖西，意欲东渡邵伯。清军合力围堵，副将王万清率兵驻邵伯，总镇黄开榜派水师从高邮湖入邵伯湖游弋巡逻，仪征晏端书由盐阜回驻邵伯，督练民团两万人密布运河东岸长堤，以三道兵力增防阻击。其时，太平军力量单薄，对垒三日后撤离。

同治六年（1867）十二月十二日傍晚，东捻军首领赖文光率部经高邮抵达邵伯镇。途中易清军服饰，打着淮扬水师营旗来邵伯。后入巡检司，巡检傅麟书等先备晚餐接待，后令部下送捻军过邵伯六闸。是夜，赖文光在瓦窑铺被捕遇难。

成立江都县第五高等小学

《甘泉县志》云，清乾隆五十九年（1794）浙江赵履元为扬州通判时，其人好士劝学，用俸禄在法华寺侧普济堂旧址上改建学堂，时称“艾湖学舍”。不久赵履元病逝，学舍随之废弃。

学堂初任堂长为薛一谔（晚清翻译家），继任丁策。学堂年级分高等一级、初等一级。高等一级30人，初等一级2个班50人。经费来源于地方杂捐及同善堂盐捐。民众为感恩县令之举，以其字“苞亭”命名，史称“苞亭学堂”。

1917年，苞亭学堂改名为江都县第五高等小学，新校址设在法华寺东侧斗野亭内。

苞亭学堂旧址（2012年）

校门外左右各置石鼓，分别有石桥通向大道。门内左右有门房和成绩展览接待室。校园内花木扶疏，校长室、办公室、仪器室、教室、厨房、宿舍错落有致。操场在东西两排校舍之间，学校设有董事会，负责筹集资金。校训为真实劳苦。校歌歌词为：三十六湖通，邵伯甘棠化雨中，我辈文明宗。一堂济济雏凤驹龙，先生施教，弟子遵从，青云努力，奋发为雄。来鹤唳晴空，神路逶迤西复东，黉舍人材钟。门墙引领桃李春浓。学术砥砺，遵义磨砻。整齐严肃，贵我校风。学校共 4 个班，学生 80 人。不收女生，寄宿生大多来自昭关、丁伙、乔墅等地。实行“四三制”，即初小 4 年，高小 3 年，年龄小的先上半年预备班，补习初小课程。设修身、国文、算术、中国历史、中国地理、理科（动、植物）、手工、图画、体操、音乐、英语等课程。

新民主主义革命时期中国共产党在邵伯的组织和影响

1926 年暑期，复旦大学学生共产党员王春生放假回到邵伯，向许佛心、许开甲 2 位堂兄弟宣传共产主义真理，分析当前革命形势。王春生动员 2 人多读些革命书刊，如《布尔什维克》《新青年》等。

1927 年 4 月，许佛心、许开甲在上海，由王春生介绍，加入中国共产党。入党后，两人便在上海开展革命运动。许佛心在老百渡行医，负责该地工运活动。许开甲在许佛心领导下经常活动于码头、车站、轮船、火车，卖报纸、贴传单、发宣传品。

1928 年春，许开甲、许佛心返回邵伯。8 月，中共扬州临时特委书记曹起溍到邵伯与许佛心联系，发展党员。是年冬，许佛心在后东街毛家巷毛少云家书屋建立中共邵伯特别支部。许佛心任书记，许开甲任支委，成员有宋文莹等。宋文莹进入邵伯公安分局当警察，借以侦察敌情。许佛心组织支部成员学习扬州特委机关刊物《红旗》，团结邵伯小学进步教师符庆龄、崔玉华、毛宗屏及真武镇医生葛名舟，小店业主刘继述，丁沟

中共邵伯特别支部成立纪念地（2012 年）

镇小学教师张公午，戚墅药店张学义等，遵照扬州特委指示开展宣传活动。

1929 年 2 月，反动军警在扬州逮捕特委交通干事，扬州特委有关人员及邵伯特支的许佛心、许开甲暴露。扬州特委遭敌破坏，江都县高汉庄、李家桥、孙家墩 3 个支部成员被捕。16 日，邵伯特支许开甲被捕，许佛心出走，特支不复存在。

抗日战争开始后，中国共产党在邵伯境内发动群众开展抗日斗争。1941 年，中共江都河南中心区委直属支部党员谈锦西在邵伯伪区公所、警察所门口及邵伯大戏院张贴、散发传单，宣传抗日。

1945 年 12 月，邵伯镇解放，建立中共邵伯区委员会。翌年 3 月，改建中共邵伯市委员会，下辖昭关、永桥乡支部。6 月，江都县委秘密工作部委派杨政、何仁杰驻邵伯，分别在小坝巷口、万寿宫东，以开设五洋店为掩护，开展地下活动，侦察敌情，发展组织，与县委、市委单线联系。市委及地下党组织发展共产党员 11 人。10 月，新四军主力北撤，市委组织随部队撤至兴化东部，部分共产党员转入地下活动。

1948 年 6 月，复建中共邵伯区委（包括原真武、丁伙地区）。中共华中第二区地方工作委员会（简称二地委）社会部联情科在国民党统治区邵伯镇建立地下交通站 2 处，一处设在庙巷口叶兴源铁匠店，交通员陆素娴；另一处设在小坝巷南江都县银行邵伯办事处，交通员高重庆（未启用）。陆素娴利用家庭妇女身份护送来往人员，11—12 月，邵伯交通线上先后护送 9 人到杨庄解放区。11 月 11 日，在滨东乡张家庄召开区委会议，县委决定从邵伯区内析建真武区。

1949 年 1 月，邵伯镇第二次解放，复建中共邵伯市委员会。在境内各乡镇开展组织建设工作。

南摆渡惨案

1945 年 12 月 28 日凌晨，国民党 4 架轰炸机在南摆渡渡口上空低旋，飞机上的达姆机枪扫向手无寸铁的逃难群众，史称“南摆渡惨案”。

邵伯南摆渡惨案共死亡 17 人、伤 24 人，均为平民百姓。12 月 30 日晚，邵伯全体军民在万寿宫广场召开大会，控诉国民党的滔天罪行。

南摆渡渡口遗址（1977 年废）

1954 年的邵伯段运河防汛

1931 年至 2016 年，江都发生两次特大洪水。1931 年入夏后，江淮流域大雨不止，江河堤岸普遍溃决。8 月 25 日，晚潮顶托，26 日西北风怒吼，浪扑邵伯东堤，午刻决口 15 处，全镇被淹。1954 年发生全国性大水灾，江都县委、县政府领导人民抗洪排涝。

1954 年 5 月中旬至 7 月上旬，长江中下游地区连续阴雨，淮河上游出现洪峰。7 月中旬，江都县人民政府成立防汛总队部，从县机关抽调 291 名干部，于 7 月 17 日至邵伯专司防汛工作。全县共有 14 个区参加运河防汛，区建立防汛大队部，区长、区委书记分别任大队长和教导员。为了里下河不遭受洪涝灾害，三河闸泄洪入江，归江各坝拆坝放水，三河闸下泄量增大到 1.1 米^3 / 秒，时逢长江大汛，三江营水位高达 7.81 米，

节制闸防洪大堤（2016 年）

形成江潮长期顶托。六闸水位与高邮御马头水位仅相差 4 ～ 7 分米，壅高不下，运河西堤全线漫通，一片汪洋，湖浪直扑东堤。7 月下旬，防汛工作组动员邵伯湖中的东兴圩、西兴圩、花园村 3 个庄台 2100 名村民迁居。

8 月 4 日晚，东堤鳅鱼口撕缝脱坡。总队部急令工程大队全体人员连夜奔赴险段，打桩填土，抛石固堤，激战通宵，次日早晨险情解除。

8 月 6 日，邵伯节制闸御洪坝开裂，有崩闸危险。防汛总队组织邵伯、真武 2 个工程大队 1800 名干部、民工和邵伯搬运站 137 名工人，进行突击抢险，在一小时内抛石 163 吨。邵伯镇人民政府组织 200 名群众一夜间运送 2 万多箩碎砖。经过一昼夜的紧张抢险，突击修好御洪坝。

8 月 25 日，8 级台风袭击并伴有暴雨，邵伯湖水位上升到 8.76 米。中州会馆因排洪入湖，水位最高时曾达 9.3 米，比 1931 年决堤前的水位 8.75 米还高 0.55 米，漫过石堰。蔡家沟西堤决口，永裕中队 18 名民工以身挡浪 5 小时，缺口没有继续扩大，安然脱险。兴化大队 50 多名民工黑夜里在西堤柳堰上攀爬了 600 米到达小六堡险段，手拉牙咬，终于把打断的铅丝接起来。同时，防汛总队、各区大队领导带领万余名民工赶至西堤，在 16.5 千米的柳堰上筑起人墙。干部、民工为完成防护浪工程昼夜坚持。

邵伯运堤防汛从 7 月 17 日设防至 9 月 5 日水势回落，共组织民力 2.27 万人，加做东堤险工险段 61 处，总长 8 千米，开挖导渗沟长 33 千米，加固东堤迎水坡柴土埽工程 6.9 千米，加做西堤柳堰、柳排、柳枕等防浪工程 16.5 千米。

大运河邵伯段的整治与拓浚

1949 年，经过查勘测量，大运河邵伯段西堤堤顶高程只有 8.11 米，堤顶宽不足 4 米，东堤堤顶高程 9 米，堤顶宽 8 米，堤脚窨潮渗漏，隐患严重。1950 年春，从江都和泰县抽调民工 1.2 万人，对 16.4 千米的东堤予以加固，东堤高度加至 11.5 米，超过

1931年最高洪水位1米，顶宽8米，内坡1:2。在增高8米处筑2米宽平台，平台以下坡比不小于1:2。是年冬，江都、泰县、兴化3个县民工2.07万人继续培修东堤。经复修，堤顶高程9.8～10.3米，顶宽10米，背水坡比1:2，险段比1:5。1952—1954年，年年修复加固重点险工险段。

淮扬主线邵伯段

1955 年春，由江都县人民政府组织民工 7000 人进行汛后运堤恢复工程，并将昭关坝侧墙和条石底板拆除，用黏土填平，行硪夯实，帮宽堤顶 8 米，做足高程 10 米，扩大堤身断面，彻底废除昭关坝。

1956年8月，水利部批准《里运河（西干渠）拓宽工程设计任务书》。1957年春，由江都、泰兴2个县组织民工2.55万人对东堤全面加高培厚。堤顶增高至10.5米，顶宽10米。迎河面留2米做小堰，外坡1∶2，增高8米处留平台，宽2米，平台以上坡比1∶2，平台以下坡比1∶3，在增高6.5米处筑10米宽平台，坡比1∶5，增高3.5米处，按上述标准再筑一平台，改善里运河大堤的防洪条件。

1958年10月，苏北段运河全面整治与拓浚。江都段工程从露筋至邵伯船闸长14千米，由泰兴、靖江2个县组织民工施工，是年动工，翌年5月竣工。河床标准：河底高程2米，底宽70米以上；新西堤标准：堤顶高程11.5米，顶宽6米，两坡1∶3，并在露筋至卢家嘴8.5千米的断面上增做临湖面防浪林台及林台以下块石护浪工程。鳅鱼口至瓦窑铺工程段长13千米。项目为东堤改线、鳅鱼口拆坝打坝以及开挖邵伯船闸闸塘与上下游引航道、开挖穿湖航线。1959年11月开工，1960年10月竣工。

1960年10月，运河东堤相家墩改线工程从邵伯镇城隍庙码头至相家墩，长2.3千米。由江都、靖江2个县成立水利民兵师6000人施工，次年6月完成。工程标准：堤顶高程11米，顶宽10米；迎水坡在高程7.5米处筑一平台，宽10米，台上坡比1∶15，台下坡比1∶3；背水坡在高程8米处筑一平台，台宽2米，台上坡比1∶2，台下坡比1∶4。

1972年，崇湾凹段做砂浆灌砌块石石堰。里运河东西堤实施砌石护坡工程。除西堤迎湖面林台以下护坦护坡于1959年完成外，其余均在1965—1972年完成。16千米的江都段运河干线，可御百年一遇的洪水，从根本上改变运河堤防面貌。

1949—1993年，里运河东西堤经过加高培厚，累计完成土方1620万立方米，石方55万立方米。堤身断面比中华人民共和国成立前扩大2～4倍，工程达到设计要求。

丘墩、柏庄先后挖出西汉墓

邵伯南郊东边有一条清澈的小河，河旁有一块又高又大的土墩，叫邱墩。墩上绿树成荫、野花遍地，林间鸟雀飞鸣，野兔出没。

1974 年 3 月的一天，几位农民在墩上平整农田，一锹下去，竟挖出一块巨大的古砖，再挖发现是古墓。消息不胫而走，人们纷纷涌向郊外围观，惊动省文物管理部门，南京博物院、江都军管会也派专人赶到邵伯。

文物部门专家断定此处是一座西汉古墓。古墓现场破坏严重。古墓中虽未发现竹简帛书，也未见文字记载的墓志铭。但从残存的随葬品中可推知，墓主人出生军旅，是位拥有较高社会地位、年过六旬的老者，一妻、一妾。据西汉文献记载，只有年过六旬的老人，其使用的手杖上方可饰以鸠首，以示德高望重、尊老敬贤之意。古墓规模宏大，一椁三棺，竖穴木制，棺椁均为贵重的楠木，经历两千多年，不朽不腐，依然厚实沉重。棺椁内，随葬品十分丰富，有铜镜、龟钮铜印、木鸠杖、弩机、铁剑、木俑、西汉五铢钱、陶罐、陶盆，造型别致，工艺精良，是十分珍贵的历史文物。

1982 年 8 月，邵伯高蓬柏庄又发现一组汉墓群，江都博物馆组织专家抢救性挖掘 5 座，保留 2 座。墓葬形制大致相同，所发掘文物全部由江都博物馆收藏。

柏庄汉墓出土的石羊

邵伯镇申报中国历史文化名镇

2006 年，邵伯镇被批准为江苏省历史文化名镇后，着手展开申报中国历史文化名镇工作。镇政府以条石街为轴心，确定 20.3 公顷核心保护区，委托省村镇建设服务中心规划编制《邵伯镇历史文化名镇保护规划》，并在淮江路设立保护规划公示牌。出台《邵

老街保护性修缮（喜巷）

伯镇古镇保护管理实施办法》，任何在保护区范围内的修缮行为，都必须由古镇保护管理办公室统一委托专家指导，修缮方案同意后方可执行。古镇保护管理办公室由 15 人组成。另成立由镇政府牵头，多部门参与的古镇保护协调委员会，可以更好地处理保护与更新改造之间的关系。

对照申报中国历史文化名镇的要求，邵伯镇组织专家对现存最早的明末清初历史建筑——鸳鸯厅进行测量，建立电子档案。将古镇标志——铁牛以及邵伯古运堤码头成功申报为江苏省级文物保护单位，对古条石街建筑面积进行逐一测量统计，对 22 处历史建筑、文物古迹进行登记建档并挂牌保护，对 32 处历史建筑或古迹设立警醒保护标志。镇财政每年拨出专项资金，用于维修和修缮的资金占村镇建设资金的 10%以上。2006 年至 2008 年，村镇建设资金总额 1500 万元，其中古镇保护维修资金 180 万元，占 12%。

2008 年 10 月，由邵伯镇村建科组织申报，邵伯镇成功被住建部批准为第四批“中国历史文化名镇”。

主要参考文献

〔清〕王逢源修，李宝泰纂:《江都县续志》，成文出版社，1811 年。
〔清〕李斗著，汪北平、涂雨公点校:《扬州画舫录》，中华书局，1960 年。
张建、顾一平编:《邵伯诗词》，邗江印刷厂，1987 年。
夏友兰、陈天白、顾一平编:《扬州竹枝词续集》，邗江古籍出版社，1993 年。
《邵伯镇志》编纂委员会编:《邵伯镇志》，江苏人民出版社，1996 年。
薛庆仁、夏泽民主编:《扬州市志》，中国大百科全书出版社，1997 年。
徐从法主编:《京杭运河志（苏北段）》，上海社会科学院出版社，1998 年。
曹永森著:《扬州风俗》，苏州大学出版社，2001 年。
李维冰、周爱东著:《扬州食话》，苏州大学出版社，2001 年。
〔清〕焦循著，孙叶峰点校:《北湖小志》，广陵书社，2003 年。
〔清〕阮先辑，孙叶峰点校:《北湖续志》，广陵书社，2003 年。
〔清〕阮先辑，孙叶峰点校:《北湖续志补遗》，广陵书社，2003 年。
张文奎主编:《江都水利志》，方志出版社，2009 年。
〔清〕刘文淇著:《扬州水道记》，广陵书社，2011 年。
李春国主编:《江都水利史话》，广陵书社，2013 年。
〔清〕袁枚撰，陈伟明译注:《随园食单》，中华书局，2015 年。

编后记

《中国名镇志丛书·邵伯镇志》(以下简称《邵伯镇志》)编纂工作始于2017年5月，经过两年多的努力，终于可以辍笔付梓。邵伯镇党委、政府高度重视编纂工作，专门成立《中国名镇志丛书·邵伯镇志》编写领导小组。镇党代会、人代会报告都将编纂工作列入年度工作，并给予人力、财力保证。

邵伯镇是扬州市第一个中国历史文化名镇，是重要的水陆通道。它历史悠久，人文荟萃，也是一个富有光荣革命传统的市镇。邵伯人民在长期的生产生活实践中，创造了光辉灿烂的物质文明和精神文明，古往今来可书可记、可歌可泣的业绩浩瀚如海，资料浩繁。在编纂的过程中，我们始终以突出本镇的“名”与“特”为编录原则，翻阅大量历史资料、计划总结、批文报表等，内查外调，访老问贤，广泛搜集材料。

2017年7月18日，江苏省地方志办公室蔡金良副主任一行和扬州市地方志的专家领导调研《邵伯镇志》的编纂情况，着重研讨了“中国名镇志丛书”的编纂体例、篇目设置，以及《邵伯镇志》的人员分工、资料搜集、时间要求等事项。

2017年10月26日，江都区地方志办公室霍新主任一行专家领导到邵伯专项督查镇志的编纂进度。对先期撰写好的篇目“文化遗产”“古迹胜景”给予肯定，对下一步《邵伯镇志》的撰写提出时间、质量要求。

此后,《邵伯镇志》在扬州、江都两级地方志办公室领导的鞭策指导下，不断修改，取得很大进步。2019年1月10日，江苏省地方志办公室召开《中国名镇志丛书·邵伯镇志》终评会，陈华、傅强等专家肯定了《邵伯镇志》的编纂成果，提出修改意见。会后，编撰人员对相关篇章进行重新调整，对部分篇章内容进行充实、修改。

《邵伯镇志》的编纂，在结构上贯彻中国名镇志文化工程统一的框架和篇目要求，内容立足于邵伯在全国和区域性的“名”“特”影响和价值，略去普通一般性的内容，根据邵伯自身的特点、特色、特质，做了灵活性处理。志首以简明扼要的概述，介绍邵伯历史发展及保护、开发路径；重点围绕“运河风情集镇”，向读者介绍精致的水乡邵伯古镇，从篇章的名称设置就可以看出地方特色，“运河风韵”重点表达一个“水”字；“古镇风貌”重点表达一个“古”字；“兵事遗址”专门记述邵伯人民捍卫家园的英勇奉献精神，邵伯有着优良的红色革命传统，突出一个“红”字。

全书由华续先主持编纂，丁云峰主笔“旅游开发”“古镇保护”，丁志刚主笔“传统文化”，许文华主笔“兵事遗址”，刘爱华主笔“艺文杂记”“大事纪略”，贺永淦主笔“名人与邵伯”，黄德钧主笔“风土民情”“运河风韵”，蔡江波主笔“基本镇情”，以上篇目设置在终评会后稍做调整，不尽相同。郭士俊负责整个志书的图片摄影、搜集工作。文中部分图片由镇江博物馆和邵伯镇人民政府提供。

《邵伯镇志》编纂过程中，得到中共邵伯镇党委、邵伯镇人民政府的关心与支持；得到江都区党史办、方志办以及扬州市方志办的指导和帮助；张允生、潘名祥、丁家桐等提供了许多有益的资料。在此，特借本次完稿付梓之际，谨向所有关心、支持及提供资料、图片的有关单位和个人表示衷心的感谢！

因编纂过程相对仓促，古镇可载入史册的人、事、物亦纷繁复杂，不免有遗珠之憾，加之编者水平有限，疏误遗漏之处，恳请读者批评指正。

编者

2019 年 7 月

中国名镇志丛书

《周庄镇志》
《第一关镇志》
《钱清镇志》
《冶源镇志》
《角直镇志》
《同里镇志》
《三阳镇志》
《枫泾镇志》
《李庄镇志》
《天穆镇志》
《虎门镇志》
《小榄镇志》
《北庭镇志》
《青木川镇志》
《永宁镇志》
《沙家浜镇志》
《虞山镇志》
《泽国镇志》
《南翔镇志》
《千灯镇志》
《东山镇志》
《巴城镇志》
《阳澄湖镇志》
《松口镇志》
《震泽镇志》
《黎里镇志》
《浏河镇志》
《锦丰镇志》
《寨市苗族侗族乡志》
《汤池镇志》（安徽）
《湾头镇志》
《中心店镇志》
《乌镇志》
《保安镇志》
《德凤镇志》
《瑷珲镇志》
《王家坪镇志》
《穆云畲族乡志》
《北京街道志》
《王村镇志》
《八一镇志》
《双林镇志》
《棘洪滩街道志》
《凤凰镇志》
《烟店镇志》
《光福镇志》
《梅李镇志》
《高家堡镇志》
《杨岭镇志》
《金港镇志》

《云梯畲族乡志》
《马口镇志》
《杨舍镇志》
《杨店镇志》
《河图镇志》
《浔中镇志》
《孤山镇志》
《汤池镇志》（湖北）
《伍洛镇志》
《汤家汇镇志》
《陇城镇志》
《塘桥镇志》
《兴隆华侨旅游经济区志》
《胜坨镇志》
《来凤街道志》
《木渎镇志》
《锦溪镇志》
《黄龙溪镇志》
《店塔镇志》
《镇湖街道志》
《北七家镇志》
《瓜洲镇志》
《安仁镇志》
《浦口镇志》
《唐崖镇志》
《和顺镇志》
《老城镇志》
《里耶镇志》
《芙蓉镇志》
《博鳌镇志》
《唯亭街道志》
《重安镇志》
《炯炀镇志》
《张谷英镇志》
《鸦滩镇志》
《玉皇庙镇志》
《木洞镇志》
《采育镇志》
《下司镇志》
《德平镇志》
《龙池镇志》
《浦市镇志》
《黄楼街道志》
《冉庄镇志》
《金庭镇志》
《石牌镇志》
《元和街道志》
《古现街道志》
《光塔街道志》
《邵伯镇志》
《石杨镇志》
《杨柳青镇志》
《天桥街道志》
《柘皋镇志》
《西沱镇志》
《咸水沽镇志》
《茶阳镇志》
《崖城镇志》